钱穆

中国学术思想史论丛

8

三联书店

图书在版编目（CIP）数据

中国学术思想史论丛 . 8 ／钱穆著 . —2 版 . —北京：
生活 · 读书 · 新知三联书店，2019.8　（2022.11 重印）
（钱穆作品系列）
ISBN 978 - 7 - 108 - 06611 - 4

Ⅰ . ①中…　Ⅱ . ①钱…　Ⅲ . ①学术思想－思想史－中国－文集
Ⅳ . ① B2-53

中国版本图书馆 CIP 数据核字（2019）第 091381 号

责任编辑　冯金红
装帧设计　蔡立国
责任印制　李思佳
出版发行　**生活·讀書·新知** 三联书店
　　　　　（北京市东城区美术馆东街 22 号　100010）
网　　址　www.sdxjpc.com
图　字　01-2017-8543
经　　销　新华书店
印　　刷　山东临沂新华印刷物流集团有限责任公司
版　　次　2009 年 12 月北京第 1 版
　　　　　2019 年 8 月北京第 2 版
　　　　　2022 年 11 月北京第 4 次印刷
开　　本　880 毫米 × 1230 毫米　1/32　印张 14
字　　数　286 千字
印　　数　13,001 - 15,000 册
定　　价　48.00 元
（印装查询：01064002715；邮购查询：01084010542）

目 录

序

　　此为余汇编《中国学术思想史论丛》之最后一册。初，余在民国二十年秋始赴北京大学任教，即开设"近三百年学术史"一课，讲论有清一代之学术。越二年，全部讲义成稿，付上海商务印书馆承印出版；距今已四十余年。稿既成，又获戴东原《孟子私淑录》一种，乃戴氏未刊之稿，又章实斋未刊稿二十余篇。时日军已占北平，余藏其稿于衣箱之底，辗转自天津抵香港，携赴衡山南岳，又转自昆明携赴成都；始刊布于四川省立图书馆之《图书集刊》。有关章氏各稿，嗣经大陆再版，又分散入章氏之《文史通义》中；而戴氏一稿，则抗战胜利后，迄未为人注意，今以附刊此集中。

　　又余在成都，受政府之命撰《清儒学案》一书。时政府拟编宋、元、明、清四朝《学案》，其前三朝分嘱他人删约黄、全两《学案》为之；清代以诿余，定时限，定字数。余在成都郊外赖家园齐鲁大学国学研究所，穷日夜之力依约草成。时适有友成都新识彭云生教授亦治理学家言，赴西安，余恳其代搜有关清代关学各家成书。云生觅得近二十种左右携返，有清一代关学材料几备，其中极多外面未流传者。余撰《学案》此一部分，最自惬意。又余为李二曲撰新年谱，凡二曲一生思想著作，分年编入，所化精力为尤多。又余从四川省立图书馆及赖家园某氏藏书中得遍读"宁都七子"之各书，自谓此一编亦甚得意。其次则为苏州汪大绅以下，彭尺木、罗台山各家集，亦提要钩玄，颇费苦心。窃意《学案》一书，此三编或稍有价值。惟其时生活，备极穷窘，中午吃面汤，晚餐进稀粥，终未得白米饭入口。稿成不及另钞副本，即邮寄重庆国立编译馆。不意其他宋、元、明三朝《学案》之节本皆迟未交稿；而编译馆拟俟全稿交齐始付印。而日军忽投降，胜利还都。余之《学案》一稿，乃由编译馆雇船载返南京；有数箱书中途沉没长江中，余稿亦在内。仅有《序目》一篇，余寄稿前录存，曾刊于四川省立图书馆之《图书集刊》内，一鳞片爪，姑供想像者惟此已。

及余既撰《朱子新学案》，又草写《研朱余沈》一书。其前诸家均已散入本编之第六、第七两册。此编所收，如顾亭林、吕晚村诸人，于《学术史》为重见，但写法微有不同；如陆桴亭、王白田诸人以下，则于《学术史》后又重写；又有旧稿如顾景范、崔东壁诸篇，乃在北平旧作；本编最后章太炎一篇，则应中央研究院五十周年纪念所写。汇收于此，先后亦逾四十年矣。回念前尘，不胜惘然。

余患双目不能见字，及今已近两年。此编各稿皆由及门何君泽恒代为搜集，又代校字；积年陈稿，已不能亲读一过，一仍其旧，未能续有所改定，幸读者谅之。

一九七九年九月孔子诞辰前两周钱穆自识于
台北士林外双溪之素书楼，时年八十有五

前期清儒思想之新天地

　　有清二百六十余年的学术思想,可分两个阶段:自世祖顺治入关起至乾、嘉时代止为前期,自道、咸起至清室覆亡止为后期。前期一百七十余年中,正值满清政权鼎盛之际,清儒在异族政权严厉统治下,于刀绳牢狱交相威胁之艰难环境中,虽有追怀故国之思,而慑于淫威,绝不敢有明目张胆之表示。途穷路绝之余,不得不沉下心情,切实作反省研寻功夫。而多数学者被迫走上考据训诂的消极路线,终生于丛碎故纸堆中,追求安身立命之所。其中少数较为积极的学者,于研究经史义理之余,直觉的或非直觉的披露了他们潜在的民族意识;或迫于良知,以一吐在喉之鲠为快,为被压迫奴役之平民阶层一抒正义之声,对当道之统治政权,隐约晦昧的提出了批评的主张。此辈思想家乃在清代早期,开拓了一片新天地,其精神直可上追晚明诸遗老,间接承袭了宋、明儒思想的积极治学传统。道、咸以后的八十余年,则属后一阶段,一方面满清政府的统治势力,随着对外战争之连续失败而日趋衰微,一方面西方近代政治思潮,随着外国势力之东来而源源侵入，由于上两项因素的影响，乃使晚清儒家思想，为之丕然大变。首倡变法之议的康、梁以及领导革命的孙中山先生，可为本期之代表。本文仅就前期清儒为思想界所拓之新天地，作一概括之解释，至于晚期思想，则不在讨论之列。

清儒学术，直承晚明而来，但未依晚明的路向发展。在晚明诸老心中，藏有两大问题：一是宋、明儒的心学，愈走愈向里，愈逼愈渺茫，结果不得不转身向外来重找新天地，这是学术上的穷途；另一则是身世上的穷途。晚明不比北宋初，正当宋代无事将及百年，社会文物隆盛，他们不甘再没溺于道、佛方外消沉的圈子里，一时翻身来讲人文大群政治教育一切积极事业。他们心中只知道回复三代、孔、孟，这是全部乐观的。晚明诸遗老则不然，他们是亡国之余，孑遗的黎民，他们对中国传统文化政治教育各方面都想从头有一番仔细的认识，到底哪些是有真正价值确可保存或发扬的？哪些是要不得的？当前大祸，究竟由何招致？均须加以思索研寻。因此北宋初期的心情是高扬的、喜剧式的，晚明诸遗老则是低沉的、悲剧式的。北宋初期常见其昂首好古，只要把三代、孔、孟来代替魏、晋、隋、唐与释迦、达摩，他们的心情常见是情感的、宗教的与经学的；晚明诸遗老则在途穷路绝之际，重回头来仔细审量与考察，他们的心情常是理智的、社会的与史学的。但是晚明诸遗老的学术路向却并未能顺遂发展。第一是满清的部族政权，很快安定下来，社会有秩序了，民生转入顺境；又朝廷刻意牢笼，威怵利诱，把一辈读书人尽要拉入政治界，虽不断有极度惨酷的文字狱兴起，但晚明诸遗老的悲剧心情到底是逐步消散了。而且拉入了政治界，又不许你认真

作政治活动，只要你消极顺命，不贪污，孤立安本分，教育更讲不
到，只须你应举守法，如此则自不许你认真用理智头脑来讲史
学。晚明诸遗老的史学，其实是一种变相的理学，亦可说是一种
新理学，他们要用史学来救世教人，现在则世已太平，人已安业，
大家上奉朝廷法令，应科举，守官职，一切有满洲皇帝作主，不用
操心，操心反而惹祸殃，晚明诸遗老一片史学心情到此无可寄
托。心情变了，学术如何能不变？但此下没有大气魄人来领导
此学术之变，而且他们内心深处并不是要变，只是外面环境逼得
你走委曲路。这有些像魏、晋王弼、何晏讲儒学，阮籍、嵇康讲
老、庄，全是没气力，由外面诱导摆布，并非内部激发推动，晚明
诸遗老的史学，于是到清儒手里便变成一种专尚考据的经学了。

经学本来带宗教气味，中寓极浓重的人生理想，但清儒经学
则不然。清儒经学，其实仍还是一种史学，只是变了质的史学，
是在发展路上受了病的史学。经学在外面是准则的，在内面是
信仰的，因此治经学者必带几许宗教心情与道德情味，但清儒经
学则是批评的，他们所研究的几部经籍，只是他们批评的对象。
他们并不敢批评经籍本身，却批评那些经籍的一切版本形式与
文字义训。所谓文字义训，亦只是文字的训诂注释，尤其是在与
人生道义与教训无关的方面。换言之，是那些隔离人生较远的
方面。他们治《尚书》，并不是为的政治楷模；治《诗经》，并不是
为的文学陶冶；治《春秋》，并不是为的人事褒贬；治《易经》，并
不是为的天道幽玄。他们只如史学家般为几部古书作校勘与注
释的整理工作。再换言之，他们只是经学，而非儒学。东汉经学
还有儒生气，清儒经学则只有学究气，更无儒生气——总之是不

沾着人生。他们看重《论语》，但似并不看重孔子；他们只看重书本，但似不着重书本里所讨论的人生。这如何算得是经学呢？

清儒研经之外，亦治史学，但他们的治史，也像他们的研经，他们只研究古代史，不研究现代史。他们只敢研究到明代为止，当身现实则存而不论。他们的治史，亦只为史书做校勘整理工作，却不注意史书里面所记载的真实而严重的人事问题。清代学风，总之是逃避人生。魏、晋、南北朝时代之逃避人生是研读老子、释迦，清代的逃避人生是研穷古经籍。

但清儒到底也有耐不住的时候，或者是他们的不自觉而对人生问题有所论列，则他们亦有一共同态度与共同意见。他们大抵反对抬出一个说法来衡量一切或裁制一切。换言之，他们反对思想上的专尊，或说人生理论上之独断。他们大抵主张解放，同情被压迫者。他们的气味，宁是反经学的，至少是非经学的，所以说经学不是清儒自己要走的路。

清儒思想之常主解放、同情被压迫者，可举戴东原与钱竹汀两人为例，此两人乃乾、嘉盛时最标准的学者。戴氏偏尚经学，钱氏偏尚史学，而两人都抱有一种平民的同情，解放被压迫者的情调。钱竹汀经、史、小学无不精擅，其学卓绝一时，其集中似乎很少涉及思想史方面的问题。此处特举钱竹汀，正好做一个不自觉而流露其思想态度者之代表。至戴东原则高言放论，可谓是一位耐不住而披露其思想态度之代表人。钱竹汀有《春秋论》，谓《春秋》诚是一部褒善贬恶的书，但其褒善贬恶，只在直书其事，使人之善恶无所隐，用不着另有笔法来做褒贬。他说："人之善恶，固未易知，论人亦复不易。"如此则岂非史书褒贬正好在不褒贬,只直书其事以待后人之自下评判！这是何等平恕的见解！(王鸣盛《十七史商榷·自序》,并与钱氏同此见地。)竹汀又有《大学论》,谓:

> 《大学》书与《论语》忠恕一以贯之之旨,若合符节。古之治天下者,未有不先治其身。身之不治而求治于民,非忠恕之道。天子以至庶人,其分不同,而各有其身,即各致其修身之功。故不曰治天下,而曰明明德于天下。德者,人之所同有,以一人治天下,不若使天下各自治其身。故曰与国人交。天子之视庶人,犹友朋也,忠恕之至也。天子修其身于上,庶人修其身于下,不敢尊己而卑人,不敢责人而宽己,不以己之所难者强诸人,不以己之所恶者加诸人,絜矩之道,即修身之道也。

这又是何等平恕的政治理论！其实照此理论,根本即不认有自上治下的政治。竹汀又论《尚书·洪范》思曰睿、睿作圣,伏生作容,郑玄作睿,竹汀谓未必郑是而伏非:

> 伏生《五行传》云:思心之不容,是谓不圣。说者曰:思心者,心思虑也。容,宽也。孔子曰:居上不宽,吾何以观之哉？言上不宽大包容臣下,则不能居圣位也。许叔重《说文解字》云:思,容也。亦用伏生义。古之言心者,贵其能容,不贵其能察。《秦誓》云:其心休休焉,其如有容。《论语》云:君子尊贤而容众。我之大贤与,于人何所不容？

《老子》曰：容乃公，公乃王，王乃天，天乃道，道乃久。《荀子》曰：君子贤而能容众，知而能容愚，博而能容浅，粹而能容杂。孟子以仁为人心，仁者必能容物，故视主明，听主聪，而思独主容。若睿哲之义，已于明、聪中该之矣。圣人与天地参，以天下为一家，中国为一人，由其心之无不容也，故曰：有容德乃大。（《潜研堂文集》卷五《答问二》）

今按：此条殊可注意。据段玉裁说，思曰容乃《今文尚书》，思曰睿乃《古文尚书》，此属古书版本异同。惟人之思想究贵深通，抑贵宽容，此则非关训诂，实乃一极重大之人生问题，即所谓义理问题也。以常识言，既曰思想，自当主通，不当主宽。宽是属情感态度方面的字，不是属思想理智方面的字，故段氏《说文解字注》径为许叔重改字，不用思，容也之原文，这是有理由的。竹汀亦小学训诂大师，此处却不免违背了他们当时训诂明而后义理明的主张，要据义理来决定训诂。他告段玉裁说：若曰思主于睿，则恐失之刻深。（语见段氏《古文尚书撰异》）此已明明透露了竹汀自己对人生问题的见解。清儒常笑宋儒主观，此等便是清儒亦不免于主观处。圣人与天地参，以天下为一家，中国为一人等语，宋、明儒最所乐道，故宋、明儒所唱，乃人生之高调，清儒则对人生好唱低调，乃说：与天地参，以天下为一家，只在此心能宽容。这样的大口气、大理论，到清儒手里，只是平民化了，做了他们同情弱者的呼声。但在竹汀书里，如此等处，不过偶一吐露，不易多得。他们常常逃避此等问题，不肯倾吐直说。惟戴东原则不然，他竟大声疾呼，公开地表示他的意见，遂有他的晚年名著——《孟子字义疏证》。《疏证》中最大理论在其分辨理、欲，他说：

> 古之言理也，就人之情欲求之，使之无疵之谓理。今之言理也，离人之情欲求之，使之忍而不顾之谓理。

> 宋儒程子、朱子，易老、庄、释氏之所私者而贵理，易彼之外形骸者而咎气质。其所谓理，依然如有物焉宅于心，于是辨乎理、欲之分，谓不出于理则出于欲，不出于欲则出于理。虽视人之饥寒号呼、男女哀怨，以至垂死冀生，无非人欲，空指一绝情欲之感者为天理之本然，存之于心。及其应事，幸而偶中，非曲体事情求如此以安之也。不幸而事情未明，执其意见，方自信天理非人欲，而小之一人受其祸，大之天下国家受其祸。徒以不出于欲，遂莫之或寤也。凡以为理宅于心，不出于欲则出于理者，未有不以意见为理而祸天下者也。

又曰：

> 圣人治天下，体民之情，遂民之欲，而王道备。人知老、庄、释氏异于圣人，闻其无欲之说，犹未之信也。于宋儒则信以为同于圣人。理、欲之分，人人能言之。故今之治人者，视古贤圣体民之情、遂民之欲，多出于鄙细隐曲，不措诸意，不足为怪。而及其责以理也，不难举旷世之高节，著于义而罪之。尊者以理责卑，长者以理责幼，贵者以理责贱，

虽失谓之顺。卑者、幼者、贱者以理争之，虽得谓之逆。于是下之人不能以天下之同情、天下所同欲，达之于上。上以理责其下，而在下之罪人，不胜指数。人死于罪，犹有怜之者；死于理，其谁怜之！呜呼！杂乎老、释之言以为言，其祸甚于申、韩如是也。

这些都是东原极愤激的话。其实他的立场，还是极平恕，还是同情弱者，为被压迫阶层求解放，还是一种平民化的呼声。换言之，现在讲经学，是社会的，不是宗教的；是学者的，不是教主的了。若我们再深一层求之，则清儒此种对于传统权威之反抗精神，其实还似有一些痕迹可见其为沿袭晚明诸遗老而来。但他们的敌意，他们对上层统治者不能正面发泄，遂使他们的攻击目标，转移到宋儒身上。在晚明遗老只埋怨晚明儒学术误国，现在则责备宋儒理论为上层统治者张目、作护符。他们只是卑之毋甚高论，求平恕，求解放，此乃乾、嘉诸儒之一般意见，而非东原个人的哲学理论也。如上引，东原明指今之治人者云云，则情见乎辞，此亦是一种不自觉之流露也。

清儒反对宋学，一面固因他们新得了许多考据、训诂、校勘的法门，确然在古经籍的整理上可以越过宋儒。再则宋、明儒是承接着魏、晋、南北朝、隋、唐以来长期的道、佛思想弥漫之后，而刻意要为中国政治、教育各方面建立一正面积极的标准或基础；而现在则宋、明思想已成了学术界之新传统，为上层统治阶层所利用，故乾、嘉诸儒对当时统治权之敌意，亦以攻击宋、明儒为发泄。所以晚明诸遗老对宋、明儒的态度尚属批评的，而乾、嘉则几乎近似反动。晚明诸遗老多半尚是批评陆、王,乾、嘉则排斥程、朱。乾、嘉的态度愈偏激,愈见他们内心波动之不自然。

总之,乾、嘉经学考据极盛时期,却是他们内心极沉闷的时期。他们攻击程、朱,便证他们心里之耐不得,重新要从故纸丛碎中回到人生社会之现实来。这一趋向,遂又从经学转向史学。戴东原同时便有章实斋,树起史学旗帜来和经学对抗,这依然是一种时代精神的委曲之流露。据章实斋自己说,当时经学考据乃承袭亭林一派上接程、朱,而他的史学则是承袭梨洲一派上接陆、王。此种意见,在近代学术思想史有稍深刻研究者,未必都能同意。但若求解放,则史学应比经学更解放;若求平恕,史学亦应较经学更平恕。经学未免偏向古代,史学则自应偏向近世;经学未免要立一标准,史学则自属平铺,事实即是标准,不须另外有标准。故在戴东原之后有章实斋,亦是清儒学风自身应有之趋势。实斋云:

> 天人性命之学,不可以空言讲。……故善言天人性命,未有不切于人事者。三代学术,知有史而不知有经,切人事也。后人贵经术,以其即三代之史耳。近儒谈经,似于人事之外,别有所谓义理矣。浙东之学,言性命者必究于史,此其所以卓也。

又曰:

> 史学所以经世,固非空言著述也。且如六经出于孔子,

先儒以为其功莫大于《春秋》，正以切合当时人事耳。后之言著述者，舍今而求古，舍人事而言性天，则吾不得而知矣。学者不知斯义，不足言史学。

故实斋史学要旨在切人事，尤在切合当世之人事。所谓经世之学，即须切合当世之人事。但所谓史学切人事者，尤贵能为复杂变化之人事籀出几条公例，庶于当前可以应用，故史学虽求切当前之人事，而却必还溯往古，乃始成其为史学。史学必能为人事籀公例，此即史学之义理。必于史学中见义理，此种史学乃可经世。"孟子道性善，言必称尧、舜。"必称尧、舜，即史学也；而主性善，则由历史籀出公例，即义理。发明性善之义理，岂非经世一大法乎？陆、王心学，病在过重当前，忽略了往古。实斋自谓浙东史学原于陆、王，但实斋在当时，亦仅注意教人由博古转入通今，由空言义理转到切近人事，只可当作提出史学宗旨的一番导言，却并未深入史学里层。实斋说：六经皆史，皆三代先王之政典。此固不误，但彼谓：

> 学者崇奉六经，以为圣人立言以垂教，不知三代盛时，各守专官之掌故，而非圣人有意作为文章也。

如此言之，岂不变成教人同样地遵守当代专官掌故即为史学切人事乎？故依实斋之言，势必转成以时王制度为贵，而讥同时学者以"但诵先圣遗言，不达时王制度，未必足备国家之用"。其实清儒学风，其内里精神，正在只诵先圣遗言，不管时王制度。

此一层,实乃清代学术之主要精神所在,所谓汲源于晚明者正在此。故戴东原、钱竹汀,虽若消极逃避人事,其真源则确近晚明诸儒,还是认真人事,还有一种倔强反抗的意味。若实斋教人切人事,而归于推尊时王,此在清儒学风中转成反动,决非正流。亦可说是倒退,非前进。故实斋虽有心矫挽当时经学家逃避人生之不当,而彼所提倡,实未足与之代兴。必须明得此理,乃可认识此下即道、咸以后之新经学,所谓《公羊》学派与今文学派之真意义。

道、咸以下,清代部族政权之淫威,已渐崩溃,学者开始从逃避人事转回到预闻人事。但他们自然不甘于贵时王之制度。那时新史学并未建立,而经学积业则依然尚盛,因此道、咸时代的清儒,遂不免仍要借助于经学权威用来指导当前之人事。此一趋向,恰与乾、嘉相反。乾、嘉只求解放,现在则求树立。他们想借经学权威来裁制一切,此乃乾、嘉诸儒内心所不取,抑且深所反对者。但道、咸诸儒终于走上了这路。总之清儒学术,曲折纡回,始终未获一条正当的直路,亦由此可见。

道、咸诸儒要凭经学权威来指导当前,换言之,即是要把先圣遗言来压抑时王制度也。这一要求,逼得清儒对经学的兴趣集中到《春秋》,尤其是《公羊》家。因为他们有"非常奇异可怪之论",有微言大义,可资借题发挥,有改制、变法等明白主张,有对人事褒贬之大条例。本来此等都应向史学中耐心觅取,晚明遗老曾有此意向,惜乎中途折入乾、嘉经学,退避到古典研讨中去,未克尽其能事。现在则即以古典为堡垒,对时王制度开门出击。因此晚清《公羊》今文学派外貌极为守旧,内心极激进,此非从学术思想之渊源处深细追寻，不易明也。

但此是一条夹缝中之死路，既非乾、嘉学派所理想，亦非浙东史学派之意见。考据、义理，两俱无当；心性、身世，内外落空。既不能说是实事求是，亦不能说是经世致用。清儒到道、咸以下，学术走入歧道，早无前程，又经太平天国一番摧残，学术种子刮地净尽，正待后人全部的更生。而同时西学东渐，挟其万丈狂涛，席卷囊括，使人无可阻遏，乃亦无可吸取，一时措手不及，内部的虚空加上了外部的冲荡，于是乃有晚清之维新运动。这在中国思想史上，实在是一幕彷徨、迷惑、浅薄、错乱的悲喜剧。

此稿原题《论清儒》，刊载于一九四七年
一月南京《中央周刊》第九卷第三期

读《朱舜水集》

　　朱舜水乃明亡后一大儒，梁任公曾按其生平，为作年谱，一加诵览，有典型不远、精神如在之感。惟恨甲申崇祯殉国，舜水年四十五岁，虽学已有成，而国事鼎沸，曾未有所表现之机会。此后四十六岁，即亡命日本。五十八岁在安南，强毅方正，镇静不屈，几罹殒身之祸。六十一岁之冬，始获在日本定居。此亡国后十七年之生命，长在波涛崎岖中，未获一日之安，亦未有寸尺之展布。及其定居日本，至八十三岁而卒。只身寄居异城，穷困讥谗，出乎寻常。而获得当时日本上下之师事礼养，至其开启此下日本文化之新生，乃在日本学人自治其本国史者为之研考论定。惟舜水定居在日前后二十三年，虽其心存祖国，要之乃若完全是一日本历史上人物，于吾中华故土，可谓关涉至少。然其品格之卓越，德行之淳至，则固纯粹是一中华大贤之传统，读者一览梁氏年谱，当可依稀得之。惟梁谱详其行事经历，略其学思传承，今欲稍加补述，而所可窥见者，亦只剩其居日后之几许篇章文字，可资寻索。除其针对日方而发者以外，其专对祖国历史文化学术演变有所阐申,殆实无几。盖其时尚在日方江户初期,佛学风靡全社会,尊朱乃受韩国李退溪影响。其创始第一人,即由释转儒,由僧回俗,彼邦其时学术界情况,即据此一端可推。及舜水在日定居时,日人已知有阳明,已有朱、王异同,亦知有儒、释之辨。舜水原籍余姚,乃阳明同乡,惟舜水颇不喜阳明之讲学,既惩创于晚明之世风国事,其所追寻,乃儒学之大统,而志在经世,于当时理学家讲堂锢习、门户积见,实深排斥。今就其集中,专关此一态度者,稍加缀辑,庶以补梁谱之缺。而舜水一人,失于我而得之彼,其有关于此下中、日两邦治教之大,亦于此可为治两国史者揭示一消息,固不限于舜水一人之生平已也。

《舜水文集》有《答佐野回翁书》有云:

> 来问朱、王之异,朱子道问学,格物致知,于圣人未有所戾,王文成何得轻诋之? 不过沿陆象山之习气耳。王文成固染于佛氏,欲排朱子而无可排,故举其格物穷理以为訾议尔。王文成为仆里人,然灯相熠,鸣鸡相闻。其擒宸濠,平峒蛮,功烈诚有可嘉。厄于张璁、桂萼、方献夫,牢骚不平之气,托之于讲学。不立异,不足以表见于世,故专主良知,不得不与朱子相水火,孰知其反以伪学为累耶? 愚故曰,文成多此讲学一事耳。今贵国纷纷于其末流,而急于标榜,愚诚未见其是也,又何论朱与王哉?

是舜水于阳明讲学,菲薄之意溢于言外,纵所讥弹不得谓正,要之其是朱非王之意则昭然矣。

又《文集》卷七《答安东守约》第三书有云：

> 嘉、隆、万历年间，聚徒讲学，各创书院，名为道学，分门别户，各是其师。圣贤精一之旨未闻，而玄黄水火之战日烦。中国问学真种子，几乎绝息。贤契慨然有志，真千古一人，此孔、孟、程、朱之灵之所钟，幸唯万勿为时俗异端所挠。至若以不佞为程、朱，不佞学问荒陋，文字粗疏，岂易当此？贤契求师之专，故以未似之有若为似也。愧极！愧极！

舜水慨论明季门户讲学之无当。东邦学人，尊舜水为程、朱，而舜水自愧为未似。此固舜水之尊程、朱，亦不愿以所尊为标榜而启门户也。

《文集》卷二十二《杂著三》，加藤明友问：四书、六经用何人注？舜水答曰：

> 朱子之注不可废。《礼》以陈澔，《易》以鄞庠（谓宁波府学校所用），《尚书》用蔡沈。此其大略也。然看书未必单单靠得注脚。经国理民，为学当见其大，实实有裨于君民，恐不当如经生寻章摘句也。

惜舜水终老异邦，若此寥寥数语，能在祖国畅发其旨，对此下乾、嘉学风能稍有纠挽，此于国瑞民福，将裨益何深乎？

问：仆素宗宋儒，至若阳明之学，陆氏之裔，我党之所不雅言。答：

> 宋儒之学，可为也。宋儒之习气，不可师也。阳明之事，偶举其说，非仆宗阳明也。幸勿深疑。

洛、蜀之争，亦宋儒之习气。舜水深恶讲学有门户，故曰：亦如宋朝程氏、苏氏互相诋讥，朝廷之上舌战不已，遂使国家被其害。（亦见《杂著三》）

林春信问：崇祯年中，巨儒鸿士为世所推者几人？答：

> 明朝中叶，以时文取士，此物既为尘饭土羹，而讲道学者又迂腐不近人情。如邹元标、高攀龙、刘念台等，讲正心诚意，大资非笑。于是分门标榜，遂成水火，而国家被其祸。未闻所谓巨儒鸿士也。巨儒鸿士者，经邦宏化，康济艰难者也。

嗟乎！舜水用心亦苦矣。如高、刘辈皆不得以巨儒鸿士目之，更何情为之辨朱、王门户乎？

问：先生所习之《诗》用何传？旧说所言，与朱晦庵所传大异。答：

> 晦翁之注，自当遵依，《诗序》等但可参考，不敢以古而戾今也。然看书贵得其大意。大意既得，传注皆为刍狗筌蹄，岂得泥定某人作何解、某人作何议也？

是舜水之尊朱可知。若曰不敢以古戾今，则舜水又何为是朱非王乎？传注为刍狗筌蹄,此与陆象山六经皆我注脚之说大不同,亦与乾、嘉之必尊汉儒注脚大不同。

问:昨闻吉水太守问格物之义。答:

> 前答吉水太守问格物致知,粗及朱、王异同耳。太守以临民为业,以平治为功,若欲穷尽事事物物之理,而后致知以及治国平天下,则人寿几何,河清难俟。故不若随时格物致知,犹为近之。仆谓治民之官,与经生大异。有一分好处,则民受一分之惠,而朝廷享其功,不专在理学研穷也。晦翁先生以陈同甫为异端,恐不免过当。

随时格物致知之说,罗整庵曾竭言之,不知舜水曾见其说,抑与之暗合耶？要之舜水论学,亦自明己意而止,不乐拘拘效经生。故亦不乐晦翁目龙川为异端,然亦非是龙川而非晦翁也。

安东守约问曰:朱、陆同异,不待辨说,明矣。近世程篁墩《道一编》、席元山《鸣冤录》,其诬甚矣。然尊德性、道问学,陆说亦似亲切,奈何？答:

> 生知学知,安行利行,到究竟总是一般。是朱者非陆,是陆者非朱,所以玄黄水火,其战不息。譬如人在长崎往京,或从陆,或从水。从陆者须一步一步走去,由水程者一得顺风,迅速可到。从陆者计程可达,从舟非得风,累日坐守。只以到京为期,岂得曰从水非、从陆非乎？然陆自不能及朱,非在德性、问学上异也。

舜水不喜辨门户,然明谓陆不能及朱,则意有偏尊显矣。细读《舜水全集》,可谓舜水乃一提倡儒学之人,非提倡理学之人。若以理学论,朱、陆显分门户,阳明亦承此门户者。但以儒学论,则象山成就显不如晦庵。故舜水于理学上之朱、陆异同,亦不再加深辨也。

问:阳明之学近异端,近世多为宗主,如何?答:

> 王文成亦有病处,然好处极多。讲良知,创书院,天下翕然有道学之名,高视阔步,优孟衣冠,是其病也。其徒王龙溪有《语录》,与今和尚一般,其书时杂佛书语,所以当时斥为异端。

舜水言阳明好处极多,乃指其功业言。阳明亦得为一儒者,其讲学乃其病处,即据龙溪为证,亦可不烦多指摘也。

又舜水告守约曰:

> 明道先生甚浑厚宽恕。伊川先生及晦庵先生但欲自明己志,未免有吹毛求疵之病。

此亦舜水不喜后儒争门户,故有此语。

又《文集》卷二十三小宅生顺问:皇明人物高出汉、唐者?答:

> 国朝人物,如薛文清、李梦阳,气骨铮铮,足为国家砥

柱。所谓烈风劲草,板荡忠臣也。若王阳明,惜其多坐讲学一节,使天下多无限饶舌。王龙溪虽其高第门人,何足复道?袁了凡恬静清和,亦其好处,全然是一老僧,何足称为人物?其他或以理学名家,或以诗辞擅声,未足可以著称贵国者。其中如王弇州,犹少长于数子耳。

观此,知舜水论学术、人物,并不拘拘当时之所谓理学家言。故以李梦阳、王弇州与薛敬轩并举,如阳明,先击刘瑾,后擒宸濠,亦明代一人物,惜其多了讲学一节,无限饶舌,于经济民生,有何实补,此则舜水之意也。

问:我国当今志学者,《易》用朱《义》,《春秋》用胡《传》,《书》用蔡《传》,《诗》用朱《传》,间亦有好异者,舍宋儒之学,其所辨论,如长流之不可障,如之何而可?答:

> 为学当有实功,有实用。不独诗歌辞曲,无益于学也。即于字句之间标新领异者,未知果足为大儒否?果有关国家政治否?果能变化于民风土俗否?果能以为学、修身合而为一,则蔡《传》、朱《注》、胡《传》,尽足追踪古圣前贤。若必欲求新,则禹、稷、契、皋陶、伯益所读何书也?

舜水论学大旨,重实功实用,又奉程、朱为准绳,则以为学与修身必合而为一也。如其以李梦阳、薛敬轩并举,李梦阳固非一理学家。又谓王龙溪"何足复道",而王弇州"犹少长于数子"。王弇州亦绝不预于理学之流,然李梦阳、王世贞名列文苑,要不失为一儒者，故舜水称引及之。舜水亦不乐于北宋洛、蜀之辨。可见舜水论学，不拘拘于当时所目理学之樊笼也。后世奉程、朱为理学创始，然程、朱在当时，特从孔、孟经义求重昌儒学耳。其所辨对象，在专意文章诗赋与老、释异端之二者，不如后起反程、朱者，更在古经字句间标新立异，重起门户也。大抵舜水尊程、朱，亦以其为儒学而尊之，非以其为儒学中理学一门户而尊之。陆象山有言：尧、舜以前曾读何书来？此乃在理学中争门户；舜水亦言：禹、稷、契、皋陶、伯益所读何书？此乃于儒学中重实功实用，其意自不同。若以舜水拟之当时之明遗民，则其论学之意，当近顾亭林。亭林谓：经学即理学也，舍经学安所得理学哉？其意实亦不满于陆、王在理学中更创门户耳。黄梨洲虽亦同时走上经史实学之途，然仍不忘理学中之门户，此则与亭林、舜水不同。惟舜水终老异邦，其学与亭林亦有异，乃颇多似于陆桴亭，在社会民生之实功实用上用心。亭林矢志不仕清廷，然身在北方，接近政治界，故其论著，多著意治平之大经大法，以待后起之新王。舜水在异国，桴亭在闾里，措意乃多在社会民间，更近程、朱所提倡之格物。要之三人皆能言制度，亭林所重在政治制度上，桴亭、舜水所重在社会民间制度上。日本之得益于舜水者亦在此。所谓制度，皆即古代儒家之所谓礼也。若专就此一点论，则桴亭对当时之影响，似远逊于舜水。因舜水居异国，故其效特显也。又如桴亭颇有取于明初之刘诚意，而舜水则不许方正学为通才（亦见《文集》卷二十二《杂著三》），亦两人意趣相似处。朱子于古人尊陶潜，于时人尊岳飞，舜水于明末高、刘亦不许其为巨儒鸿士，又岂得专就理学一标准裁量古今人物乎？至于乾、嘉诸儒，乃标榜汉学以与宋学争门户，更无实功实用可言。陆、王在理学中争门户，乾、嘉在经学中争门户，惟亭林、梨亭、舜水，较更着眼孔、孟儒学之传统，故此三人，乃同尊程、朱，而三人之为学，亦各自不同，然此乃流派之不同，非是门户之各别也。

此文刊载于一九八〇年三月台北中国文化学院《华冈文科学报》第十二期

陆桴亭学述

朱子学之流衍，余所最心折者有四人：在元曰黄震东发，明则罗钦顺整庵；明、清之际，有顾炎武亭林及陆世仪桴亭。朱子之学，性理经史，俱臻于极。黄、顾尤长于经史，罗、陆更邃于性理。故亭林《日知录》屡称东发，而桴亭《思辨录》则时推整庵。亦见其学脉所自之有辨也。然若言理学经济，明体达用，内圣外王，兼而有之，则桴亭转若与亭林为近。此亦晚明学风所趋，而两人者足为其表率。亭林《日知录》分经术、治道、博闻三类，主"经学即理学"，于性理阐申，似视黄、罗、陆三家较逊；言治道，则犹未泯诘经考史之迹。桴亭《思辨录》，博闻差堪比肩亭林，殆已超出黄、罗两家之上。其阐明性理，则粹然考亭矩矱，所得似较整庵益胜。而其言治道，亦复原本经史，博究古今之变，而尤能泯化史学襞积，使读者见其为论治，不觉其为论史。亦犹其言性理，使读者惟见其言人生日常，而不见有理窟之勃窣。比拟《思辨录》于东发之《日钞》，整庵之《困知记》，亭林之《日知录》，所诣固是在伯仲之间，而《思辨录》一书，益见有清新特出之妙。陈辞措意,脱落恒蹊。称心而道,摆尽缠缚,别开生面,洵不可多得之书也。

桴亭值易代之际,毕生未涉仕途,与亭林相类似,而声光暗淡尤过之。全祖望始为之作传,谓国初儒者,曰孙夏峰、黄梨洲、李二曲最有名,而桴亭先生少知者。及读其书,而叹其学之邃。下迄清季,群称晚明三大儒曰亭林、梨洲、船山,于桴亭亦少称述。惟其太仓同邑唐受祺汇刊其遗书二十一种。唐文治蔚芝主办无锡国学专修馆,《思辨录》亦重加印行。余前在大陆所读即唐氏本。抗战时在成都,草为《清儒学案》,桴亭一案即据唐本。惜此稿胜利回都时沉没江中。今重写此文,所据乃张伯行刊正谊堂本,及故宫博物院所藏文渊阁《四库》本,唐本则不可见,并其梗概亦无可追忆矣。

考《思辨录》乃桴亭随笔记述,始于二十七岁时。《文集》有《再答张芑山书》,谓:辛丑之冬,遭大祲,依友人安义令毛如石,如石索弟书锓刻,遂竟授梓。又谓:弟承尊谕,宜严订定,毋轻授梓八字,铭之心腑。冒昧一刻,未及论定之憾,知他年不能免矣。辛丑桴亭年五十一,则其书乃桴亭生时亲手交刻者。又其书付刻,即名《辑要》,每卷前题其同学友江士韶药园、盛敬圣传同辑,以小学、大学、立志、居敬、格致、诚正、修齐、治平八目为前集,共二十二卷。天道、人道、诸儒、异学、经子、史籍六目为后集,共十三卷。前后集共三十五卷。叶调生《吹网录》云:卷首有张能鳞序,作于顺治戊戌,言原书四十余卷,选辑仅十之三四。戊戌桴亭年四十八,是此书早有删订,必是桴亭自为之。江、盛之名,殆是付刻时加入。其《答芑山书》,特表其谦冲之抱之未以自满耳。惟今《思辨录》后集，有出辛丑后者，如"丙午论性毗陵"诸条，最为显著，是则辛丑后又续有增入。丙午下距桴亭卒尚五年，《思辨录》是否丙午后犹有增入，则不可知。其子允正所为《行实》，称《思辨录》前集二十二卷已刻，后集二十二卷未刻。则殆是剩稿，桴亭所未欲刊行也。又有桴亭门人毛师柱增辑书文、诗歌、杂说三类，则是从未刊稿中增辑之也。

又考《思辨录辑要》之刊行，在清顺治十八年辛丑，张伯行正谊堂本则刻在康熙四十八年己丑，前后相距已五十年。至乾隆三十八年癸巳开四库馆，又后五十余年。其所采乃正谊堂本，《提要》谓其非世仪之完本，不知完本实未行世。当时四库馆臣似于辛丑始刊本未获寓目也。

此后道光十七年丁酉，安徽督学使者沈维𫖳又觅得太仓王宝仁藏安义旧刻，为之重刊。光绪三年丁丑，江苏书局又据张本、沈本校刻。应宝时为之跋，谓张本舛误不一，据沈本校正，其重出者悉删去。余今仍将此两本逐卷校对，乃知张本实全据安义《辑要》本。序谓得桴亭《思辨录》一编，为之重订行世，其所得实即是《思辨录辑要》。其曰重订，亦颇未见有重订之工。以张本校安义本，偶有遗漏，不似删削。而第六卷下半，两书相异，更不知是何故。要之此卷张本遗脱为多，并有两条合为一条，未加分辨者。此篇仅事选录；将来倘有人能将江南书局本与无锡国学专修馆本重事校勘，勒成一完善之定本，则甚幸矣。

桴亭之学，一本朱子，观其《思辨录辑要》，分门别类，广博浩瀚，乃俨如朱子之《语类》。虽论其质量，若有未逮，要之为朱子以下所未有。其为学规模，实可谓是朱子之具体而微也。

桴亭之论学有曰：

> 为学之弊有五端，而好异学攻时文者不与焉。谈经书则流于传注，郑玄、王弼之类是也。尚经济则趋于权谲，管、韩、申、商之类是也。看史学则入于泛滥，明道讥上蔡为丧志，朱子以伯恭为眼粗是也。务古学则好为奇博，扬子云玄而无当，张茂先华而不实是也。攻文辞则溺于辞藻，卢、骆、王、杨皆名士，毕竟称为小才；韩、柳、欧、苏为大家，亦不免于夹杂是也。要之只不知大道。不知大道，故胸无主宰，到处差错。

桴亭之学，于此五者，皆所涉猎，然皆能祛其弊而见其大，可谓卓然不失为道学之正统矣。然桴亭之论道学则曰：

> 原于天者谓之道，修于人者谓之学，贯天人而一之，方可谓之"道学"。此两字正未易当。乃今人动以相戏，何也？

又曰：

> 要实见得道为天地间不可无之道，学为天地间不可无之学，我为天地间不可少之人，然后能担当自任。

又曰：

　　天地间只有此个道理，人人在内，人人要做，本无可分别。自宋以来，横为蔡京、章惇、韩侂胄辈分出个门户，目为道学。甚至著史者亦因而另立《道学传》。日用不知，吾末如之何也已矣。

此说道学当统摄一切学问，非可外于一切学问而自立一道学之门户。在前惟朱子有此见解，在后惟桴亭具此识趣也。

　　故又曰：

　　　　道之外无学，道学之外无人。
　　　　不必说道学，只是做人。
　　　　欲为君，尽君道。欲为臣，尽臣道。欲为人，尽人道。

桴亭抱此意见，乃于晚明之讲学家甚表不满。故曰：

　　　　近世讲学，多似晋人清谈。清谈甚害事。孔门无一语不教人就实处做。

又曰：

　　　　天下无讲学之人，此世道之衰。天下皆讲学之人，亦世道之衰。俗儒不知内圣外王之学，徒高谈性命，无补于世，所以来迂拙之诮。

又曰:

> 六艺古法虽不传,然今人所当学者,正不止六艺。如天
> 文、地理、河渠、兵法之类,皆切于用世,不可不讲。

既曰道学即是为人之学,而此等皆不在为人之务之外,自亦不得
谓其当在道学外。可见桴亭论学观点,致广大而尽精微,会性
理、经济而一之,实与向来一辈道学家不同,洵不失为朱子学之
正统嫡系也。

桴亭讲学,又有一端最可取者,在其不立宗旨。尝曰:

> 世有大儒,决不别立宗旨。譬之大医国手,无科不精,
> 无方不备,无药不用。岂有执一海上方,而沾沾语人曰:舍
> 此更无科无方无医也。近之谈宗旨者,皆海上方也。

理学家皆不免喜立宗旨,而晚明尤甚。桴亭则力非之。《思辨
录》又曰:

> 昔朱子,人问以宗旨,朱子曰:某无宗旨,但只教人随分
> 读书。愚亦曰:仪无宗旨,但只教人真心做圣贤。

此即桴亭在道学传统中直承朱子之证。

> 或问居敬穷理四字,是吾子宗旨否? 曰:仪亦不敢以此

四字为宗旨。但做来做去，觉得此四字为贯串周匝，有根脚，有进步。千圣千贤道理，总不出此。然亦是下手做工夫得力后始觉得，非著意以此四字为入门也。入门之法，只真心学圣贤耳。

又曰：

> 居敬穷理四字，毕竟是起手工夫上多。若论其全，则曰：尚志居敬以立其本，致知力行以勉其功，天德王道以会其全，尽性至命以要其极。能尽此四者，方是古今一大儒。

桴亭又尝戒人，于朱子之说，但当申，不当辟。论为学，贵能有根脚、有主宰，而又求有进步。朱子之学，即桴亭为学之根脚主宰处。有此根脚主宰，乃可求进步。故其学之于朱子，乃有申无辟，如上所引皆可见。

桴亭又曰：

> 穷理二字，该得致良知；致良知三字，该不得穷理。

此条见《遗书·淮云问答辑存》。桴亭论学，于阳明、龙溪、心斋颇不满。然亦特重在无善无恶之一义，其他亦多有申无辟也。

桴亭又曰：

> 用至则体立，人尽则天见。决无用未至而可与言体，人

未尽而可与言天者。

桴亭论学,主于兼体用,合天人,而尤贵于尽人以合天,达用以明体。故每自人生界上穷至于宇宙界。朱子以上,桴亭又推尊濂溪,奉此两人为其治学之最高标的。

桴亭极推濂溪之《太极图》,谓:

> 太极二字,原本《系辞》。"人极"二字,则自周子开辟出来。

尤于朱子理先于气之说有深契。乃曰:

> 太极在阴阳之先,在阴阳之中,只不在阴阳之外。
>
> 太极在阴阳之先者,只是即阴阳而推其所以然。不是另有一个太极在前,生出阴阳来。未有火炉之时,但无此炉之形,所以为炉之理固在。

又曰:

> 整庵之言理、气亦固矣。即气是理者,以为气之中即有理,非气即是理。
>
> 理先于气一语,明儒中惟崑山魏庄渠见到。

整庵恪守朱子,亦多发明,明儒中当推为朱学巨擘。惟失之辨理、气，此下诸儒承其失者不少。梨洲以王学立场，主张心即理，乃深取整庵此辨。船山一本横渠，在此问题上，实亦与整庵同调。桴亭虽极誉整庵，然亦时纠其误。盖不立宗旨，亦不立门户，惟求其是，诚所谓卓尔不群。而在桴亭当时，能剖辨及此者，殆已无人。亦可谓朱子之学，实亦至是而绝响也。

桴亭又曰：

> 理在天地之先，范围天地之化。数在天地之后，曲通天地之情。明数之人，所以能事事前知者，以数合天地，非以天地合数。明理之人，所见在天地之先。以天地随理，不以理随天地。

二程为北宋理学开山，然初不称述及于濂溪之《太极图》，尤于邵康节言数，闭拒不加讲求。朱子始推尊濂溪，以为乃二程之学所自出。又同推康节，称之为振古人豪。厥后理学家多知尊周，明儒如曹月川、薛敬轩于尊周外兼尊邵。桴亭亦同时兼知尊邵。尝谓《易》自康节发明，而《易》与数始显。此条分别理、数，一属先天，一属后天，自朱子后，剖析到此，精辟得未曾有。《思辨录》中陈义，往往举重若轻，语极平淡，不见有苦心力索之致，亦复无博引曲证之劳，只是直抒己见，而真从深思明辨中来。具此规模，乃可当得述朱二字。此非精熟宋、明两代理学诸家源流派别离合向背之所在，亦不知其经千洗百炼而获此融会取舍调和鼎蕭之功也。

桴亭论宇宙界，终自推奉周、朱，于康节、横渠各有评骘。

如曰：

> 张子知虚空即气，又曰太虚不能无气，下语虽极精微，
> 终不如周子、朱子之划然。

又曰：

> 张子只就聚散上起见，认理、气原不分明。

又曰：

> 康节以四为数，言水火土石而遗金木，终欠自然。

又其论鬼神则曰：

> 以鬼神为阴阳则可，以阴阳为鬼神则不可。即以四书、
> 五经中所称鬼神证之，何尝与阴阳相混！

此条不仅可以澄清张、程所言，并亦可以剖辨朱子所申。朱子论
鬼神，本之张、程，多越出古人旧见，而桴亭亦不苟同。余尝谓儒
家应分先秦儒与宋、明儒。宋、明诸儒，虽曰语必本之先秦，然亦
有违离远出者。即如张、程、朱子论鬼神，与孔、孟所言，意实大
殊。桴亭承两宋道学大统，而一一必挽归之于孔、孟。其论濂溪
《太极图》，则谓其一本《易·系辞》。其辨鬼神，则谓以鬼神为

阴阳则可，而不可以阴阳为鬼神。此亦于张、程、朱子所说有所申，无所辟，而已卓然自见己意，不事蹈袭，亦不务争驳，乃弥见其书之粹而醇。

桴亭论理、气，可谓善述周、朱。其论性，则尤能特标己见，不苟同于张、程分言天地之性、气质之性一节。然玩其所言，仍是有所申，无所辟。语若平淡，而剖析精到。此一论点，尤为桴亭反复研寻后所得，而亦极为自信。因曰：

> 言气质，原未尝离天命，是就人言天。若离人言天，不但易入虚无，即极高明，与人何涉？

又曰：

> 未生以前，此理在天。既生以后，此理在人。万物皆备，饱满具足。不从此中识取性善，而仍讲未生以前，纵极至善，已被禽兽草木分取一半。

又曰：

> 性者，气质之理。人，气质之理善；物，气质之理杂。
> 性为万物所同，善惟人性所独。性善不必离气质而观。
> 孟子当时，只就气质中说善。孔子、子思之言，无不同条共贯。孟子以后，周则无不吻合。程、朱间有一二未合，而合常八九。

桴亭绝不主张离人言天，因亦不主张离气质而言性。理只在气中，性亦只在气质中。惟同时又必主理先气后，又主人性之善。此皆其特见精深处。桴亭又谓性善乃指恒性，指性之常。故曰：

> 孟子言性善，于气质之中道其常。荀卿言性恶，于气质之中道其变。

此条颇近亭林《日知录》。

又曰：

> 此中间灵处谓之心。心中所秉而一定者谓之性。性中之妙而合理者谓之善。分义理、气质而言性，犹是意圆语滞。

因此桴亭不言性中无恶，而极赞明道善恶皆是性一语。因曰：

> 孟子原止说性中有善，不曾说无恶。
>
> 人皆可以为尧、舜，论其理。惟至诚能尽性，语其实。不必说到浑然至善，未尝有恶，然后谓之性善。
>
> "浑然至善，未尝有恶。"语极精微，然著意精微，便有弊病。此处已隐隐逗出"无善无恶"。"无善无恶"语更精微，却已隐隐走入释氏"离一切心即汝真性"一边去。

桴亭学本朱子，固不以朱子之学为支离，然常以精微戒人，此亦桴亭之独见。其以精微为戒，正是其特见精微处，惜乎欲索解人不易得也。桴亭极反阳明四句教无善无恶一语，而又曰：

> 喜怒哀乐，好恶生杀，无非天理。故曰善恶皆天理。

善恶皆天理，即是说善恶皆性。桴亭于此特标出《中庸》中和二字。其言曰：

> 论性精微，莫若《中庸》，然只说喜怒哀乐。喜怒哀乐未发是性，已发是情。中与和是善。未发无不中，已发无不和，是圣人之性善。未发未能无不中，而未尝无中；已发未能无不和，而未尝无和，是常人之性善。性善二字只如此看。

于是桴亭乃提出其自己之性无善恶说。其言曰：

> 人性中无所谓善恶。只有中与过不及。故圣人尽性，只是致中和。

此处极见桴亭论学常有由宋、明回返先秦之倾向。宋、明理学家言似嫌多涉精微，先秦孔、孟儒则语多平实。桴亭乃以宋、明儒之精微回阐孔、孟之平实。既归平实，斯可免精微之流弊。故桴亭并不辟宋、明之精微，乃以孔、孟平实来作阐申，则一切精微自归平实也。于此见桴亭之自下语，虽若一一平实，而于平实中实有愈见精微之处。

惟专就论性一节言，朱子已竭论非气质无以见性，而又主性即理，理不离气，亦不杂于气。桴亭所论，似偏重不离一面，可以纠张、程分别天地之性与气质之性之流弊。而于性之"不杂于气"一面，则发挥似嫌薄弱，仍不如朱子所论之较更深密。

桴亭又曰：

> 同是万有不齐，于物则谓之杂，于人则谓之纯。人可以学问，而物不可以学问也。

此条见《性善图说》。即宋儒所谓变化气质，而推扩言之，则气质虽万殊，而可以纯于一善也。

由论性转到论心，桴亭亦独有其精湛之见解。今姑举《遗书·论学酬答》中《答王周臣》一书为例。其言曰：

> 张子曰：心统性情。邵子曰：心者性之郛郭。二说皆得之，而皆未全。张子偏于内，邵子偏于外。盖心者，合神与形而为名。其所统，亦非特性情。有是性，感物而动，喜怒生焉，谓之情。情生思维图度，谓之意。意念专决，谓之志。志定而浩然盛大充于中，不挠不屈见于外，谓之气。有是数者，扩而充之之谓才。莫非心之所全，则莫非性之所具，亦莫非天之所赋。

此处融合天人体用而会归于一心，非深契朱子论学渊旨者不能及。后儒徒以陆、王为心学，不知朱子乃造心学之极诣，似惟桴亭能窥见到此。

《思辨录》中又论人心、道心，其言曰：

> 道心只就人心中合于道者言之，非有二心。曰：然则如何言道心常为之主而人心听命？曰：此是说工夫。

又曰：

> 整庵看人心、道心大误。道心是不杂阴阳之太极，人心是不离阴阳之太极。

合道即犹谓合理。理在气中而非即是气，道心亦只在人心中，非有二心。道心、人心不杂不离之妙，亦犹理之于气之不离而又不杂也。整庵未能深了朱子理、气之辨，故亦不深了朱子人心、道心之辨。桴亭以朱子之辨理、气者移之以辨人心、道心，语极简净、平实。然不精读朱子书，则不知《思辨录》此条之精微而平实处。桴亭此处又用太极字，太极即理。桴亭极赞一物一太极，统体一太极之语，又极赞理一分殊之说。天人合，故人心可即又谓之道心，又谓之太极也。朱子辨理气心性，后儒得其渊旨者，当端推桴亭。东发、整庵、亭林，于此或远或近，或得或失，要皆非桴亭之比矣。

桴亭又辨此心之已发、未发，其言曰：

> 所谓未发,不过念虑转接斗笋处毫发之间。

此问题,朱子辨论已极详密,故到桴亭手上,乃可片言解纷。凡如此类,非得前人之著意精微,不得有后人之落归平实。然求能于前人精微处落归平实,此正大非易事。故非细读朱子书,将不易见桴亭《思辨录》之精彩。桴亭《思辨录》正多为朱子论学作画龙之点睛。纵是细读朱子书,不读《思辨录》,亦每使人有不见壁上飞去之憾。

桴亭又曰:

> 工夫存乎我,境界因乎外。除却戒慎恐惧,别寻未发,不是槁木死灰,便是虚无寂灭。

前念方灭,后念方起,此处有桴亭所谓"转接斗笋处在毫发之间"者。桴亭从此境界点出《中庸》戒慎恐惧四字工夫,实是平实之至,又极精微之至。然若误认此时境界,以为把柄入手,则非槁木死灰,即是虚无寂灭。桴亭早年,曾学静坐养生工夫,故能识得此一境界。然非后来正学功深,则不易得此见解。

桴亭又曰:

> 朱子以思虑未萌、知觉不昧释未发,整庵以为恐学者认从知觉上去,亦是一见。不如说思虑未萌、本体不昧。

朱子常言心体本即是一知觉。是则本体不昧,即是知觉不昧也。

若恐人误认从知觉上去,改说本体不昧,岂不又将使人误认从本体上去? 于此诸条参互推求,终于举出《中庸》戒慎恐惧四字工夫。此四字,亦可谓即是此心本体,但不得谓之有知觉,亦不得谓之无知觉。由此求之,则本体在是,工夫亦在是。然必工夫到,乃可言本体。故从两宋理学家言而向上求之,归之孔、孟先秦,则一一易于落实。若自两宋理学家言而向下求之,更欲各辟门户,穷极精微,则弊病终不免。整庵《困知记》不如桴亭《思辨录》,正在此一上一下之间。故读《困知记》,则人见其精微;读《思辨录》,则徒见其平实。能兼得于此二者,始为能善读《思辨录》,《思辨录》之不易读处亦在此。

由辨已发、未发,乃有存养、省察工夫之辨。桴亭又言:

> 存养、省察,要看得他是一事,又要看得他是两事。工夫才有把柄,一切不放下,中无一毫沾滞。

朱子论理气、论心性,总是教人要看得是二,又看得是一。桴亭此等处,皆是善学朱子。既要一切不放下,又要中无一毫沾滞,则惟戒慎恐惧四字,可以恰切道出此体段。

因辨存养、省察,又有动、静之辨。桴亭曰:

> 心从静中得,功向动中求。

此十字,要言不烦,玄珠在握。非真下工夫,不易有此体悟。又曰:

心不静,便是动;心不动,便是静。不在念起念息上讨分晓。

静者安乎理之谓。未发安此天理,既发安此天理。无事安此天理,有事安此天理。久久纯然,天理烂熟。虽千变万化,总名为静。

此两条见《论学酬答·与陈言夏》。

以上辨涵养、省察,辨动、静,朱子皆以归纳入一敬字。桴亭之论敬则曰:

古人言敬多兼天说。今人不然,天自天,敬自敬。又曰天即理,把天字亦说得平常。此为上等人说则可,为中下人说,便无忌惮。不能作其恭敬之气。子瞻欲打破敬字,若如古人说敬天,子瞻能打破天字否?

又曰:

今人多不识天字,只说敬字,许多昏愦偷惰之心,如何得震醒?

又曰:

先儒有曰天即理,予曰理即天。

天即理见朱子《论语注》，亦是道学精微之言。程门言敬，曰主一，曰心中无一物，所言似皆涉精微。桴亭论天一从周、朱，其论太极，论理先于气，又曰天气地质，自亦承认朱子天即理也之义。但此处乃谓此等可为上等人说，不能为中下人说。此亦桴亭论学，常主从精微转归平实之一证。故其答人书，谓精微之理，乃未及知也。

桴亭又曰：

> 道学不可著意。予有志斯道时，只是发念要做一个人。字字句句要依四书做，初未尝知所谓道学。一向只是如此。使知所谓道学，反多一番著意矣。

此亦主从道学精微转归孔、孟平实也。

其与人书有曰：

> 性命之理，孔子罕言，而宋儒始明白而析言之。宋儒乃不得已而言。

此处谓是宋儒之不得已，亦是极平实；而较之亭林，则见为有精微之趣。

或问知与行，桴亭曰：

> 有知及之而行不逮者，知者是也。有行及之而知不逮者，贤者是也。未可以概而论之。及其至也，真知即是行，

真行始是知,又未可以歧而言。

知每易涉精微,行则落于平实,然此二者亦是一而二,二而一。孔、孟平实,道学精微,精微尽归于平实,平实一本诸精微,此乃桴亭论学趋向所在。

凡桴亭论理气心性,大旨具如上述。今再进而论其言居敬穷理者。桴亭有曰:

> 居敬是主宰,穷理是进步处。

其言主宰,亦犹上引言根脚。有此心主宰作根脚,乃可向前求进步。《论学酬答·答王周臣》书有云:

> 兼言理、气,道其全。专言理,明其主。欲知性知天,则不可不观其全。欲率性事天,则不可不知其主。
>
> 理者人之所同,气者我之所独。从乎同,则理至而气从焉,而日进以至于天。从乎独,则气胜而理亡焉,而日流以汩于人。故君子有穷理之学。
>
> 理在吾心,而求之天下之物,此儒者之道,所谓体用合一。性未可遽尽,而理可以渐穷。学者有志于穷理,必事事而察,日日而精,时时而习,渐造渐进以至于极。为神为圣,莫非是也,而又非驰骛于穷大之谓。
>
> 驰骛于穷大而莫为之主,则事至而纷纠,事去而放逸。虽有所得,旋亦放失,故君子又有居敬之学。

> 居敬穷理，在圣人为一贯之学，在学者为入德之门。即
> 此下学，亦即此上达。

此书所言，皆通透明达。以人合天，必贵有作之主者。作之主者
即此人心，然贵能从人心之大同处作主。有了主，又贵能有进
步，故必外穷物理。如是始可合天人，兼体用，此心达此境界而
才始见。下学在此，上达亦在此。圣人之与学者，其道与学，乃
亦成为一贯。

又《文集·答陈介夫》有云：

> 吾辈为学，只是真切二字。真则得其本心，切则不离日
> 用。得其本心，则居敬之道得矣。不离日用，则穷理之功
> 密矣。

言居敬穷理，终有精微之嫌，桴亭释之以真切二字，则弥见为
平实。

《思辨录》中其他讨论道学传统上种种问题，莫不谈言微
中，明白扼要，脱尽理学家窠臼，而指示出理学中无穷蕴奥。此
等精彩处，几于随处可见。兹再拈录数条示例。如曰：

> 事物到前面，只看外一层，是玩物丧志。能看里一层，
> 是格物致知。

玩物丧志与《大学》格物致知语皆出程门。桴亭以只看外一层

与能看里一层来作解释,可谓亲切明白矣。

又如曰:

> 化生之初,未有万物,谁为轮回。化生之后,自少而众,
> 自一而万,如何轮回。

此由朱子言鬼神意而推申言之,极浅显净括之致。

桴亭言道统,亦极有深义。桴亭实可谓是宋、明道统殿军。
自桴亭以下,未有能阐明道学更如桴亭之亲切渊懿者。桴亭
有曰:

> 道统重闻知,不重见知。
> 闻知者,无师传而有开辟之功者也。
> 宋仁宗时,有同时开辟三人:周濂溪、张横渠、邵尧夫。
> 二程虽同时极盛,然却有师传家教。

又曰:

> 大程以天资言,则近于周而胜于朱。以事功言,则开先
> 之力固让于周,而启后之劳亦逊于朱。

又曰:

> 大程实是天资胜,学问则次程尽有深入处。横渠集中

亦推次程,然行处却每有窒碍。

又曰:

> 从祀诸贤,如周子、朱子,其功不在孟子下,尤当在配享
> 之列。

又曰:

> 论者每以孔子为贤于尧、舜,朱子为贤于周、程。尚论
> 之说有二,有以圣人论圣人者,有就天下万世论圣人者。以
> 圣人论圣人者观其德,以天下万世论圣人者观其功。谓孔
> 子贤于尧、舜,朱子贤于周、程,亦就其功与业言之也。古今
> 圣贤,盖莫不有时焉。或者以业之故而并议及于德,更议及
> 于体用之不合,则谬甚也。

此条见《论学酬答·答顾殷仲》,乃桴亭对两宋诸儒之评骘。桴
亭崛起明末,其学直承周、朱,然实不能尽其用。若论成学之功
业,则尚不如亭林《日知录》。桴亭于阐申理学义蕴,虽为卓至,
其开启此下学术新途径,则不得不谓其有逊于亭林。此则亦时
为之也。桴亭在明儒中惟时时称道罗整庵,而于论学大节,则驳
正整庵处亦多。全谢山《传》有曰:《思辨录》所述,疏证剖析,无
不粹且醇。其最足以废诸家纷争之说,而百世俟之而不易者,在
论明儒。是桴亭在理学传统中,亦一闻知者。易代以后,筑亭水

上,潜龙不用。身居江南人文荟萃之区,而声光独暗,此固大儒之学养,资后人之观其德则可矣,然亦岂桴亭之所欲乎!其论《易》之"明夷"有曰:

> 明不可息。虽晦于外,不可息于内。混迹庸众,所谓晦。专心圣贤,所谓明。

又论《易》之"潜龙"曰:

> 非龙德不能当潜,今之潜而龙者又谁乎?

此见其自负与自处。又曰:

> 圣人能尽其所以然,不能尽其所当然。能尽体,而不能尽用。体在我者也。用乘乎形势时位者也。

此条见《论学酬答·答盛圣传》。惜乎桴亭之所志所学,终以限于形势时位,而不获大彰显于后也。

桴亭学之最值称道者,乃在其理学与经济之两面兼尽。桴亭为学,一一依蹈朱子轨辙。自朱子后,能本末精粗,内外体用,一以贯之,实惟桴亭有此蕲向,亦有此造诣。所谓天德王道,内圣外王,以人合天,以用见体,皆桴亭所标举以为学的者。故曰:

> 孔子而后有真学,周公以来无善治。汉、唐、宋竭力经

营，只做得补偏救弊。三代规模，全未梦见。

桴亭实欲推致真学以达之于善治，其分别汉、唐、宋与三代之意，亦即承袭朱子之答陈龙川。惟不专用王、霸字，不专从汉祖、唐宗居心上说，故亦言之若更见为切实。如曰：

> 拨乱不难，致治难。三代以下，但有能拨乱者，未有能致治者。

此处提出拨乱、致治两项，亦于朱子辨王、霸外别标新义也。

又曰：

> 三代以上，主于用君子。三代以后，主于防小人。小人惟有不用法，更无防法。

又曰：

> 孔、孟以后，待小人太宽，待君子太严。议论繁苛，甚于束湿，使君子坐失机会，不能展动分毫，亦主持世道者之过。

此两条，若相反，实相成。法制议论，多偏陷于防禁一边。然防禁不了小人，而终于束缚了君子。

又曰：

古之治也以道,后世一决簿书,成为吏胥世界。

又曰:

家法与家礼,此一家中王、霸之辨。

又曰:

汉、唐以下,治天下之法最密,然实处处渗漏,以其意欲一网收尽天下也。天下之大,岂能一网收尽?古之欲明明德于天下者,先治其国。看《周礼》一部书,止办得王畿千里以内事,何等乾圆洁净!

此说"欲一网收尽天下",可谓最能申述朱子之意。至谓治天下与治国异道,更属卓论。又曰:

《周礼》是治国之书。古人封建,王者所治,止于王畿以内。王荆公不识此意,是以治国之道治天下。

此等说法,又是何等乾圆洁净乎!

桴亭又曰:

封建、井田、学校三者,孟子一生大学问,为致治之大纲。

《与郁仪臣论学校书》有曰：

> 向作《治通》，只推原孟子封建、井田、学校三大旨，而
> 尤以学校为政治之本。

其论封建，谓：

> 封建之得，在于分数明，事权一，历年久，礼乐刑政易
> 施。贤明可以自立，无掣肘之患。郡县之失，在于防制太
> 密，权位太轻，迁转太数。小人得售其奸，君子不得行其志。
> 善治者当循今郡县之制，重其事权，宽其防制，久其禄
> 位。有封建之实，而无封建之名。有封建之利，而无封建
> 之害。
> 郡邑之爵禄权位，当悉如古封建，但当易传子为传贤。

此等说法之背后，必先具一番公天下之心。惟桴亭则专从平实
言，不从精微言。读者徒震惊于其用"封建"字，而疑以为迂，则
诚无可与语《思辨录》之书。桴亭又曰：

> 三代以上立法，常使人有为善之利。三代以后立法，常
> 恐人有为恶之弊。收人才，去文法，是当今最要务。

又曰：

以人才用国家,未尝为国家用人才。

又曰:

> 治天下必自治一国始,治一国必自治一乡始。
> 分乡是小封建法。
> 乡约是个纲。社仓、保甲、社学是个目。社仓是足食事,保甲是足兵事,社学是民信事。

此等立论,皆是干净利落,精微平实兼尽。

其论井田,谓:

> 郡邑欲行井田,须修古乡大夫之职。

桴亭又特著《治乡三约》详其法。其论封建,只在分职权。其论井田,只在均财富。其论由治乡而治国而治天下,尤为能尽本末内外而一以贯之,而尤要则在其论学校。

其论学校谓:

> 儒治所不同于吏治者,儒治从教化上做起,吏治从刑政上做起,其原本只在学校之兴废。

此见《论学酬答·答郁仪臣》。又曰:

> 圣贤之生，必由学校，而学校之振必由师儒。

此条见《文集·苏学景贤录序》。又曰：

> 古者有大学之法，后世但有大学之道，无所谓大学之法，故成就人才较难。

又曰：

> 古法尽亡，必须制作。
> 伊川《看详学校》，不如文公《贡举私议》，然皆不过就近代言。明道《请修学校劄子》，则通于三代。

又曰：

> 学校之制，惟安定湖学教法、明道《上神宗书》，尤得贯通推行之法。

而桴亭特所注重者，则在学校之师。谓：

> 师之一字，是天地古今社稷生民治乱安危善恶生死之关。
> 学校之制，其在乡学，不过读书识字、歌诗习礼而已。至于国学，决当仿安定湖学教法而更损益之。如经义、治

事,宜各各分为诸科,聘请专家名士以为之长。为学校之师者,则兼总而受其成。如此则为师者不劳,而造就人才亦易。

重师道而不废专家,此亦申朱子义。又倡师尊于君之论,谓:

> 非师之尊,道尊也。道尊故师尊。
>
> 洪武初设四辅官,位尚书上,聘耆儒自布衣径为之。此与予"天子择师"之说同,惜乎其遂废而不行。

又曰:

> 太子即须为择师,及即位则终身师之。
>
> 问之以道,而不劳之以政。隆之以礼,而不授之以权。庶乎名实两得。

又曰:

> 设台谏,不如设师傅。

其论礼乐,虽亦备究精微,而终亦一归平实。谓:

> 朱子《语录》中冠、昏、丧、祭皆浅近切实可行。伊川便太泥古。

又曰：

> 朱子《仪礼经传集解》，此书成于门人，未及折衷，亦且
> 多泥古礼，使后世无所遵守。

又曰：

> 审乐断以声为主，纷纷论器、论数，皆后一著事。
> 审音不难，即以俗乐论之，如琴瑟疏而雅，琵琶繁而哀，
> 笙箫和而柔，羌笛厉而劲。
> 中正和平之音，非必不可求。
> 欲知雅乐，未始不可于俗乐、胡乐中参求反观而得。

其论经史，则曰：

> 《书》与《春秋》，即后世之史。《书》兼载文章，即后世
> 之古文。《诗》即后世之诗。《礼》则纪三代之典礼；后世一
> 代有一代之制作，礼未尝无。五经中，惟《易》在所不必续。
> 其余《诗》、《书》、《礼》、《春秋》，皆在所必续。自汉、唐以
> 来，皆以五经为圣人所定，注疏论解，无虑数千百家。五经
> 而外，则以为非圣人所定而忽之。其有拟经、续经者，咸共
> 非笑诋排，以为得罪圣人。此世儒尊经之过。

《文集·曹颂嘉漫园文稿序》有曰：

羲、文之《易》，所以述天人，即后世性理诸书是也。
虞、夏、商、周之《书》，孔子之《春秋》，所以纪政事，即后
世史传诸书是也。商、周之雅、颂，十五国之风诗，所以言
性情，即后世乐府诗歌之类是也。周公之《周礼》、《仪
礼》，汉儒之《礼记》，所以载典礼，即后世八书、十志之类
是也。

如此论经，较之六经皆史之说，更为允惬。其自为《书鉴》、《诗
鉴》，乃师法王通之续经。

又曰：

凡作史，志书须详于纪传。文中子曰：史之失也，其于
迁、固乎？纪繁而志寡。此言真千古确论，亦千古绝识。

又曰：

二十一史列传甚冗乱，其诸志却不可不读。盖一代之
礼乐刑政存焉，未可忽也。予尝欲去二十一史纪传，别取诸
志合为一书，《文献通考》亦仿佛其意，但终不若独观一代，
为睹一代之全。

桴亭论性理常求其一贯，经济亦当求一贯，故论法制，亦贵能观
一代之全也。

又曰：

> 读史有必不可少诸书，如历代地图建置沿革、历代官制建置沿革、建都考、历世统谱等，意欲汇为一集，名曰读史要览，亦是便学者之事。

又曰：

> 读史当以朱子《纲目》为主，参之《资治通鉴》以观其得失，益之《纪事本末》以求其淹贯，二十一史虽不读，备查足矣。

此皆卑之无甚高论，极平实之至。桴亭又分读书为三节，一曰诵读，自五岁至十五为一节。一曰讲贯，自十五至二十五为一节。又一曰涉猎，自二十五至三十五为一节。其所列书目，自经、史、理学外，在讲贯、涉猎两类者，又有天文、地理、水利、农田、兵法诸种，而古文、古诗则三节皆列。又有本朝事实、本朝典礼、本朝律令，皆在讲贯、涉猎中，谓：此最为知今之要。今之学者，有终身未之闻。谓：

> 今天下之精神，皆耗于帖括，谁肯为真读书人，而国家又安得收读书之益？

重师道，即是重道学也。重读书人，即是求进步也。凡读《思辨录》中论善治，必当会归之于其论真学而一以贯之，斯可得其深趣矣。

桴亭之学，一依朱子格物穷理之教，故主随事精察，谓：

> 向读区田法而异之，民间何以竟不传？及读《元史》，见元时尝以此法下之民间，迄无成功。予尝欲亲试之。

今《思辨录》中备详其说。

桴亭又论兵法有曰：

> 唐有《李靖兵法》，今仅存杜氏《通典》所载。戚南塘《纪效新书》从此书中脱出。予尝欲辑兵书为三卷，曰道，曰法，曰术。"道"只是道理，四书、五经中言兵，及圣贤古今论兵格言，必有合于王者之道者乃取。"法"则法制，如《司马法》、《李靖兵法》及《纪效新书》、《八阵发明》之类。"术"则智术，如《孙吴兵法》及古今史传所记攻战之迹。令学者先知道，次学法，次论术，庶体用不骘，而人才有造。

又曰：

> 戚继光《纪效新书》特胜，以其曾经实历。《练兵实纪》不如《纪效新书》。

明末天下多寇，桴亭又辑《城守全书》，自称颇为详密。

桴亭于农政、兵书，平日既多究心。其他如天文历数、地理险要、河渠水利、医学药物,几于无不研穷。兹不摘引。

桴亭又留心诗文,有《书鉴》一编,专取古文中有关兴衰治乱者。又有《诗鉴》一编,专取汉、唐以后诗有合于兴观群怨者。而其论诗,尤具只见。尝曰:

> 不论人论世而论诗,论诗又不论志而论辞,总之不知诗。
>
> 选诗必欲人与诗合,诗与事合,乃可入选。不然,诗虽佳,皆伪言也。

又曰:

> 唐诗多写景,宋诗多谈理。然唐诗未尝不言理,宋诗未尝不写景。予意欲选唐人宋诗、宋人唐诗,以破当世之成见,病未得暇。

又曰:

> 邵尧夫《击壤集》,前无古,后无今,其独造处,直是不可及。
>
> 尧夫诗胸次极妙,直与天地万物上下同流。
>
> 康节直任天机,纵横无碍,从来诗体不得而拘,谓之风流人豪,岂不信然?
>
> 康节诗直把诗作际天际地一事,岂止篇章辞句而已?

唐人诗,康节做得。康节诗,唐人做不得。

白沙之诗,合道理与风雅为一,所作诗有"子美诗之圣,尧夫有别传"云云,盖欲合子美、尧夫为一人。

凡其兴趣之广泛,途辙之开阔,实可谓是朱子后一人。

桴亭又曰:

圣人之教,无所不该,《论语》所称有四科,后世人才果能于四科之中出类拔萃,此即圣人之徒也。后世不知此义,孔、孟之后,概以伏生、申公、欧阳高、夏侯胜之徒当之,不过文学中人耳。乃历汉、唐以来,俨然专两庑之席,而功业彪炳,志行卓荦,为古今人所信服者,不得与从祀之列,概摈之门墙之外。是止以吾夫子为一经生,而裒集后世许多无用之老儒,共作一堂衣钵也。无怪乎奇伟英雄之士,掉臂而去,而作史者必另为《道学传》以载其人;而为道学者,亦甘自处于一隅之陋,此其失非细故也。

又曰:

圣人之教,无所不该。当一洗向来学究之习,而成圣人大无外之教。

或问:吾辈为学,如释、老之类,亦当博涉否?曰:欲为大儒,欲任斯道之责,二氏之书,岂得闭而不窥?

又曰：

愚意圣门从祀，自及门七十子，及周、程、张、朱具体大儒之外，皆当分为四科，妙选古今以来卓荦奇伟第一等人物，尽入从祀。如黄宪、文中子"德行"，张良、李泌"言语"，孔明、房、杜、韩、范、司马"政事"，迁、固、李、杜、韩、柳、欧、苏"文学"，庶几一洗向来学究之习，而成圣人大无外之教。

又曰：

如周子、朱子，其功不在孟子下，此尤当在配享之列，非仅从祀已也。

又曰：

凡古来节义名臣，如关羽、颜真卿、张巡、岳飞，皆当在"德行"之列。小儒不知，而二氏反得窃之以惑众。在二氏未免为援儒入墨，在吾儒未免推而远之。

又曰：

圣人生末世，真是任大责重。使达而在上，则凡井田、学校，前人已坏之法皆其事。穷而在下，则凡理学、经济，前贤未备之书皆其职。虽矻矻孳孳，夜以继日，犹将不足。岂得自托涵养,悠悠终日乎?

孔子删述六经无论矣。孔子而下,德之盛者莫如朱子,然朱子一生功业,亦只在著书。

又曰:

凡有功业,皆与人共之。著述者无论矣。读而传之者居其半,表彰而尊信之者居其半,举而措之行事者居其半。苟于斯道有一分之力,则于斯道有一分之功。

凡桴亭之所志所学,亦可于此想见其大概。

此稿刊载于一九七〇年七月

《故宫图书季刊》一卷一期

顾亭林学述

　　章实斋《文史通义》,分清初学术为浙西、浙东两派。谓浙西宗顾亭林,尚经学,渊源自朱子;浙东宗黄梨洲,尚史学,渊源自阳明。窃谓清初学风,乃自性理转向经史。顾、黄两家,为其代表,皆经史兼擅,而亭林造诣尤卓。盖由朱子转经史,其道顺;由阳明转经史,其道逆。在晚明诸遗老中,孙夏峰、李二曲、黄梨洲皆治阳明,称三大儒,知其时王学尚盛。亭林论学,则时若有反理学之嫌,至少若与理学面目不同,然其确尊朱子,则断无可疑。《日知录》中屡引黄震东发《日钞》,及陆桴亭《思辨录》两书,可证其学脉。余旧为《近三百年学术史》,亭林有专章叙述,兹篇专拈其于理学中尊朱斥王之一节,《学术史》已详者不复著。

　　《日知录》卷九“夫子之言性与天道”条有曰:

　　　　孔门弟子不过四科,自宋以下,为之学者则有五科,曰“语录科”。

此言"语录",并不指全部理学言,乃指理学中之部分言。《文集》卷六《下学指南序》有云:

> 今之言学者,必求诸语录。语录之书始于二程,前此未有也。今之语录,几于充栋矣,而淫于禅学者实多。然其说盖出于程门。故取《黄氏日钞》所摘谢氏、张氏、陆氏之言以别其源流,而衷诸朱子之说。呜呼!在宋之时,一阴之姤也。其在于今,五阴之剥也。有能由朱子之言以达夫圣人下学之旨,则此一编者,其硕果之犹存也。

《下学指南》一书今不传。亭林之斥语录,乃就其淫于禅者言,在宋如上蔡、横浦、象山,而更畅衍于明代王学盛行之后。亭林此编,采录东发,折衷朱子,可证其对宋、元、明三代理学之态度。

又《文集》卷三《与施愚山书》有曰:

> 古之所谓理学,经学也。非数十年不能通。今之所谓理学,禅学也。不取之五经,而但资之语录,校诸帖括之文而尤易也。

又《文集》卷四《与人书四》有曰:

> 经学自有源流,自汉而六朝而唐而宋,必一一考究,而后及于近儒之所著,然后可以知其异同离合之指。

是亭林所谓经学，乃自汉至宋通言之。"古之所谓理学"，指宋。以其合于经，同于经，故曰即经学。"后之所谓理学"，指明。亭林谓其不取之五经，但资之语录，亦如释氏之有禅，可以不诵经典而成佛也。

又《文集》卷六《答友人论学书》有曰：

> 世之君子，苦博学明善之难，而乐夫一超顿悟之易。滔滔者天下皆是，无人而不论学矣。

又《文集》卷三《与友人论门人书》有曰：

> 今百人之中，尚有一二读书而又皆躁竞之徒，欲速成以名于世。语之以五经则不愿学，语之以白沙、阳明之语录则欣然矣。

是亭林之恶夫禅与语录者，乃恶其开速成之路，而隳下学之基，并显指白沙、阳明言。而其瓣香所宗则在朱子。

《文集》卷五《华阴县朱子祠堂上梁文》有曰：

> 宣气为山，众阜必宗乎乔岳。明征在圣，群言实总于真儒。两汉而下，维多保残守缺之人。六经所传，未有继往开来之哲。惟绝学首明于伊雒，而微言大阐于考亭。不徒羽翼圣功，亦乃发挥王道。启百世之先觉，集诸儒之大成。

是亭林言经学,尤重宋儒,而其推崇朱子,诚可谓高山仰止。而"不徒羽翼圣功,乃亦发挥王道"二语,更值注意。所谓内圣外王,明体达用,亭林意,惟朱子有之。亭林《日知录》,上篇《经术》,中篇《治道》,下篇《博闻》,自谓:有王者起,将以见诸行事,以跻斯世于治古之隆。故其为学,群经之外,兼及诸史。晚年卜居华阴,与王山史同修朱子祠堂,而为此文,其平生学业志气精神所注,血脉所自,端在朱子,信不诬矣。

《亭林余集·与陆桴亭札》有云:

> 昨岁于蓟门得读《思辨录》,乃知当吾世而有真儒如先生者,孟子所谓穷则独善其身,达则兼善天下,具内圣外王之事者也。近刻《日知录》八卷邮呈。《思辨录》刻全,仍乞见惠一部。

与亭林同时,治朱子学最具精诣者,莫过桴亭,而亭林以内圣外王之真儒称之,则亭林志业可想矣。

《日知录》卷十八"配享"条有曰:

> 周、程、张、朱五子之从祀,定于理宗淳祐五年。颜、曾、思、孟四子之配享,定于咸淳三年。自此之后,国无异论,士无异习,历胡元至于我朝,中国之统亡而先王之道存。理宗之功大矣。

此所谓"中国之统亡而先王之道存"者,犹即其辨亡国之与亡天下，是亭林认为元儒尚能守中国道统，而其重视宋五子，以为直接孔、孟，故谓先王之道犹存也。

又同卷"嘉靖更定从祠"条有曰：

《旧唐书》太宗贞观二十一年，诏以左丘明、卜子夏等二十二人，代用其书，垂于国胄。自今有事于太学，并令配享宣尼庙堂，盖所以报其传注之功。迄乎宋之仁、英，未有改易，可谓得古人敬学尊师之意。神宗元丰七年(此年以孟子同颜子配享殿上)，始进荀况、扬雄、韩愈三人。此三人无传注之功，祀之者，为王安石配享，王雱从祀地也。理宗宝庆三年，进朱熹。淳祐元年，进周敦颐、张载、程颢、程颐。景定二年，进张栻、吕祖谦。度宗咸淳三年，进邵雍、司马光。以今论之，唯程子之《易传》，朱子之《四书章句集注》、《易本义》、《诗集传》，及蔡氏之《尚书集传》，胡氏之《春秋传》，陈氏之《礼记集说》，是所谓"代用其书，垂于国胄"者尔。南轩之《论语解》，东莱之《读诗记》，抑又次之。而《太极图》、《通书》、《西铭》、《正蒙》，亦羽翼六经之作也。嘉靖九年，逞私妄议，辄为出入。弃汉儒保残守缺之功，而奖末流论性谈天之学，于是语录之书日增月益，而五经之义委之榛芜，有王者作，其还遵贞观之制乎？

又曰：

嘉靖之从祀，进欧阳修者为大礼，出于在上之私意。进陆九渊者为王守仁,出于在下之私意。与宋人之进荀、扬、韩三子而安石封舒王配享,同一道也。

此所衡评,即其平素"经学即理学,舍经学安有所谓理学"之主张。自左丘明、卜子夏以下,迄于杜预、范宁二十二人,皆于传注六经有功。程、朱乃及胡安国、蔡沈、陈澔亦然。即张栻、吕祖谦,亦在又次之列。周、张虽不传经,于羽翼六经有功。在亭林之意,固未尝为汉、宋分疆,故经学中即包有理学,而理学亦不过为发挥经学。至于明代中晚以下盛行之语录,乃离异经学以为学,故亭林不以理学许之。下及乾、嘉,严分汉、宋,经学独归两汉,理学全受排斥,此又与亭林意见大为不同。

又卷二十"四书五经大全"条有曰:

> 自朱子作《大学中庸章句》、《或问》、《论语孟子集注》之后,黄氏干有《论语通释》。而采《语录》附于朱子《章句》之下,则始自真氏德秀。名曰"集义",止《大学》一书。祝氏洙乃仿而足之,为《四书附录》,后有蔡氏模《四书集疏》、赵氏顺孙《四书纂疏》、吴氏真子《四书集成》。昔之论者病其泛滥,于是陈氏栎作《四书发明》,胡氏炳文作《四书通》。而定宇之门人倪氏士毅合二书为一,颇有删正,名曰《四书辑释》。自永乐中命诸臣纂修《四书大全》,颁之学官,而诸书皆废。倪氏《辑释》今见于刘用章刻所刻《四书通义》中。永乐中所纂《四书大全》特小有增删,其详其简,或多不如倪氏。《大学中庸或问》则全不异,而间有舛误。至《春秋

大全》则全袭元人汪克宽《胡传纂疏》，《诗经大全》则全袭
元人刘瑾《诗传通释》。其三经，后人皆不见旧书，亦未必
不因前人也。当日儒臣奉旨修《四书五经大全》，将谓此书
既成，可以章一代教学之功，启百世儒林之绪，而仅取已成
之书抄誊一过，上欺朝廷，下诳士子。唐、宋之时有是事乎？
岂非骨鲠之臣已空于建文之代，而制义初行，一时士人尽弃
宋、元以来所传之实学，上下相蒙以饕禄利而莫之问也。呜
呼！经学之废实自此始。后之君子欲扫而更之，亦难乎其
为力矣。

是亭林明以朱子四书为经学，而谓经学之废始于明，又谓宋、元
尚传实学，元儒吴澄、明儒程敏政，皆鉴于当时之徒务文字训释
以为学，激而为朱、陆异同作平反。然当亭林之世，情势又非。
实学日荒，虚谈益张，故更宁取于元儒也。

《亭林余集·与潘次耕札》有曰：

> 如炎武者，使在宋、元之间，盖卑卑不足数。而当今之
> 世，则已似我者多，而过我者少。俗流失，世坏败，而至于无
> 人如此，则平生一得之愚，亦安得不欲传之其人，而望后人
> 之昌明其业乎？惟愿刻意自厉，身处于宋、元以上之人，与
> 为师友，而无徇乎耳目之所濡染者焉，则可必其有成矣。

此见亭林于宋、元、明三代学术高下之评骘。盖亭林深崇朱子，
黄东发阐申朱学，特为亭林所欣赏，故《日知录》中屡引其说。

即《日知录》为书，亦似与东发《日钞》有渊源，后人每以与王伯厚《困学纪闻》相提，抑《纪闻》犹其次也。

《日知录》屡引《黄氏日钞》，尤其关于论心学之近禅者。前引"夫子之言性与天道"条引曰：

> 夫子述六经，后来者溺于训诂，未害也。濂、雒言道学，后来者借以谈禅，则其害深矣。

亭林宁取元儒，深恶晚明，即此意。

又卷一"艮其限"条引曰：

> 心者，吾身之主宰，所以治事而非治于事。惟随事谨省，刻心自存，不待治之而后齐一也。孔子之教人曰：居处恭，执事敬，与人忠。曾子曰：吾日三省吾身。为人谋而不忠乎？与朋友交而不信乎？传不习乎？不待言心而自贯通于动静之间者也。孟子不幸当人欲横流之时，始单出而为求放心之说。然其言曰：君子以仁存心，以礼存心。则心有所主，非虚空以治之也。至于斋心服形之老、庄，一变而为坐脱立亡之禅学，乃始瞑目静坐，日夜仇视其心而禁治之，及治之愈急而心愈乱，则曰：易伏猛兽，难降寸心。呜呼！人之有心，犹家之有主也。反禁切之使不得有为，其不能无扰者势也，而患心之难降钦。（《省斋记》）

又曰：

存心之说有二。古人之所谓存心者，存此心于当用之地也。后世之所谓存心者，摄此心于空寂之境也。造化流行，无一息不运。人得之以为心，亦不容一息不运。心岂空寂无用之物哉？世乃有游手浮食之徒，株坐摄念，亦曰存心。而士大夫溺于其言，亦将遗落世事，以独求其所谓心。迨其心迹冰炭，物我参商，所谓老子之弊流为申、韩者，一人之身已兼备之，而欲尤人之不我应，得乎？（《山阴县主簿厅记》）

又卷二十"心学"条引《日钞》解《尚书》"人心惟危，道心惟微。惟精惟一，允执厥中"四句有曰：

近世喜言心学，舍全章本旨而独论人心、道心。甚者单摭道心二字，而直谓即心是道。盖陷于禅学而不自知。蔡九峰作《书传》述朱子之意曰：古之圣人，将以天下与人，未尝不以治之之法而并传之。可谓深得此章之本旨。其后进此《书传》于朝者，乃因以三圣传心为说。世之学者，遂指此书十六字为传心之要。愚按：心不待传也。流行天地间，贯彻古今而无不同者理也。理具于吾心而验于事物。心者所以统宗此理而别白其是非，人之贤否，事之得失，天下之治乱，皆于此乎判。此圣人所以致察于危微精一之间，而相传以执中之道，使无一事之不合于理，而无有过不及之偏者也。圣贤之学，自一心而达之天下国家之用，无非至理之流行。明白洞达，人人所同，历千载而无间者，何传之云？

又同卷"内典"条引曰：

> 《论语》"曾子三省"章《集注》载尹氏曰：曾子守约，故
> 动必求诸身。语意已足矣。又载谢氏曰：诸子之学皆出于
> 圣人，其后愈远而愈失其真，独曾子之学专用心于内，故传
> 之无弊。夫心所以具众理而应万事，孔门未有专用心于内
> 之说也。用心于内，近世禅学之说耳。象山陆氏因谓：曾子
> 之学是里面出来，其学不传。诸子是外面入去。今传于世
> 者皆外入之学，非孔子之真。自谓《论语》之外得不传之
> 学，凡皆源于谢氏之说也。后有朱子，当于《集注》中去此
> 一条。

东发最尊朱子，然于朱子语亦多纠挽。传心一语，朱子在鹅湖会
前，屡有提及，而东发明加反对。上引"心学"条，亭林亦曰：

> 《中庸章句》引程子之言曰：此篇乃孔门传授心法。亦
> 是借用释氏之言，不无可酌。

此承东发意，惟措辞较缓。

又卷九"忠恕"条有曰：

> 延平先生答问曰：夫子之道，不离乎日用之间，自其尽
> 己而言则谓之忠，自其及物而言则谓之恕。莫非大道之全
> 体。虽变化万殊于事为之末，而所以贯之者未尝不一也。

曾子答门人之问，正是发其心尔，岂有二邪？若以谓夫子一
以贯之之旨甚精微，非门人所可告，姑以忠恕答之，恐圣贤
之心不若是之支也。如孟子言：尧、舜之道，孝弟而已矣。
人皆足以知之。但合内外之道，使之体用一原，显微无间，
则非圣人不能尔。朱子又尝作《忠恕说》，其大指与此略
同。按此说甚明，而《集注》乃谓"借学者尽己推己之目以
著明之"，是疑忠恕为下学之事，不足以言圣人之道也。然
则是二之，非一之也。

此条下面又引东发言相发明。亭林一承东发矫朱子，正证其一
意崇朱之亦犹东发也。

同卷"予一以贯之"条又曰：

好古敏求、多见而识，夫子所自道也。然有进乎是者。
六爻之义至赜也，而曰：知者观其《象辞》则思过半矣。三
百之诗至泛也，而曰：一言以蔽之，曰思无邪。三千三百之
仪至多也，而曰：礼，与其奢也，宁俭。十世之事至远也，而
曰：殷因于夏礼，周因于殷礼，虽百世可知。百王之治至殊
也，而曰：道二，仁与不仁而已矣。此所谓"予一以贯之"者
也。天下之理，殊涂而同归；大人之学，举本以该末。彼章
句之士，既不足观其会通，而高明之君子，又或语德性而遗
问学，均失圣人之指矣。

上引前一条以尊德性言一贯，下一条以道问学言一贯，若两者相

衡,则亭林论学大意,毋宁更重后者。盖其学脉,端承朱子而来。而尽扫虚玄,一归平实,存理学之精神,而脱去理学之面貌,于学术思想之转变上,尤有关系。

《日知录》卷十"求其放心"条有曰:

> "学问之道无他,求其放心而已矣。"然则但求放心,可不必于学问乎? 与孔子之言"吾尝终日不食,终夜不寝,以思无益,不如学也"者,何其不同也? 他日又曰:君子以仁存心,以礼存心。是所存者非空虚之心也。夫仁与义,未有不学问而能明者也。孟子之意盖曰:能求放心,然后可以学问。"使奕秋诲二人奕,其一人专心致志,惟奕秋之为听,一人虽听之,一心以为有鸿鹄将至,思援弓缴而射之,虽与之俱学,弗若之矣。"此放心而不知求者也。然但知求放心,而未尝穷中彀之方,悉雁行之势,亦必不能从事于奕。

此条用《论语》释《孟子》,而孟子求放心之定义自显。又曰:仁义未有不学问而能明。此语益见深趣。孟子言良知,与言仁义自别,细读《孟子》书自得之。

又同卷"行吾敬故谓之内也"条有曰:

> 先王治天下之具,五典五礼五服五刑,其出乎身、加乎民者,莫不本之于心以为之裁制。此道不明,而二氏空虚之教,至于捶提仁义,绝灭礼乐,从此始矣。自宋以下,一二贤智之徒,病汉人训诂之学得其粗迹,务矫之以归于内,而达

道达德九经三重之事置之不论，此所谓"告子未尝知义"者也，其不流于异端而害我道者几希。

务求一归之内，空言德性，而轻视问学，忽略实务，此为亭林所不满。乃主于事为上见德性，于功业上讲义理。亭林之于《大学》八条目，可谓尤重修齐治平之后四项，与宋代理学尤重格致诚正前四项者稍不同；然其精神命脉，固是一贯相承，却与此下乾、嘉考证学大异其趣，此层不可不辨。

又卷九"不践迹"条有曰：

> 先王之教，若《说命》所谓学于古训，《康诰》所谓绍闻衣德言，以至于《诗》、《书》六艺之文，三百三千之则，有一非践迹者乎？善人者，忠信而未学礼，笃实而未日新，虽其天资之美，亦能暗与道合，而卒以不学，无自以入圣人之门。治天下者亦然。故曰：周监于二代，郁郁乎文哉。不然，则以汉文之几致刑措，而不能成三代之治矣。

不学无以入圣人之门，不学无以成三代之治，圣功、王道一归于学，此为亭林论学要旨。

又同卷"夫子之言性与天道"条有曰：

> 夫子之教人，文行忠信，而性与天道在其中矣，故曰：不可得而闻。
>
> 朱子曰：圣人教人，不过孝弟忠信，持守诵习之间。此

是下学之本。今之学者以为钝根，不足留意。其平居道说，无非子贡所谓不可得闻者。又曰：近日学者病在好高，《论语》未问"学而时习"，便说"一贯"。《孟子》未言"梁惠王问利"，便说"尽心"。《易》未看六十四卦，便读《系辞》。此皆躐等之病。又曰：圣贤立言本自平易，今推之使高，凿之使深。

凡亭林所纠摘理学之流弊，正即承朱子之意，观此条可见。又上引"心学"条引唐仁卿《答人书》有曰：

> 古有学道，不闻学心。古有好学，不闻好心。心学二字，六经、孔、孟所不道。今之言学者，盖谓心即道也。子曰：有能一日用其力于仁矣乎？又曰：一日克己复礼。又曰：终日乾乾，行事也。外仁外礼外事以言心，虽执事亦知其不可。心学者，以心为学也。以心为学，是以心为性也。心能具性，而不能使心即性也。是故求放心则是，求心则非。求心则非，求于心则是。我所病于心学者，为其求心也。

仁卿名伯元，万历甲戌进士。《明史》入《儒林传》。深疾王学。阳明从祀孔庙，仁卿上疏争之，因请黜陆九渊而升周、程、张、朱五人于十哲之列。其人又屡见于顾宪成之《小心斋札记》。胡直庐山曾贻书两首，力辨其诋王学之非。亭林于仁卿语不惜详引，又如同卷"举业"条引艾南英《皇明今文待序》，亦就当时人

语指陈当时流弊,如此乃更为有力也。而亭林之自言之,则尤慨切愤痛。前引"夫子之言性与天道"条有曰:

> 五胡乱华,本于清谈之流祸,人人知之。孰知今日之清谈,有甚于前代者。昔之清谈谈老、庄,今之清谈谈孔、孟。不习六艺之文,不考百王之典,不综当代之务,举夫子论学论政之大端一切不问,而曰一贯,曰无言。以明心见性之空言,代修己治人之实学,股肱惰而万事荒,爪牙亡而四国乱。神州荡覆,宗庙丘墟。

学术非而人才丧,国运随之,亭林目击身受,于此更有深感。故其于"《朱子晚年定论》"一节,尤郑重置辨。

《日知录》卷二十"《朱子晚年定论》"条有曰:

> 王文成所辑《朱子晚年定论》,今之学者多信之,不知当时罗文庄已尝与之书而辨之矣。东莞陈建作《学蔀通辨》,取朱子《年谱》、《行状》、《文集》、《语类》及与陆氏兄弟往来书札,逐年编辑而为之辨曰:近世东山赵汸《对江右六君子策》,此朱、陆早异晚同之说所萌芽。程篁墩因之,乃著《道一编》。朱、陆早异晚同之说于是乎成。王阳明因之,遂有《朱子晚年定论》之录。专取朱子议论与象山合者,与《道一编》辅车之卷正相唱和矣。朱子有朱子之定论,象山有象山之定论,不可强同。主敬涵养以立其本,读书穷理以致其知,身体力行以践其实,三者交修并尽,此朱

子之定论也。今乃指专言涵养者为定论，以附合于象山，其诬朱子甚矣。

宛平孙承泽谓：吾夫子以天纵之圣，不以生知自居，而曰好古敏求，曰多闻多见，曰博文约礼。至老删述不休。朱子一生效法孔子，进学必在致知，涵养必在主敬。德性在是，问学亦在是。如谬以朱子为支离，为晚悔，则是吾夫子所谓好古敏求、多闻多见、博文约礼，皆早年之支离，必如无言、无知、无能为晚年自悔之定论也。

以此观之，则《晚年定论》之刻，真为阳明舞文之书矣。盖自弘治、正德之际，天下之士厌常喜新，风气之变已有所自来。而文成以绝世之姿，倡其新说，鼓动海内。嘉靖以后，从王氏而诋朱子者，始接踵于人间。王世贞发策，谓：今之学者，偶有所窥，则欲尽废先儒之说而出其上。不学则借一贯之说以文其陋，无行则逃之性命之乡以使人不可诘。此三言者，尽当日之情事矣。故王门高第，为泰州、龙溪二人。泰州之学一传而为颜山农，再传而为罗近溪、赵大洲。龙溪之学一传而为何心隐，再传而为李卓吾、陶石篑。昔范武子论王弼、何晏二人之罪深于桀、纣。以为一世之罪轻，历代之害重。自丧之恶小，迷众之罪大。而苏子瞻谓李斯乱天下，至于焚书坑儒，皆出于其师荀卿，高谈异论而不顾者也。《困知》之记，《学蔀》之编，固今日中流之砥柱矣。

又曰：

以一人而易天下，其流风至于百有余年之久者，古有之矣。王夷甫之清谈，王介甫之新说；其在于今，则王伯安之良知是也。孟子曰：天下之生久矣，一治一乱。拨乱世反之正，岂不在于后贤乎？

此条所论，尊朱贬王之意，可谓透竭无遗。然亭林固不为墨守之学者，阳明与朱子持异，主要起于朱子之《格物补传》，王门后学，"格物"异解蜂起，而亭林于《大学》"格物"亦创新解。

《日知录》卷九"致知"条有曰：

致知者，知止也。为人君止于仁，为人臣止于敬，为人子止于孝，为人父止于慈，与国人交止于信，是之谓"止"。知止然后谓之知至。君臣父子国人之交，以至于礼仪三百威仪三千，是之谓"物"。

《诗》曰：天生烝民，有物有则。《孟子》曰：舜明于庶物，察于人伦。昔者武王之访，箕子之陈，曾子、子游之问，孔子之答，皆是物也。故曰：万物皆备于我矣。

惟君子为能体天下之物。故《易》曰：君子以言有物而行有恒。《记》曰：仁人不过乎物，孝子不过乎物。

以格物为多识于鸟兽草木之名则末矣。知者无不知也，当务之为急。

此条历举《诗》、《易》、《孟子》、《戴记》诸篇散见"物"字以释《大学》之"格物"，此即所谓以训诂明义理也。厥后乾、嘉诸儒，鄙薄宋儒义理,而竟治训诂,然能如亭林此条真能以训诂明义理,而有关思想上之重大节目者,实不多见。可见徒治训诂无当经学,乾、嘉诸儒与亭林之区别即在是。一通宋儒义理,一则门户自闭,于理学全不关心,高下得失由自而判。今谓亭林乃此下汉学开山,不知其间精神血脉固迥不相侔也。

又同卷"性相近也"条有曰:

> 人亦有生而不善者,如楚子良生子越椒,子文知其必灭若敖氏是也。然此千万中之一耳。孟子曰:乃若其情则可以为善矣,乃所谓善也。盖凡人之所大同,而不论其变也。若纣为炮烙之刑,盗跖日杀不辜,肝人之肉,此则生而性与人殊,亦如五官百骸,人人所同,然亦有生而不具者,岂可以一而概万乎? 故终谓之性善也。

> 孟子论性,专以其发见乎情者言之。且如见孺子入井,亦有不怜者。嘑蹴之食,有笑而受之者。此人情之变也。若反从而善之,吾知其无是人也。

> 曲沃卫嵩曰:孔子所谓性近,即以性善而言。若性有善有不善,其可谓之相近乎?

论性乃有宋理学一大题目。然如孔子言"性相近",朱子《集注》曰:此所谓性,兼气质而言者也。程子曰:此言气质之性,非言性之本也。若言其本,则性即是理,理无不善,孟子之言性善是也,何相近之有哉? 既分别孔、孟言性,又增出义理之性与气质之性之分别,似不如亭林所言之直捷明确。盖亭林实能摆脱理学窠曰，而摄取理学精髓。若使此下经史之学能循此发展，则洵可为儒学开一新境。而惜乎学脉中断，乃专走上考据训诂一路，经学非经学，又何当于亭林所谓"舍经学安所得理学"之经学乎？梓亭论性善亦辨宋儒，详梓亭篇。

亭林于经学言义理，尤有高见卓识，超宋代理学言义理之上者。《日知录》卷九"管仲不死子纠"条有曰：

> 君臣之分，所关者在一身。夷夏之防，所系者在天下。故夫子之于管仲，略其不死子纠之罪，而取其一匡九合之功。盖权衡于大小之间，而以天下为心也。夫以君臣之分犹不敌夷夏之防，《春秋》之志可知矣。
>
> 有谓管仲之于子纠未成为君臣者，子纠于齐未成君，于仲与忽，则成为君臣矣。狐突之子毛及偃，从文公在秦，而曰：今臣之子名在重耳有年数矣。若毛、偃为重耳之臣，而仲与忽不得为纠之臣，是以成败定君臣也。可乎？又谓桓兄纠弟，此亦强为之说。夫子之意，以被发左衽之祸尤重于忘君事仇也。
>
> 论至于尊周室攘夷狄之大功，则公子与其臣一身之名分小矣。虽然，其君臣之分故在也。遂谓之无罪，非也。

《论语集注》谓"桓兄纠弟"者，程子之说也。谓管仲有功而无罪者，朱子之说也。"忘君事仇"四字，亦取之《集注》。亭林此条，针对《集注》，独揭夷夏之防大于"君臣之分"之一义，而谓是《春秋》之志。经学义理发挥至此，可谓功在万世。

《日知录》卷九"素夷狄行乎夷狄"条，相传刻本无之，见近人张继所得原钞本，有曰：

> 文中子以《元经》之帝魏，谓：天地有奉，生民有庇，即吾君也。何其语之偷而悖乎？宋陈同甫谓：黄初以来，陵夷四百余载，夷狄异类，迭起以主中国，而民生常觊一日之安宁于非所当事之人。以王仲淹之贤而犹为此言，其无以异乎凡民矣。夫兴亡有迭代之时，而中华无不复之日，若之何以万古之心胸而区区于旦暮乎！此所谓偷也。汉和帝时鲁恭上疏曰：戎狄杂居中国，则错乱天气，污辱善人。夫以乱辱天人之世，而论者欲将毁吾道以殉之，此所谓悖也。孔子有言：居处恭，执事敬，与人忠，虽之夷狄，不可弃也。夫是之谓"素夷狄行乎夷狄"也。若乃相率而臣事之，奉其令，行其俗，甚者导之以为虐于中国，而借口于素夷狄之文，则子思之罪人也已。

亭林以明遗民，处易代之际，抱亡国之痛，而幸使吾中华民族得免于亡天下之大劫者，斯惟当时诸遗民修身讲学不懈益励之功，而亭林之功为尤大。此亭林所谓：保天下者，匹夫之贱与有责焉。抑当亡国之际，非匹夫之贱，亦将不足以尽保天下之责。其君其臣肉食者有所不能预。此义亦当深辨。

今综观亭林所言，实有由孟子上返之《论语》之倾向。故《文集》卷三《与友人论学书》有曰：

命与仁，夫子所罕言。性与天道，子贡所未得闻。圣人之为学，平易而可循。今之君子，聚宾客门人之学者数十百人，一皆与之言心、言性，舍多学而识，以求一贯之方。置四海之困穷不言，而终日讲危微精一之说。是必其道之高于夫子，而其门弟子之贤于子贡，祧东鲁而直接二帝之心传也。

汉儒不重孟子，仅自孔子而上推之周公。孟子自二程始加提倡。同一经学，汉、宋之辨在此。理学中有心学，则皆推本于孟子。亭林尊朱贬王，故其言义理，必折衷孟子于《论语》，使持心学者无所措其辞，而经学、理学亦未见相歧，此实学术思想上一大关键。晚明东林顾、高讲学，已于《论》、《孟》有微辨，语详顾、高篇，读者可参观。乾、嘉经学少具此识，乃尊康成取代孟子，主训诂取代义理，高抬汉儒，而孔子地位亦转晦。此实乾、嘉经学之迷途。戴东原为《孟子字义疏证》，乃欲并天理、人欲之辨而泯之。不知此乃理学上大纲领所在。阳明与朱子，虽有异同，在此辨别上，未有歧见。心学与理学，亦惟在此可以打并归一。而乾、嘉以下之经生，乃并此不加理会。此可谓之是"经学"，而不得谓之是"儒学"矣。若使亭林转生乾、嘉以下，更不知又将如何措辞也。

亭林于经学考据，亦斟酌汉、宋，能见其大。《日知录》卷一"朱子《周易本义》"条有曰：

《周易》经分上下二篇，传分十篇：《彖传》上下、《象传》

上下、《系辞传》上下、《文言》、《说卦传》、《序卦传》、《杂卦传》。自汉以来，为费直、郑玄、王弼所乱。程正叔《传》因之。朱元晦《本义》始依古文。洪武初，颁五经天下儒学，而《易》兼用程、朱二氏，亦各自为书。永乐中修《大全》，乃取朱子卷次割裂附之程《传》之后。而朱子所定之古文仍复淆乱。后来士子厌程《传》之多，弃去不读，专用《本义》，而《大全》之本乃朝廷所颁，不敢辄改，遂即监版传、义之本刊去程《传》，而以程之次序为朱子次序，相传且二百年矣。惜乎朱子正定之书竟不得见于世，岂非此经之不幸也夫！

此校版本，主采朱子《本义》之古文《易》，纯本考据立场，东汉费直、郑玄皆失之，而南宋朱子独得之。若必以时代先后论，而谓汉儒近孔子，故必是；宋儒远孔子，故必非，此则又何俟乎考据？

又《日知录》卷十"九经"条有曰：

> 《宋史》，神宗用王安石之言，士各占治《易》、《诗》、《书》、《周礼》、《礼记》一经，兼《论语》、《孟子》。朱文公《乞修三礼劄子》：遭秦灭学，礼乐先坏，其颇存者，三《礼》而已。《周官》一书，固为礼之纲领，至于仪法度数，则《仪礼》乃其本经，而《礼记·郊特牲》、《冠义》等篇，乃其义说耳。前此犹有三礼通、礼学究诸科，礼虽不行，士犹得以诵习而知其说。熙宁以来，王安石变旧制，废罢《仪礼》，而独存《礼记》之科，弃经任传，遗本宗末，其失已甚。是则《仪礼》之废，乃自安石始之，至于今朝，此学遂绝。

此论礼，主采朱子说恢复《仪礼》之科。是亦经学上荦荦大端，朱子开其先，亭林承于后。惟其深通理学，故得于经学有卓识也。

又《文集》卷二《仪礼郑注句读序》有曰：

> 《仪礼》一经，汉郑康成为之注，魏、晋以下至唐、宋，通经之士无不讲求。熙宁中，王安石变乱旧制，始罢《仪礼》不立学官，而此经遂废。南渡已后，二陆起于金溪，其说以德性为宗，学者便其简易，群然趋之，而于制度文为，一切鄙为末事。赖有朱子正言力辨，欲修三《礼》之书，而卒不能胜夫空虚妙悟之学。沿至于今，有坐皋比，称讲师，门徒数百，自拟濂、洛，而终身未读此经一遍者。

凡尚虚谈，必蔑经学。基实已隳，高玄无益。盖亭林之批判经学、理学者，此亦其一端。王安石极尊孟子，而晚年亦喜释氏，学脉异同，所贵善辨。后人仅以《日知录》为考据之书，则宜于其著精神处多所遗失矣。

又《文集》卷六《与毛锦衔》有曰：

> 比在关中，略仿横渠蓝田之意，以礼为教。

又《文集》卷五《华阴王氏宗祠记》有曰：

> 自二戴之传、二郑之注，专门之学以礼为宗，历三国、两晋、南北、五季，干戈分裂之际，而未尝绝。至宋，程、朱诸

子,卓然有见于遗经,而金、元之代,有志者多求其说于南方以授学者。及乎有明之初,风俗淳厚,而爱亲敬长之道达诸天下。其能以宗法训其家人,累世同称义门者,亦往往而有。

凡亭林论学,举其尤要者,曰人材,曰教化,曰风俗,而尤致谨于礼,此皆其论经学之要端深旨所在也。厥后乾、嘉汉学家治三《礼》,乃专专于名物考据,而风俗教化作育人材之大,则懵焉无知。正因鄙弃理学而一意治经,则宜其所得之有限也。

亭林又考中国古籍用体用二字之起源,《亭林佚文补·与李中孚手札》有曰:

承教,谓体用二字出于佛书,似不然。《易》曰:阴阳合德而刚柔有体。又曰:显诸仁,藏诸用。此天地之体用也。《记》曰:礼,时为之,顺次之,体次之。又曰:降兴上下之神,而凝是精粗之体。有子曰:礼之用,和为贵。此人事之体用也。经传之文,言体用者多矣,未有对举为言者尔。

又一札云:

魏伯阳《参同契》首章云:春夏据内体,秋冬当外用。伯阳,东汉人。并举“体用”始于伯阳。朱子少时尝注《参同契》,不可以朱子为用慧能之书。

此于"体用"二字备详其起源所在，亦为治中国思想史者必当注意一问题，此考证之学之有益于言义理者之一例也。乾、嘉学者治经学，心中无义理，遂若义理、考据可以分途，不知分则两失，合者两得。理学家中惟朱子深识此意，而亭林之学，其精髓所在皆出朱子，则在学者之细参。

综上所陈，可知亭林之学尤要者在其《日知录》，实为后人治朱学者开辟新疆宇，灌输新血脉。亦可谓昔人多注意羽翼圣功，而亭林特潜心发挥王道。学者本于此书，旁参陆桴亭之《思辨录》，上溯黄东发之《日钞》，自当局面恢张，路脉分明。由此以上窥朱子学之全体，以及后来之流衍，康庄大道，庶或遇之。而如晚明心学之与乾、嘉考据，其得失自可不待辨而知。

此稿刊载于一九七三年十月
《故宫图书季刊》四卷二期

王船山孟子性善义阐释

自孟子唱性善之说，后儒如荀卿、董仲舒、扬雄、荀悦以及唐之韩愈，皆不信奉。经宋代程、朱之推尊，而后孟子性善之说，遂成为此下儒家之定论。然程、朱之说性善，其果有当于孟子当时之真意与否，明、清两代，递有争议。尤著者，为颜习斋与戴东原，二人皆攻诋程、朱，又遍及宋儒，其所辨说，果为得孟子真义否，仍滋疑难。晚明王船山，犹在颜、戴之前，独尊横渠以纠程、朱之失，较之颜、戴，似为持平，而抑又深至。抑且于朱、陆异同之外，又提出张、程异同之新公案，为治宋儒思想者所不可不知。旧著《近三百年学术史》于船山思想，叙述粗备，独于此节，略而未及，本篇乃专就船山《读四书大全说》一书，有关于阐释孟子道性善之义者，撮要列举，以资讨论孟子性善论者作参考，亦为治宋学有意研究张、程异同者作例示。昔尝有意为旧著《学术史》拾遗补阙，草为《外篇》，成稿四五篇，中经离乱，尽已散佚。此稿亦往昔作为《外篇》之意，有志治船山思想者，可取与旧著《学术史》并观，凡彼所详，此不复赘也。

孔子极少言性与天道。《论语》惟"性相近"一章言及性字，兹先引船山说此章者于前，其言曰：

程子创说个气质之性，初学不悟，遂疑人有两性。所谓气质之性，犹言"气质中之性"也。质是人之形质，质以函气，而气以函理。质以函气，故一人有一人之生。气以函理，故一人有一人之性也。自人言之，则一人之生，一人之性。而其为天之流行者，初不以人故阻隔而非复天之有。是气质中之性，依然一本然之性也。以物喻之，质如笛之有笛身有笛孔相似，气则所以成声，理则吹之而合于律者也。以气吹笛，则其清浊高下，固自有律在，特笛身之非其材而制之不中于度，又或吹之者不善，而使气过于轻重，则乖戾而不中于谱。故必得良笛，而吹之抑善，然后其音律不爽。造化无心，而其生又广，则凝合之际，质固不能以皆良。气丽于质，则性以之殊，故不得必于一致，而但可谓相近。乃均之为笛，则固与箫管殊类。人之性所以异于犬羊之性，而其情其才皆可以为善，则是概乎善不善之异致，而其固然者未尝不相近也。程子之意固如此，故必云气质中之性而后程子之意显。以愚言之，则性之本一，而究以成乎相近而不尽一者，大端在质不在气。质，一成者也。气，日生者也。一成则难乎变，日生则乍息而乍消矣。故知过在质，不在气。乃其为质也，均为人之质，则既异乎草木之质、犬羊之质矣。是以其为气也，亦异乎草木之气、犬羊之气也。故曰近也。孟子所以即形色而言天性也。乃人之清浊刚柔不一者,其过专在质,而于以使愚明而柔强者,其功则专在气。气日生,故性亦日生。性本气之理而即存乎气,故言性必言气而始得其所藏。乃气可与质为功,而必有其与为功者,则言气而早已与习相摄矣。气随习易,而习且与性成。然则气效于习,以生化乎质,而与性为体,故可言气质中之性,而非本然之性以外,别有一气质之性也。质受生于气,而气以理生质,善养者何往而不足与天地同流哉!质之不正,非犬羊草木之不正也,亦大正之中偏于此而全于彼,长于此而短于彼,乃有其全与长之可因,而其偏与短者之未尝不可扩,能践形者亦此形,而万物皆备于我矣。孟子惟并其相近而不一者推其所自而见无不一,故曰性善。孔子则就其已分而不一者,于质见异,而于理见同,故曰相近。孔子固不舍夫理以言气质,孟子亦不能裂其气质之畛域而以观理于未生之先。则岂孔子所言者一性,而孟子所言者别一性哉?虽然,孟子之言性,近于命矣,命善故性善,则因命之善以言性之善可也。若夫性则随质以分凝矣,一本万殊,而万殊不可复归于一。《易》曰:"继之者善也。"言命也。命者,天人之相继者也。"成之者性也。"言质也,既成乎质而性斯凝也。质中之命谓之性,亦不容以言命者言性也。故惟"性相近也"之言,为大公而至正也。

以上节录船山《读四书大全说·论语·阳货》篇"性相近,习相远"章之大意。其中有特值注意者,船山论性,毋宁更主张孔子性近习远之说,而于孟子性善之说,犹有微辞焉。此下说孟子性善,不能忘此处之所揭一也。又张、程首有义理之性与气质之性之分别,而朱子取以注此章,谓:此所谓性,兼气质而言。又引程子曰:此言气质之性,非言性之本也。若言其本,则性即是理,理无不善,孟子之言性善是也,何相近之有哉?今船山曰:岂孔子所言者一性,而孟子所言者别一性哉?是乃针对朱注而发,语极明显。又曰:所谓气质之性,犹言气质中之性。而又将气质二字分别言之,是于程说显不赞同,而特婉言之、隐言之而已。并于义理之性一面,文中全未提及,此固因朱注亦未提及此四字,然船山云:初学不悟,遂疑人有两性。即指义理之性与气质之性之分别言。此一分别,船山显所不取,而此处不明白指出,语气中多似对程、朱留地步;其明白对程、朱之说加以辨难者,多见于《孟子》篇中。此因著书体例,分条列说,不能于一处说尽也。船山于宋儒之学,独尊横渠,义理之性与天地之性之分别,亦最先创始于横渠,二程盛许其说以为可以补孟子所未及,然船山谓:程子所言气质之性,实与横渠原义不同。其言见于其所为《张子正蒙注》,下文当再引述。而船山论性,此节最为简尽。读者先于此细玩,则此下所引录,如网在纲,有条而不紊矣。

此下摘录其关于孟子论性善诸章之说,惟另分条理,不复拘其章次之先后,亦不备注章名,读者有意深求,自可进窥其原书也。

论性则必溯及于天人之际,而船山于此,最有深见。其言曰:

天人之蕴,一气而已。从乎气之善而谓之理,气外更无虚托孤立之理也。乃既因气而有所生，而专气不能致功，固必因乎阴之变、阳之合矣。有变有合而未能皆善，其善者则人也，其不善者则犬牛也。

又曰：

天行于不容已，故不能有择必善，而无禽兽之与草木，然非阴阳之遇而变合之差，是在天之气，其本无不善明矣。

又曰：

在犬牛则不善，在造化之有犬牛则非不善。因于造化之无心，故犬牛之性不善，无伤于天道之诚。

以上之说，有可注意者：一则船山惟以气说天，惟以一气之阴阳变合造化者说天；故谓天惟有诚而不能尽善。变合之未尽善，亦不得谓天有不善，以天之造化本出无心，而仅由于一气之变合之行于不容已也。船山此说，全本于《易》，而颇近庄子。船山殆可谓即本先秦观念以言孟子之性善义者也。则其与当时孟子之真意较近，殆宜然矣。

既明于船山之辨天人，乃可进而言船山之辨理、气。船山之言曰：

天下岂别有所谓理？气得其理之谓理也。气原是有理底,尽天地之间无不是气,即无不是理也。变合或非以理,则在天者本广大,而不可以人之情理测知。

又曰:

> 阴阳显是气,变合却亦是理。纯然一气,无有不善,则理亦一也,且不得谓之善,而但可谓之诚。有变合则有善,善者即理。有变合则有不善,不善者谓之非理。谓之非理者,亦是理上反照出底,则亦何莫非理哉?大要此处著不得理字,亦说不得非理,所以周子下个诚几二字,甚为深切著明。

以上船山只认天地乃一气之实体,而此体可以有变化;故谓濂溪下诚几二字最合。诚即是此实体,几即是此实体之变化也。船山谓此处尚著不得一理字,自更著不得一善字。盖天理二字,本自明道始拈出,明道以前,濂溪尚不言天理二字。濂溪言诚本于《中庸》,言几本于《易》。今船山重申濂溪诚几之旨,是亦本先秦旧见以阐孟子也。

船山又曰:

> 理非一成可执之物,不可得而见。其始之有理,即于气上见。迨已得理,则自然成势,又只在势之必然处见。

明道言理,升而上跻之于天;船山言理,退而下侪之于势。亦可见其旨趣之相异矣。

既明船山理、气之辨,乃可进而申述其致辨于性即理之说。船山之言曰:

> 理即是气之理,气当得如此便是理,理不先而气不后,理善则气无不善,气之不善,理之未善也。(如犬牛类。)人之性只是理之善。

此处船山分辨人性与犬牛之性不同。理有善不善,则性亦有善不善。孟子所谓性善,乃专指人性言,则程、朱所谓性即理者,其说固是,然不足以释孟子之性善。盖既曰天理,则宜无不善。既曰性即理,则犬牛之性亦是理,固非谓犬牛之性皆善不可矣。抑且"理不先而气不后",则朱子所谓理先于气者,自不为船山所赞可,而义理之性先于气质之性之说,亦可不待言而知为船山所不取矣。

于是船山乃继此而辨贵性贱气之说。所谓贵性贱气之说,即谓义理之性无不善,自有气质之性而始有不善是也。此说唱自张、程而朱子承之。船山于横渠之说则别有解释,详于其《正蒙注》,而于程、朱所言则不表赞同,其言曰:

> 贵性贱气之说,似将阴阳作理、变合作气看,即此便不知气。变合固是气必然之用,其能谓阴阳之非气乎?

又曰:

> 离理于气而二之，则以生归气，而性归理，因以谓生初有命，既生而命息。初生受性，既生则但受气而不复受性。其亦胶固而不达于天人之际矣。

此处所谓以生归气，而性归理，即朱子之继承于二程而为说者然也。又曰：

> 气所以与两间相弥纶，人道相终始，唯此为诚，唯此为不贰。故曰诚者天之道，立天之道曰阴与阳而已。又安得尊性以为善，而谓气之有不善哉？

又曰：

> 贵性贱气，以归不善于气，则亦乐用其虚而弃其实，其弊亦将与告子等。夫告子之不知性也，则亦不知气而已矣。

船山之宇宙观，亦可谓是一种唯气的一元论，其说颇近于先秦道家庄、老之说，然毕竟与庄、老道家不同，因船山极致严于虚实之辨故也。船山之言曰：

> 气之诚则是阴阳，气之几则是变合。若论气本然之体，则未有几时固有诚也。故凄风苦雨，非阴之过，合之淫也。亢阳烈暑，非阳之过，变之甚也。且如呼者为阳，吸者为阴，不呼不吸，将又何属？所呼所吸，抑为何物？老氏唯不知

此，故以橐籥言之。且看这橐籥，一推一搋，鼓动底是什么？若无实有，尽橐籥鼓动，那得这风气来？唯本有此一实之体，自然成理，以元以亨，以利以贞，故一推一搋，动而愈出者皆妙。实则未尝动时，理固在气之中，停凝浑合得那一重合理之气，便是"万物资始，各正性命，保合太和"底物事。故孟子言："水无有不下。"水之下也，理也，而又岂非气也！理一气，气一理，人之性也。孟子此喻与告子全别。告子专在俄顷变合上寻势之所趋，孟子在亘古亘今充满有常上显其一德。（如言润下，润一德，下又一德。）此唯《中庸》郑注说得好："木神仁，火神礼，金神义，水神信，土神知。"（康成必有所授。）火之炎上，水之润下，木之曲直，金之从革，土之稼穑，不待变合而固然。气之诚然者也。天全以之生人，人全以之成性。故水之就下，亦人五性中十德之一也。其实亦气之诚然者而已。故以水之下言性，犹以目之明言性，即一端以征其大全，即所自善以显所有之善，非别借水以作譬，如告子之推测比拟也。

以上船山从唯气的一元论，转出德性的一元论，其所陈义，盖本之《易传》与《中庸》。就先秦思想言，唯气一元，乃《易》、《庸》与庄、老之所同；德性一元，乃《易》、《庸》之所独，此乃后起儒家采取庄、老道家之说以自成其儒家之新宇宙论者。船山取《易》、《庸》以释《孟子》，较之程、朱"天即理"、"性即理"，以唯理一元说宇宙，终见其为宋儒之说。居今而审辨之，船山之论性善，其较近于孟子当时之本意，盖亦可无疑也。至其引郑玄注

《中庸》以五行说性，纵谓于《孟子》书中无此的证，要之五行说乃从阴阳说递禅演变而来，汉儒之说如是，即濂溪《太极图说》亦何莫不如是！下至明道，始以天理说性善。明道自谓：吾学虽有所授受，天理二字，却是自家体贴出来。此明谓天理之说，乃明道一己之所自创。今船山越过程、朱以天理说性之新义，而重返于濂溪以前先秦两汉之旧说，以思想传统言，其为较接近于孟子当时之真义，亦可无疑也。

然以上所引，所重乃在释性字，说明性只在气质之中，非于气质之中之性之外，别有一"义理之性"以为之本原，如此而已。至于性之善与不善，则请继此再加引述。

船山论性之善不善，主要在其辨情才之说。船山之辨理、气，其说较习斋为邃密。至其辨情才，其说亦较东原为深至。颜、戴皆出船山后，皆于程、朱有驳难，然以船山较之，则逊乎远矣。惜乎船山之说，湮没不彰，学人之非难程、朱，则仅知有颜、戴而已。清代道、咸以后，船山之书始行于世，然至此学术将变，遂亦终未有能整理船山之书以重提此一公案，此亦学术界一至可惋惜之事也。

船山之言曰：

> 天不能无生，生则必因于变合，变合而不善者或成。其在人也，性不能无动，动则必效于情才，情才而无必善之势矣。

又曰：

气之诚则是阴阳,是仁义。气之几则是变合,是情才。

气不能无变合,性不能无动,动则必情才用事,而情才用事则无必善之势,此为船山言性最明通平实处。船山又详言之,曰:

孟子不曾将情才与性一例竟直说个善字,本文自明白。可以为善,即或人"性可以为善"之说也。曰"若夫为不善非才之罪",即告子"性无不善"之说也。彼二说者,只说得情才,便将情才作性,故孟子特地与他分明破出。言性以行于情才之中,而非情才之即性也。孟子言情可以为善,而不言可以为不善。言不善非才之罪,而不言善非才之功,此因性一直顺下,从好处说,则其可以为不善者,既非斯人所必有之情,固但见其可以为善,而不见其可以为不善。若夫为善虽非才之功,而性克为主,才自辅之,性与才合能而成其绩,亦不须加以分别,专归功于性而摈才也。

船山言情可以为善,亦可以为不善,又言为不善非才之罪,而为善亦非才之功,此两说者,当再详引阐述于后。船山曰:

孟子言:恻隐之心,仁也。明是说性,不是说情。仁义礼智,性之四德也。虽其发也,近于情以见端,然性是彻始彻终,与生俱有者。孟子竟说此四者是仁义礼智,则即此而善矣。即此而善,则不得曰可以为善。恻隐即仁,岂恻隐之可以为仁乎?(有扩充,无造作。)若云恻隐可以为仁,则是恻隐内而仁外矣，若夫情则特可以为善者尔。可以为善，非即善也。故以知恻隐、羞恶、恭敬、是非之心，性也，而非情也。夫情则喜、怒、哀、乐、爱、恶、欲是已。喜怒哀乐未发，则更了无端倪，亦何善之有哉？中节而后善，则不中节者固不善矣。其善者则节也，而非喜怒哀乐也。学者须识得此心有个节在，不因喜怒哀乐而始有，则性、情之分迥然矣。

又曰：

恻隐是仁，爱只是爱，情自情，性自性也。情元是变合之几，性只是一阴一阳之实。情之始有者，则甘食悦色，到后来蕃变流转，则有喜、怒、哀、乐、爱、恶、欲之种种。性自行于情之中，而非性之生情，亦非性之感物而动，则化而为情也。

又曰：

普天下人，只识得个情，不识得性，却于情上用工夫，则愈为之而愈妄。性有自质，情无自质，故释氏以蕉心倚芦喻之。无自质则无恒体，故庄周以藏山言之。无质无恒，则亦可云无性矣。

以上引船山性情之辨，极为深微，诚亦可谓发前儒之所未发矣。船山又于此极言之，曰：

　　释《孟子》者，不察于性之与情，有质无质、有恒无恒、有节无节之异，乃以言性善者言情善。夫情苟善而人之有不善者又何从而生？乃以归之于物欲，则亦老氏"五色令人目盲，五音令人耳聋"之绪谈。抑以归之于气，则诬一阴一阳之道，以为不善之具，是将贱二殊，厌五实，其不流于释氏海沤、阳焰之说者几何哉？愚于此尽破先儒之说，不贱气以孤性，而使性托于虚；不宠情以配性，而使性失其节。窃自意可不倍于圣贤，虽或加以好异之罪，不敢辞也。

后人专就"归罪于物欲"排宋儒者，戴东原是也；专就"贱气以孤性"排宋儒者，颜习斋是也。船山之说，已导颜、戴之先路，至于归其本于性情之失辨，而又举有质无质、有恒无恒、有节无节以为性情之辨者，则船山一人之创说也。

　　船山又曰：

　　《集注》谓："情不可以为恶。"只缘误以恻隐等心为情，故一直说煞了。若知恻隐等心，乃性之见端于情者而非情，则夫喜怒哀乐者，其可以"不可为恶"之名许之哉？

以上引述船山之情可以为恶义。以下引述船山之为善非才之功义。船山曰：

　　程子以才禀于气，气有清浊，归不善于才，又与孟子天性之说相背。

又曰：

> 程子全以不善归之于才，愚于《论语说》中有笛身之喻，亦大略相似。然笛之为身纵不好，亦自与箫管殊，而与枯枝草茎尤有天渊之别。人之所以异于禽兽者，其本在性，而其灼然终始不相假借者，则才也。恻隐、羞恶、恭敬、是非，唯人有之，而禽兽所无。人之形色，足以率其仁义礼智之性者，亦惟人则然，而禽兽不然。若夫喜、怒、哀、乐、爱、恶、欲之情，虽细察之，人亦自殊于禽兽，而亦岂人独有七情，而为禽兽之所无，如四端也哉？一失其节，则喜禽所同喜、怒兽所同怒者多矣。乃虽其违禽兽不远，而性自有几希之别，才自有灵蠢之分，到底除却情之妄动，则性无不善，而才非有罪者自见矣。故愚决以罪归情，异于程子之罪才也。

又曰：

> 为不善，非才之罪；则为善，非才之功矣。（杞柳之为桮棬，人为之，非才之功。即以为不善之器，亦人为之，非才之罪。）

又曰：

> "或相倍蓰而无算者，不能尽其才者也。"而不可云"不能尽其情"。若尽其情，则喜、怒、哀、乐、爱、恶、欲之炽然充塞也，其害又安可言哉！才之所可尽者，尽之于性也。能

尽其才者,情之正也。不能尽其才者,受命于情而之于荡也。惟情可以尽才,亦惟情能屈其才而不使尽。盖恻隐、羞恶、恭敬、是非之心,其体微,而其力亦微,故必乘之于喜怒哀乐以导其所发,然后能鼓舞其才以成大用。喜怒哀乐之情,虽无自质,而其几甚速,亦甚盛。故非性授以节,则才本形而下之器,蠢不敌灵,静不胜动,且听命于情以为作为辍,为攻为取,而大爽乎其受型于性之良能。

又曰:

> 不善虽情之罪,而为善则非情不为功。惟其然,则亦但将可以为善奖之,而不须以可为不善责之。故曰:"乃所谓善也。"言其可以谓情善者此也。功罪一归之情,则见性后亦须在情上用功。既存养以尽性,亦必省察以治情,使之为功而免于罪。

又曰:

> 人苟无情,则不能为恶,亦且不能为善,如何尽得才,更如何尽得性?

以上所引,凡船山之致辨于情才者,大体已具。则请继此而引述船山之辨心性。船山曰:

金仁山谓："释氏指人心为性，而不知道心为性。"此千年暗室一灯也。如人至京都，不能得见天子，却说所谓天子者，只此宫殿嵯峨、号令赫奕者是。凡人之有情有才，有好恶取舍，有知觉运动，都易分明见得。惟道心则不易见。如宫殿之易见，号令之易闻，而深居之一人，固难得而觌面也，故曰："道心惟微。"在人微者，在天则显，故圣人知天以尽性。在天微者，在人则显，故君子知性以知天。孟子就四端言之，亦就人之显以征天之微耳。孔子"一阴一阳之谓道"一章，则就天之显以征人之微也。

又曰：

情便是人心，性便是道心。道心微而不易见，人之不以人心为吾俱生之本者鲜矣。朱子曰：非才如此，乃自家使得才如此。"自家"二字，尤开无穷之弊。除却天所命我而我受之为性者，更何物得谓之自家也？情固是自家底情，然竟名之曰自家，则必不可。情者，不纯在外，不纯在内，或往或来，一来一往，吾之动几与天地之动几相合而成者也。释氏之所谓心者正指此。唯其为然，则非吾之固有而谓之"铄"。金不自铄，火亦不自铄，金火相搆而铄生焉。

又曰：

必须说个仁义之心，方是良心。但言心，则不过此灵明物事,必其仁义而后为良也。心之为德,只是虚灵不昧,所以具众理应万事者,大端只是无恶,而能与善相应,然未必其善也。须养其性以为心之所存,方使仁义之理不失。孔子曰:"操则存,舍则亡,出入无时。"皆言此仁义之心,虽吾性之所固有,而不必其恒存也。

又曰:

> 以知觉为心,以收摄不昏为求放心,不特于文理有碍,而早已侵入于异端之域矣。程子云:才昏睡,便放了。朱子云:收敛此心,不容一物。看来都有疵病。求放心者,求仁耳。孟子吃紧教人求仁,程、朱却指个不求自得、空洞虚玄底境界。异哉!非愚所敢知也。

又曰:

> 所放所求之心,仁也。而求放心者,则以此灵明之心而求之也。仁为人心,故即与灵明之心为体,而既放以后,则仁去而灵明之心固存,则以此灵明之心而求吾所性之仁心。以本体言,虽不可竟析之为二心,以效用言,则亦不可概之为一心也。而朱子所云:"非以一心求一心,只求底便是已收之心。"亦觉与释氏"无能无所"、"最初一念,即证菩提"、"因地生果"之说无以别。识得所求之心与求心之心本同而末异,而后圣贤正大诚实之学不混于异端。愚不敢避粗

浅之讥，以雷同先儒，亦自附于孟子距杨、墨之旨以俟知者耳。

又云：

朱子云："心如一家主，有此家主，然后能洒扫门户，整理事务。使放心不收，则何者为学问思辨？"又云："存得此心，方可做去。"只教此知觉之心不昏不杂，此异端之所同。而非但异端也，即俗儒之于记诵词章，以至一技一艺之士，也须要心不昏杂，方能学习。求其实则孟子所谓专心致志者而已。朱子之释此章，大段宗程子之说，程子规模直尔广大，到魁柄处，自不如横渠之正。横渠早年，尽抉佛、老之藏，识破后更无丝毫黏染。一诚之理，壁立万仞，故其门人，虽或失之近小，而终不失矩矱。程子自得后，却落入空旷去，一传而后，遂有淫于佛、老者，皆此等启之也。此又善学古人者之所当知。

此处船山自述学统，一尊横渠，而于程、朱之说多所驳难，乃竟自比于孟子之距杨、墨，以此较之习斋、东原，意态之激，殆犹过之矣。惟船山之学，博大精深，其自述己见处多，其非难前贤处少，至其《读四书大全说》，学人研读《船山遗书》者尚多忽之，故其异同之间，亦遂不易觉察耳。

以上略引船山之辨心性，请继而再引船山之辨性命。船山之言曰：

愚尝谓:"命日受,性日生。"窃疑先儒之有异。今以孟子所言"平旦之气"思之,乃幸此理之合符也。朱子言:"夜气如雨露之润。"雨露者,天不为山木而有,而山木受之以生者也。岂不与天之有阴阳五行,而人受之为健顺五常之性者同哉?在天降之为雨露,在木受之为萌蘖;在天命之为健顺之气,在人受之为仁义之心。今之雨露,非昨之雨露,则今日平旦之气,非昨者平旦之气亦明矣。此岂非天之日命而人之日生其性乎?乃或曰:气非性也,夜气非即仁义之心,乃仁义之所存也。则将疑日生者气耳,而性则有生之初。抑又思之,夫性即理也,理便在气里面,岂于气之外,别有一理以游行于气中者乎?天无无理之气,而人以其才质之善,异于禽兽之但能承其知觉运动之气,尤异于草木之但能承其生长收藏之气。天之与人者,气无间断,则理亦无间断,故命不息而性日生。若云惟有生之初,天一命人以为性,有生之后,惟食天之气而无复命焉,则良心既放之后,而但一夜之顷,物欲不接,即此天气之为生理者,能以存夫仁义之心哉?

又曰:

愚于《周易》、《尚书传义》中,说初有天命,向后日日皆有天命。"天命之谓性",则亦日日成之为性。其说似与先儒不合。今读朱子"无时而不发现于日用之间"一语,幸先得吾心之所然。

今按：此一条录自其《大学说》。"命日受，性日生。"此盖船山之创说，船山极自喜之，故此两章之说云云也。此见船山心中先自存有一番义理，然后再细按诸《孟子》而见其诚然；又细按诸程、朱之说，而见其有不然；又细按之于横渠而始见横渠之说为独可遵而无弊也。若论船山此一番见解之来处，则疑若其有得于《易》者为独多。横渠亦深于《易》，故船山之于横渠，亦最所心契也。故船山之于宋儒，虽独契横渠，而余必谓船山乃主以先秦义说《孟子》，而不谓其乃一本之于横渠以说《孟子》。知言之士，亦必首肯于吾言也。

船山又言曰：

> 在天则同，在命则异，故曰：理一而分殊。迨其分殊，而理岂复一哉？其同者，知觉运动之生而异以性，生成性，性亦主生，则性不同而生亦异。

又曰：

> 孟子言性，从不以气禀之性为言，先儒论之详矣。况孟子言君子所性与所乐、所欲一例，则更何天命、气禀之别，岂众人之欲乐陷于私利者，亦天使之然而不能自瘳耶？性者，人之同也。命于天者同，则君子之性即众人之性也。众人不知性，君子知性；众人不养性，君子养性。是君子之所性者，非众人之所性也。声色臭味安逸，众人所性也。仁义礼智，君子所性也。实见其受于天者于未发之中，存省其得于

己者于必中之节也。不养则四德非不具于心,面、背、四体非不有自然之天则,足以成乎德容,而根之既仆,生以槁也。故性者,众人之所同也,而以此为性,因以尽之者,君子所独也。知性养性,是曰"性之",惟其性之,故曰"所性",岂全乎天而无人之词哉?周子曰:"性焉安焉之谓圣。"惟其"性焉",是以"安焉"。性云者,圣功之极致也,而岂独以天分表异,求别于气质之累不累者乎?孟子曰:"君子不谓性也。"义通此矣。

此一条似与上引一条有异。上一条言性不同,言天之生人,其性与物不同也。此一条言性者人之同,言人性则自大体相同也。究其极,则亦只当谓人性相近,却不必说凡人之性必尽相同。此则就上引各条而微窥之,亦可见矣。

又曰:

不以气禀言性,则犹言性在气禀之中,而非气禀之即是性也。故曰:孟子始终辟"生之谓性"一种邪说,程子乃以"生之谓性"为"未是告子错处"。故其差异如此。

又曰:

《中庸》说天命之谓性,作一直说,于性、命无分。孟子说性命处,往往有分别。盖天命不息,而人性有恒,有恒者受之于不息,故曰:天命之谓性。不息者,用之繁而成之广,非徒为一人，而非必为一理。故命不可谓性，性不可谓命也。孟子大言命而专言性，以人承天，而不以天治人。朱子注：不谓之命。惟小注中"或说以五者之命皆为所值之不同，君子勉其在己而不归之命"一段，平易切实，为合孟子之旨；其他言理言气，言品节限制、清浊厚薄，语虽深妙，要以曲合夫程子气禀不同之说，而于孟子之旨不相干涉。程子固以孟子言性未及气禀为不备矣，是孟子之终不言气禀可知矣。

今按：此处所辨甚细，船山只谓：

> 天以其理授气于人谓之命，人以其气受理于天谓之性。

故又曰：

> 一言命而皆气以为实，理以为纪，不容析之，以为此兼理，此不兼理矣。

故船山只谓性不当弃气而言，理亦不当弃气而言，而一言气质、气禀，则又与仅言气者不同。此辨深微，非通观于船山立论之全体，则亦不易明此辨也。

盖性命之辨，实亦犹天人之辨也。船山又言之曰：

> 人不能与天同其大，而可与天同其善。

此可谓一言而深阐及于孟子尽性知天之学之渊旨而无遗焉也已。

凡船山之阐述孟子性善之旨，其要皆以自附于横渠，而于程、朱之说则不能尽同。兹再引述一节，以见其要。船山曰：

程子统心、性、天于一理，于以破异端妄以"在人之几"为心性，而以"未始有"为天者，则正矣。若其精思而实得之，极深研几而显示之，则横渠之说尤为著明。盖言心、言性、言天、言理，俱必在气上说，若无气处则俱无也。张子云：由气化有道之名。而朱子释之曰：一阴一阳之谓道，气之化也。《周易》"阴阳"二字是说气，著两"一"字方是说化，故朱子曰："一阴而又一阳、一阳而又一阴者，气之化也。"由气之化则有道之名。然则其云"由太虚有天之名"者，即以气之不倚于化者言也。气不倚于化，元只气，故天即以气言，道即以天之化言，固不得谓离乎气而有天也。程子言："天，理也。"既以理言天，则是亦以天为理矣。以天为理，而天固非离乎气而得名者也，则理即气之理，而后天为理之义始成。而曰："天一理也。"则语犹有病。夫天之为天，虽未尝有俄顷之间、微尘之地、蜎子之物或息其化，而化之者天也，非天即化也。化者天之化，而所化之实则天也。天为化之所自出，惟化现理，而抑必有所以为化者，非虚挟一理以居也。所以为化者，刚柔健顺中正仁义，赅而存焉。赅存则万理统于一理，一理含夫万理，相统相含，而经纬错综之所以然者不显，必由此不可由彼之当然者无迹。

若是,固不可以理名矣。故可云"天者理之自出",而不可云"天一理也"。气之化而人生焉,人生而性成焉,由气化而后理之实著,则道之名亦因以立。是理惟可以言性,而不可加诸天也,审矣。就气化之流行于天壤,各有其当然者,曰道。就气化之成于人身,实有其当然者,则曰性。性与道本于天者合,合之以理也。其既有内外之别者分,分则各成其理也。故以气之理,即于化而为化之理者,正之以性之名,而不即以气为性。所以张子云:"合虚与气有性之名。"虚者理之所涵,气者理之所凝也。若夫天,则《中庸》固曰"诚者天之道"也。诚则能化,化理而诚天,天固为理之自出,不可正名之为理矣。程子之竟言"天一理也",自不如张子之义精矣。若谓"心一理也",则其弊将有流入于异端而不自觉者,尤不可以不辨。原心之所自生,则固为二气五行之精,自然有其良能,而性以托焉,知觉以著焉。此气化之肇夫神明者,固亦理矣。而实则在天之气化自然必有之几,则但为天之神明以成其变化之妙,斯亦可云化理而已矣。以本言之,天以化生而理以生心;以末言之,则人以承天而心以具理。理以生心,故不可谓即心即理,诿人而独任之天。心以具理,尤不可谓即心而即理。心苟非理,理亡而心尚寄于耳目口体之官。如其云"心一理矣",则是心外无理,而理外无心也。以云"心外无理",犹之可也,然而固与释氏唯心之说同矣。父慈子孝,理也。假令有人焉,未尝有子,慈之理终不生于心,其可据此心之未尝有慈而遂谓天下无慈理乎?谓未尝有子而慈之理固存于性则得矣,如其言未尝有子而慈之理具有于心则岂可哉？故惟释氏之认理皆幻，而后可以其认心为空者言心外无理也。若其云"理外无心"，则随所知觉、随所思虑而莫非理，将不肖者之放辟邪侈，与夫异端之蔽陷离穷者而莫非理乎？孟子曰："尽其心者知其性也。"正以言心之不易尽，由有非理以干之，而舍其所当效之能以逐于妄，则以明夫心之未即理，而奉性以治心，心乃可尽其才以养性。弃性而任心，则愈求尽之，而愈将放荡无涯以失其当尽之职矣。伊川重言尽心而轻言知性，则其说有如此。张子曰："合性与知觉有心之名。"其不得谓之"心一理也"又审矣。告子惟认定心上做，故终不知性。孟子惟知性以责心之求，故反身而诚，以充实光辉而为大人。释氏言三界惟心，则以无为性。圣贤既以有为性，则惟性为天命之理，而心仅为大体以司其用。伊川于此纤芥之疑未析，故或许告子"生之谓性"之说为无过。然则欲知心、性、天、道之实者，舍横渠其谁与归？

今按：此条辨析已甚详明，语无遗蕴矣。循而读之，辞旨皆显，可不烦再加以阐释。盖自明道特拈一"理"字以统综一切，而曰"天即理"、"性即理"，伊川、晦翁循之益进。而陆、王继起，乃以"心即理"之说与程、朱之言"性即理"者相抗衡。而"理"字固为先秦儒家所言，今船山越过程、朱，一依濂溪、横渠之说，会通之于《易传》与《中庸》，于以阐发孟子当时之本义，宜为得其近是。至明道之说，可谓其乃是开创此下理学一派，于濂溪、横渠本有差异；而朱子乃重为之综合。后人群尊朱子，遂认为濂、洛、关、闽只是一家,虽亦有加以辨析者,然终不能如船山之明显也。

船山之致辨于张、程异同者如上述,然二程分辨"气质之性"与"义理之性"一层,自谓袭自横渠。横渠之说,见于《正蒙》。其言曰:

> 形而后有气质之性,善反之,则天地之性存焉。故气质之性,君子有弗性者焉。人之刚柔缓急,有才与不才,气之偏也,天本参和不偏。养其气,反之本而不偏,则尽性而天矣。

船山既于明道言气质之性者加以驳正,又谓横渠之说,本与明道不同,其辨见于其所为《张子正蒙注》,兹再引录如下。

船山曰:

> 气质者,气成质而质还生气也。气成质,则气凝滞而局于形,取资于物以滋其质。质生气,则同异攻取,各从其类,故耳目口鼻之气与声色臭味相取,亦自然而不可拂违,此有形而始然,非太和絪缊之气、健顺之常所固有也。旧说以气质之性为昏明强柔不齐之品,与程子之说合。今按张子以昏明强柔得气之偏者系之才而不系之性。此言气质之性,盖孟子所谓口耳目鼻之于声色臭味者尔。盖性者,生之理也。均是人也,则此与生俱有之理,未尝或异,故仁义礼知之理,下愚所不能灭;而声色臭味之欲,上智所不能废。俱可谓之为性。而或受于形而上,或受于形而下,理与欲皆自

然而非由人为,故告子谓食色为性,亦不可谓非,而特不知有天命之良能尔。

以上释横渠"气质之性"。又曰:

> 天地之性,太和絪缊之神,健顺合而无倚者也。即此气质之性,如其受命之则而不过,勿放其心以徇小体之攻取,而仁义之良能自不可掩。盖仁义礼智之丧于己者,类为声色臭味之所夺,不则其安佚而惰于成能者也。天地之性原存而未去,气质之性亦初不相悖害,屈伸之间,理、欲分驰,君子察此而已。

以上释横渠"天地之性"。又曰:

> 弗性,不据为己性而安之也。此章与孟子之言相为发明,而深切显著。乃张子探求穷归之要旨,与程子之言自别,读者审之。

以上释"气质之性君子弗性"并兼释全章。以下再引其释"气之偏也"数语,此即船山所主张之性才之辨也。其言曰:

> 昏明强柔敏钝静躁,因气之刚柔缓急而分,于是而智愚、贤不肖若自性成,故荀悦、韩愈有三品之说,其实才也,非性也。性者,气顺理而生人,自未有形而有形,成乎其人,

则固无恶而一于善，阴阳健顺之德本善也。才者，成形于一时升降之气，则耳目口体不能如一，而聪明干力因之而有通塞精粗之别，乃动静阖辟偶然之机所成也。性藉才以成用，才有不善遂累其性，而不知者遂咎性之恶，此古今言性者皆不知才性各有从来，而以才为性尔。商臣之蜂目豺声，才也；象之傲而见舜则忸怩，性也。居移气，养移体，气体移则才化，若性则不待移者也。才之美者未必可以作圣；才之偏者，不迷其性，虽不速合于圣，而固舜之徒矣。程子谓天命之性与气质之性为二，其所谓气质之性，才也，非性也。张子以耳目口体之必资物而安者为气质之性，合于孟子，而别刚柔缓急之殊质者为才。性之为性，乃独立而不为人所乱。盖命于天之谓性，成于人之谓才；静而无为之谓性，动而有为之谓才。性不易见而才则著，是以言性者但言其才而性隐。张子辨性之功大矣哉！

本文后船山子敂又加按语云：

> 动而有为之谓才，才所谓心之官。心之体为性，心之用为情，心之官为才。

今按：船山性情之辨，备见于其《孟子说》，而性才之辨顾不详，乃别见于《正蒙注》。可证《正蒙注》之成书，犹在《读四书大全说》之后。今试设为推想，方其说《论语》"性相近，习相远"章，已辨程子气质之性之非是，而下语犹若有回护之意；及其说《孟子》"性善"诸章,乃始于程、朱之说辞而辟之者甚为畅尽而不再有隐焉,然犹于横渠之分辨气质之性与义理之性者未有解释,其所解释之辞则备见于《正蒙注》。此虽著书体例宜然,然亦可见船山《正蒙注》之成书,当犹后于其为《读四书大全说》也。船山一人思想进展之迹,亦可于此窥见。今若再进而综述船山关于张、程异同之意见,则一言蔽之,乃是理、气问题之意见也。横渠亦可谓是主惟气一元,进而为德性一元之说者,因其根据《易传》与《中庸》而立说,则必归于此也。程、朱则主张唯理一元,或可说理、气二元者。此"理"字之特别提出,首由于明道。其实魏、晋间如王弼、郭象皆已特提此"理"字,此后乃为释家所援用,尤著者如竺道生乃及唐代之华严宗,伊川称明道"出入于老、释者十年然后乃归求之于六经而得之",则明道之特提此"理"字,实不能谓其全不受老、释二氏之影响。至于横渠年十八,范仲淹即授以《中庸》,及其在汴京初遇二程,已拥皋比讲《易》。虽横渠亦曾旁求诸释、老,然其于《易》、《庸》濡染之深,亦可知矣。故横渠之主张唯气一元与德性一元之说,乃自先秦旧说来;而二程之提倡唯理一元,则于宋儒言义理中独为一种新说。此乃入虎穴而得虎子,拔赵帜而立汉赤帜之所为也。惟主张唯理一元之说,终不免重于天而轻于人,陆、王之反对程、朱,主张以"心即理"代替"性即理",亦不失为一种侧重于人本位之要求。而矫枉者过其正,船山不满于陆、王,乃追溯之于濂溪、横渠,求以矫挽程、朱立言之所偏。即就本篇引录者观之,其意已可见。今若撇开其整个思想体系于不论,而专就其于天道范围之内增重人事分量之地位一节言,则船山思想实亦与陆、王相近,要之皆为针对程、朱过分尊重"理"的一观念之反动。此一趋势,即下逮颜、戴,亦无以异也。

今试再杂引上文所未及者数条,以补申此义。船山曰:

> 在天为命,在人为性,尽性固尽人道也。《论语》言"性与天道",性、天之分审矣。直至赞化育、参天地,而后圣人之体天道者见焉。要其体天道者,亦以尽人道者体之尔。

船山此条,谓性与天道有分,尽性只是尽人道,持以与程、朱"天即理"、"性即理"之说相较,其异旨显然矣。船山于天与人之外,又推以言物,曰:

> 物有物之性,终不可言物有物之道。今以一言蔽之,曰物直无道。若牛之耕、马之乘,乃人所以用物之道,不成牛马当得如此拖犁带鞍。倘人不使牛耕而乘之,不使马乘而耕之,亦但是人失当然,于牛马何与? 乃至蚕之为丝,豕之充食,彼何恩于人,而捐躯以效用,为其所当然而必由者哉? 故道者专以人而言也。

本条引自其《中庸说》。余尝谓先秦两汉之儒重言道,魏、晋道家及以后释氏重言理,宋儒程、朱、陆、王皆重言理,故谓之"理学"则允。若如《宋史》特立《道学传》,则名实殊未相符,因程、朱所重实在理不在道也。若论理,则"物理"二字更是常用,却极少用于"人理"为辞者,故程、朱喜言物理,如晦翁之格物穷理是也。格物穷理与人何涉？因性即理，物性、人性同属一理，故穷理即所以尽性也。横渠《正蒙》开宗明义第一句即曰："太和所谓道。"可见横渠犹遵旧辙，与二程之特创新轨实有异矣。惟既言"道"，则诚如船山之说，物直无道可言，而又天道远，人道迩，则人之分量地位自重矣。

船山又曰：

> 使马乘，使牛耕，固人道之当然。若马之性，岂以不乘而遂失？牛之性，岂以不耕而遂拂乎？巴豆之为下剂为人言也，鼠食之而肥，又安得谓巴豆之性果以克伐而不以滋补乎？反之于命而一原，凝之为性而万殊。在人言人，在君子言君子，则存养省察而即以尽吾性之中和，亦不待周普和同，求性道于猫儿狗子黄花翠竹也。

本条亦采自其《中庸说》。则船山之意，亦不认普通之所谓物性者之诚可定为此物之性矣。船山又言之曰：

> 即可言物有物性，终不可言物有物道。如虎狼之父子，万不得已，或可强名之曰德，而必不可谓之道。

船山又曰：

> 道者专以人言。

本条亦采自其《中庸说》。《中庸》开首即曰："天命之谓性，率性之谓道。"见横渠《正蒙》正自《中庸》来，故船山亦不期而屡提此一道字。言道即必关属在人身上，若言天道则必明加一天字于道字之上矣。若言物，则物直无道可言矣。程、朱惟其不言求道而言穷理，则天理之外必先及于物理矣。故此之一辨，实关重要也。

宋儒言理，又有一极关重要之观念，即理、欲对立之观念是也。凡理则曰天理，凡欲则曰人欲，而船山于此所抱意见亦极通明。船山曰：

> 不离人而别有天，不离欲而别有理。

又曰：

> 人欲中择天理，天理中辨人欲。

若就"人道"之观念言，则上引船山两条之语，殆无可疑难者。但若转就"天理"之观念言，则程、朱天理、人欲不两立之说，亦颇无可否认，此由思想立言之出发点不同，亦所谓言之各有当也。

本篇所欲引录，大体已竟，凡所引录，则亦仅以见船山一家思想有如是云云焉者而已。至船山所辨张、程异同，其在张、程之间其所异同，果一如船山之所辨析否？此乃另一问题，非本篇所欲深论。惟有一事当附带述及者，船山之辨张、程异同，主要在于性与天道；以今语说之，乃在形而上的问题上有所异同而已。其他程、朱所言义理，为船山所信服所称扬者，即就一部《读四书大全说》看，已是竟体皆是。盖船山仍是尊奉程、朱，以为阐发孔、孟义理之真传，虽有异见，不害其为信守也。故船山又曰：

> 朱子于《学庸章句》、《论语集注》屡易稿本，惟《孟子注》未经改定，故其间多疏略，未尽立言之旨。

如是而已。若读者见本篇所引录，遽疑船山之于程、朱，其态度亦一如习斋、东原，此则大误之尤，所不得不于此附及也。(注1)

又本篇所引录，船山引据横渠，上及《易》、《庸》，以阐释孟子道性善之意义，其果有当于孟子当时之原本真意否，此亦另是一问题，亦非本篇所欲进而深论者。惟船山之说，虽于张、程异同有所别择，要之为援据宋儒以立说，而张、程之上距孟子已越千数百载，固不得谓其间绝无违异。即《易传》之与《中庸》，其书皆较《孟子》为晚出，皆已杂有当时道家意见，以自成为一套儒家之新说。在《易》、《庸》作者，自可接受孟子思想之影响，然在孟子心中固尚不知有《易》、《庸》，纵谓其时代相近，其间亦尽可有违异。故欲究孟子道性善之原本真意，最佳方法，自当专就《孟子》原书，即就孟子所自言者，就其所用之辞语以阐说孟子自有之观念；就其所用之事证，以证孟子真实用意之所在。晚清如陈兰甫《东塾读书记》讨论孟子性善，虽其见解或尚未能深入，要之其所用方法，较为可取。船山犹守旧见，即认《易·系》

为孔子作,《中庸》为子思作,孔、曾、思、孟四子之书,一脉相传,一遵朱子之所定,宜其于孟子真义阐发多于辨认。则船山之言,正亦犹之横渠之与程、朱,谓其因于《孟子》书而自有所发挥则可,谓之即是孟子之所见,则终有所不可也。凡治思想史者,当不河汉于斯言。(注2)

此稿刊载于一九六一年
《香港大学五十周年纪念论文集》

注1 旧著《正蒙大义发微》,曾指陈横渠与程、朱相异处、横渠与濂溪相异处,又横渠与先秦儒之相异处。并又指陈船山《正蒙注》仍不免遵循程、朱遗说,而陷于误解曲解处。本文主要在叙述船山一家意见,关于此等分析批评方面,凡已详旧著《正蒙大义发微》者,此不赘及。该文收编在本书第五册,读者须取两文参阅。

注2 旧著《孟子要略》,曾将孟子性善义,即就《孟子》原书而加以阐释者,其涂辙较与陈澧《东塾读书记》相近。今此稿已汇印入《四书释义》中。

跋康熙丙午刊本《方舆纪要》

顾祖禹《读史方舆纪要》,最先刊本在康熙丙午,仅《州域形势说》五卷;今本《历代州域形势》凡九卷,第九卷《明代》为丙午本所无,余亦详略迥殊,亦有五卷中旧说而今本加改订者。盖丙午五卷本为今本之初稿也。

丙午本有顾氏《凡例》一篇,与今本全异。自称:

> 余《方舆纪要》凡七十二卷,而此编实为之冠。……其继此编而出者,曰《两京纪要》、《分省纪要》、《古今川渎异同说》、《海防海运说》、《盐漕屯牧合考》、《九州郡邑合考》、《十二州分野说》。又集古今舆图更为订正,职官、舆程诸图皆以类从,而后此书始成全构。

今本凡一百三十卷,视初本殆增一倍。计《历代州域形势》九卷,各省一百十四卷,《川渎》六卷而漕河、海道居其一,《分野》一卷。丙午《凡例》尚有《郡邑合考》,则今本殆散入各省也。今本又附《舆图要览》四卷，凡海防、海运、盐漕、屯牧、职官、舆程诸大端并约略附见焉。今本《凡例》云"余初撰次《历代盐铁》、《马政》、《职贡》及《分野》共四种，寻皆散轶，惟《分野》仅存。病侵事扰，未遑补缀，其大略仅错见于篇中，以俟他时之审定"云云，疑原稿散轶，或当在祖禹南游时。又祖禹为《黄守中六十寿序》，谓："予辛酉病后，虽视息犹存，而神明未善。"庚申祖禹始客徐乾学家，则所谓"病侵事扰"，或其时语。然则今本《凡例》，殆成于祖禹五十一以后也。盖今本《总叙》三篇成在前，《凡例》成在后，而皆在丙午刊本之后；《舆图要览》则尤晚成也。顾氏卒年六十二（据《无锡县志》），少魏叔子七岁（据《魏季子集·先叔兄纪要》），叔子卒于康熙十九年庚申，年五十七，是岁顾年五十；上推丙午，则顾年三十六也。今本彭士望序，谓："祖禹之创是书，年二十九。"则距丙午初刊，已历八载。丙午本首页，有"分省即出"四朱字，则所刻虽仅五卷，而全书七十二卷之大体必已完就，盖即成此八年中矣。

阎若璩《尚书古文疏证》（卷六下）谓"景范地志之学盖出于家，其尊人耕石先生著《山居赘论》"云云，下引其论黄河一大段凡数百字。今按：祖禹父名柔谦，字刚中，耕石其别号也。据魏禧所为《墓志铭》，柔谦卒在康熙乙巳，年六十，则正在丙午前一年。今丙午刊本《凡例》自称"棘人顾祖禹"其证也。是柔谦及见其子著书且溃于成，先后历七年之久也。

柔谦以明遗民，抱宗国之痛，抗节不仕，祖禹亦弃举子业。柔谦常教之曰："汝能终身穷饿不思富贵乎？"曰："能。""汝能以身为人机上肉，不思报复乎？"曰："能。"柔谦乃大喜曰："吾与汝

偕隐矣。"（据魏禧《顾柔谦墓志铭》）祖禹志节得之家训，盖不啻顾炎
武之于嗣母也。而祖禹为《方舆》书，亦以得于其父之教命者为
多。今本《总叙第一》祖禹自述先世，当明嘉靖间有光禄丞顾大
栋，为祖禹高祖父，好谈边徼利病，跃马游塞上，撰次《九边图
说》，梓行于世。其子奉训大夫文耀，万历中奉使九边，以论边
备中忌讳，仕不获振。祖禹祖龙章，早卒，则所谓"请缨有志，揽
辔无年"者。其父柔谦，得疾且卒，呼祖禹而命之曰：

> "及余之身，四海陆沉，九州腾沸，获保首领，具衣冠，
> 以从祖父于地下耳。园陵宫阙，城郭山河，俨然在望，而十
> 五国之幅员，三百年之图籍，泯焉沦没，文献莫征，能无悼叹
> 乎！余死，汝其志之。"祖禹匍伏呜咽而对曰："小子虽不
> 敏，敢放弃今日之所闻？"

彭序谓祖禹为是书，"秉厥考之遗言，及先祖所为之地志，九边
之《图说》"，即谓此也。是顾氏一家舆地之学，祖孙相传，渊源
已历五世，固非偶尔而然矣。然今丙午本卷首《凡例》，绝不道
及其父只字，何耶？盖柔谦卒于康熙乙巳十二月之二十九日（据
魏《志》），而丙午刊书成于夏杪，历时甚暂，祖禹斩焉在丧服中，悲
痛未已，固无暇以详也。

丙午本首列嘉鱼熊开元、无锡秦沆两序，熊序今本有之，秦
序则已删去。又首行列"三韩吴兴祚伯成监，锡山华长发商原
参"两行，首页又有"华府藏板"印，则是书乃华长发付刊者。今
本有吴兴祚序，谓："余因华子商原，始睹其书。"而丙午本无之，

可证此本刊行甚促，吴序稍迟，故不及载耳。

又按：丙午本原名《二十一史方舆纪要》，叙次迄于元末，今本则下及明代。今本《总序》，祖禹自述其"父卒一年而祖禹以疾废，又三年疾愈，不揣愚昧，思欲远追《禹贡》职方之纪，近考《春秋》历代之文，旁及稗官野乘之说，参订百家之志，续成昭代之书"，是祖禹之续为此书，当在丙午后之三年，即己酉、庚戌之间也。今本有魏禧序，已称"《读史方舆纪要》一百三十卷"，则应尚在庚戌后。

今按：魏氏为《柔谦墓志铭》有云：

> 宁都魏禧客吴门，见《方舆纪要》，奇之，曰："此古今绝无而仅有之书也！"既交其人，沉深廉介，可属大事，相与为齿序，弟畜之。祖禹因出君状乞志铭。

是顾、魏相识，顾父已先卒，而魏氏于吴门所见《纪要》，殆即丙午刻本；否则未识其人，无由读其全书之写稿。及两人既深交，乃得尽见其全稿而为之序，乃曰"《读史方舆纪要》一百三十卷"矣。魏氏长祖禹七岁，四十始出游，至江、浙，时祖禹年三十三，其父尚未卒，书亦未刊，两人相识应在后。魏氏于康熙十一年壬子又客吴（据黄子锡《墓志铭》），上距庚戌又已三年，则祖禹书之自七十二卷扩大为百三十卷者应在此三年内也。

祖禹抗节首阳，穷槁不仕，人知之。方三藩事起，而祖禹跳身走闽海，期兴复，则知者甚少。近张子晓峰创为《祖禹年谱》，亲至胶山访搜遗闻，得《黄氏宗谱》，有黄守中与祖禹交游踪迹，而其事乃大白。(详见《国风》半月刊四卷十期《胶山黄氏宗谱选录专号》)滇变作于癸丑,闽变起于甲寅,祖禹南游当在癸、甲之际,出魏氏作序后,故熊、吴、魏三序及祖禹自序,皆有"足不出吴、会"之语。康熙丙辰,耿精忠复降满洲,祖禹亦不久留。其在闽海,先后不出三年也。黄统为其父《守中府君行略》,谓:"顾子以雄才大略,慨然愿有为于天下,乃寄妻孥于吾父。吾父则以养以教,数年如一日。"即此矣。

今本复有彭士望序,谓:"望行年七十,得此一士。"又曰:"祖禹之创是书,年二十九,经二十年始成。藉资游历,更获新胜,即改窜增益,虽十易草不惮。"今考彭氏年七十,当康熙十八年己未,时祖禹年适四十九。翌年魏禧卒,彭序成于今年,故述及魏序而未及其死。其称述祖禹为人,谓:"其胆似韩稚圭,而先几旁瞩,不敢置胜负于度外。"则祖禹之不淹滞于闽可知也。又谓:"其奇才博学似王景略,虽去桓温必不为苻坚所用。"尤明属闽海归来语。自丙辰至己未亦四年,祖禹之"十易其草不惮"者,应以此数年间为尤勤也。

康熙十九年庚申十一月,魏禧卒于仪真,而祖禹始客徐乾学家。彭士望《徐氏五十寿序》(按:顾、徐同年)云:

> 庚申八月,余在吴江。昆山徐子艺初、章仲二孝廉遣书使,因顾子景范,迎余居其家。

又曰:

公既延武林陆子拒石、太仓顾子伊人，与共晨夕，欣赏析疑，及四方士过从，礼之无倦；而虞山顾景范，不求闻达，落落人外，惟潜心《方舆纪要》一书。公礼而致之，不烦以事，听自纂述。更为具脡饩笔札书史，以相佽助。

是祖禹五十以后仍肆力此书。彭序谓"经二十年始成"者，仍非定稿也。

自是祖禹与徐氏往来之迹颇密。康熙二十六年丁卯，清廷修《一统志》，命徐乾学为总裁，徐氏罗致祖禹于幕下。阎氏《尚书古文疏证》(卷六上)谓："己巳与顾景范同客京师。"时顾年已五十九。翌年庚午，徐氏归里设局洞庭，祖禹仍为分纂，而其子士行亦在志局(见裘琏《纂修书局同人题名私记》)。既父子同砚席，又得恣意博览四方图册，复与胡渭、阎若璩、黄鸿诸人上下其议论。越三年癸酉，卒(翌年徐亦卒)。此数年中，《纪要》一书当必又有所增订。

然则祖禹此书，既上承其家高、曾两世之余绪，又及身父子孙三代讨论润色。而祖禹则毕精萃力于其书者达三十四年，先则槁卧穷庐，妷心一志，继则南游岭海，北上燕冀，远搜博涉，又得徐氏藏书之探讨，宾客之研究，取精而用宏，体大而思深，宜其可以踌躇无余憾矣。

然祖禹虽溷迹显贵之门，其皭然不污之节，则固终其身无少渝也。姚椿《通艺阁集·顾处士祖禹传略》，谓："《一统志》书成，徐将列其名上之，祖禹不可，至于投死阶石始已。"又全祖望《鲒埼亭集·题徐狷石传后》，谓："狷石最善祖禹，有事欲就商，会其在徐馆中,狷石徘徊门外不入。适祖禹从者出,因以告,乃得见。徐乾学闻之,亟遣人出迎,则狷石已解维去矣。"磨而不磷,涅而不淄,殷有三仁,固不在形迹之间也。

余观今本首卷所列各序均无年月,此盖不署永初之旨耳。又以"昭代"称明,叙史迹亦至明而止,绝不涉建州入关,拳拳故国之情溢于言表。而祖禹自序及魏、彭两序,尤跃跃不啻探口出。虽祖禹诗文事迹流传极少,然此书幸免焚禁,不可谓非大幸矣。(《四库》未收其书,殆时人未敢轻进也。)丙午本首页即大书"吴伯成先生监定",秦序、顾《凡例》皆著康熙丙午年月,益证祖禹自在丧中,事出华氏,非祖禹本意。今祖禹书传布极广,然其立身大节,及著书用意所在,与夫数十年辛勤之经历,则人鲜知者,爰因读丙午本而纵论之如此。

此稿刊载于一九三五年十月《禹贡》半月刊四卷三期

跋嘉庆乙丑刻九卷本
《读史方舆纪要》

　　顾氏《方舆纪要》最先刻本康熙丙午,仅刻《州域形势》凡五卷,余既为文论之。兹本亦只刻《历代州域形势》,而已及明代,分九卷,与今本同,故书称《读史方舆纪要》,不称"廿一史",前列熊开元、秦沆序及顾氏自为《凡例》,仍五卷本之旧,惟吴兴祚一序为五卷本所无。

　　此书余见者凡两本:一藏燕大图书馆,书前页有"嘉庆乙丑新镌,友兰堂藏版"两行,逐卷末页有"当涂彭万程刊"六字。又一本得之顾君起潜,无前页而末多《读方舆纪要摘录统论历朝形势》一篇,署"吴中朱棠"。检长元和《诸生科第谱》,朱棠字荫南,乾隆三十八年癸巳彭元瑞科试入吴县学,乾隆六十年乙卯恩科副榜。此书镌于嘉庆十年乙丑,殆即出之朱氏。燕大藏本脱其附篇。顾君所得则为翻本,如吴兴祚作"吴典祥",似故意改之。又卷末"当涂彭万程刊"六字均脱,惟卷八、卷九有之,知原刊集。叶君揆初亦藏此书,书末有朱文,每卷后有"当涂彭万程刊"字样，则殆与燕大藏本同为初刊，而无缺者。以此本校今刻，大体尽同，惟卷九间有一、二异处则皆语涉避忌而改，如页二十顾氏曰："太祖挈汉旧壤，还之中华，比于去昏垫而之平成，功烈有加焉。"（按：燕大藏钞本作"比之去昏垫而致平成"。）今本改"中华"为"职方"。

又如页三十二叙土木之变一节："北虏分道入寇。"今本作"北部"。"虏氛甚恶。"今本作"兵氛"。"虏自后追袭。"今本"虏"作"敌"。"次土木，人马疲渴，虏铁骑四合，死伤无算。"今本"虏"作"而"。则文理不明顺。

页三十三："是时东至辽东，西至陕西，皆虏骑充斥。"今本作"敌骑"。"未几强胡款塞。"今本作"强敌"。

页三十四："无以离戎虏之交。"今本作"戎朔"。

页三十五："备羌御胡。日不暇给。"今本作"御朔"。

页三十五："国初李文忠败虏于丰州。"今本作"败元"。"嘉靖以来，北虏部落益强。"今本作"北边"。"虏酋吉囊。"今本作"台吉吉囊"。

页三十六："虏旋入宣蓟。"今本作"敌旋入"。

而页四十三，叙九边后，有文两节，凡四、五页字，叶藏顾氏定稿及燕大藏钞本皆有之，而今本全删。其文曰：

孙氏曰：太祖平天下尝垂训曰："四方诸夷，其限山隔海僻在一隅者，但使彼不相侵扰，即当共安无事，慎毋恃中国强大，兴兵起衅。惟胡戎密迩边境，累代为中国患，宜仅备焉。"呜呼！圣谟何洋洋也！成祖初定安南，本非利其土地,宣宗弃之,不害为善守;独是大宁废而辽东、蓟州、宣府之备多,河套失而太原、大同、榆林、固原、宁夏之患急,哈密弃而甘肃、西宁、洮河、松茂之寇滋。然则祖宗成宪,洵未可轻变矣。君子观于九边之制而不胜升降之慨焉!（按:此条大字正文,下一条双行小注。）

　　王氏曰:昔狄梁公有言:"天生四夷,皆在先王封略之外,故东距沧海,西阻流沙,北控大漠,南界五岭,此天所以限夷狄而隔中外也。"三代以前,夷狄之患少,其备边之制,惟来则拒之,去则勿追。秦、汉以降,更相角逐,生民之祸始烈;要未有迭主中夏,甚且天地一民,皆得而臣服（燕大钞本作"伏"）之也。夫中原之不竞,肇于和亲,极于纳币称臣。我国家张皇六师,式廓万里,乃循秦、汉之长城,九边之定制,雪耻除凶,度越往古;然犹有虞者,封贡不降,互市不革,无以消奸民外诱之端、黠虏内窥之渐也。盖虏必不能忘情中国者,以中国之多可欲。而非有内地叛民（燕大钞本作"氓"）为之乡导,则其患犹可量。宋、元以后之虏情,不可准以汉、唐之旧制,乃欲高语来朝（燕大钞本作"庭"）,虚张岁市,养祸伏蛘,而恃为弭边善政,不亦惑乎! 呜呼! 削株掘根,毋与祸邻,必也闭关折符,单使勿通也;投珠却玉,匹马勿入也;困机遘会,则西堲玉门,北固受降,东修柳城,隔绝其往来,杜塞其耳目,使中外之限,如九天九地,绝不可干也,庶足以纾悠悠之患乎!

又五卷本卷五末页引:

　　刘氏曰：元德既衰，九土糜沸，鸱张狼顾之豪，弥满山泽，万姓鱼喁，无所吁告。真人出而挞伐之，拾宋掇秦，掣赵拔燕，不数载而天下定。治乱相因，理则然已。

九卷本及今本卷八末"挞伐之"下多"起自东南，扫平氛翳，然后"云云十字。"治乱"两句，今本作："进取先后，因时乘势。夫岂偶然之故欤？"而九卷本则作："去兹草昧，复我光华。夫岂偶然之故欤？"（此与钞本合）二本相校，尤可明其先后增易删改之迹也。

　　又按：卷九十页"汛扫幽燕"条下："下德州（今属济南府），克长芦（即河南府沧州），逾直沽（见前毛贵逾直沽），舟师步骑夹河而进。"今本脱"克长芦，逾直沽"两语，而钞本有之，叶君藏本、燕大钞本均有，尤可证此本渊源有自，虽仅刻九卷，而尚存真相，殊足珍惜也。

　　又余读燕大所藏钞本，此九卷前有《历代州域形势纪要序》一篇，为九卷本所无，而今刻足本则有之。（钞本"存乎奕者之心手而已矣"，今刻本作"心思"，余尽同。）惟钞本又有"辛未立冬前一日宛溪顾祖禹自序"十四字，辛未为康熙三十年，宛溪年六十一，翌年宛溪卒，则此篇乃其晚年手笔。九卷刻本无之者，此或朱氏所据付刊之稿，尚是辛未前所传钞，故不载此文也。（又按：叶藏顾氏原稿定本《北直方舆纪要序首》上方有眉注"辛未六月四日"一行，疑诸序颇多晚年笔。）

　　又九卷刻本不列魏、彭两序，未识何故？岂以熊、吴、秦三序本为《州域形势》作，而魏、彭为全书之序，乃以是为取舍欤？抑此本底稿本无魏、彭两序，则其书传钞应甚早。顾、魏缔交，顾书

已成百三十卷,则此九卷祖本之流传尚在叔子一序之前。叶藏
顾书原稿,惟此九卷无朱墨校改,此或亦证矣。

此稿刊载于一九四二年二月
《责善》半月刊二卷二十二期

陆稼书学述

　　自晚明诸遗老逝世,而清初理学之风渐熄。然尚有朱、王之争。在诸遗老间,不论述王反王,皆不失其宗邦之恫,有亡国之余悲。继起而尊朱者,则多朝廷显贵,仰承帝王意旨,其制行多为人指摘。而宗王者则多尚气节,不为权势屈抑。余已略著其梗概于《近三百年学术史·李穆堂》一章。清廷于康熙五十一年壬辰,特升朱子配享孔庙;雍正二年甲辰,陆稼书从祠两庑,先后仅隔十二年。上距稼书卒岁则已三十二年。稼书两为县尹,一任谏官,仕宦不达。魏环溪荐疏称其"清操如冰,爱民如子",彭定求序其书,亦谓其"造履严苦,律己服官。一介不取以贞其操,直道而事以遂其志。凛然树乞墦垄断之防,泊然守陋巷箪瓢之素"。《四库提要》称其"操履纯正"。盖其为人,颇自与当时朝贵尊朱者有不同。故清廷崇扬朱子,而特以稼书从祠。

　　然夷考稼书之为学,于朱学后起中,如黄东发、吴草庐、罗整庵、陆桴亭诸人,深沉博大远不逮。《四库全书》收其《三鱼堂文集》、《外集》、《附录》共二十四卷,又《读朱随笔》四卷,《三鱼堂剩言》十二卷，《松阳钞存》二卷，《四书讲义困勉录》三十七卷，《松阳讲义》十二卷，凡六种逾九十卷，可谓丰备。又四库馆臣为《提要》，于宋、明理学家言，掎摭无所不至；独于稼书诸作，皆极称道，绝无贬斥。勇于呵先儒，怯于违朝旨，此亦可见四库馆臣之为态矣。

其实稼书于朱学，仅为一种"四书之学"而止。朱子生平学问，用力"四书"最深。其指示后学，亦必先"四书"，谓"五经"为可后，诸史百家自当更次。治朱学而特研四书，固不为非。特当以四书为主，从而求之则可，非谓逐字逐句读四书，即为尽学问之能事也。徒解字义，在汉儒为"章句"，在明儒为"讲章"，显非朱子之学。稼书亦只是明末之讲章家言，又乌得为朱子之正传？

治朱学而专重四书，其事远有端绪。至明代永乐时之《四书大全》而集其成。清《四库提要》略云：

> 真德秀始采朱子《语录》，附于《大学章句》之下为《集编》。祝洙仿而足之为《四书附录》。其后蔡模《集疏》、赵顺孙《纂疏》、吴真子《集成》，荟粹众说，不免稍涉泛滥。陈栎《四书发明》、胡炳文《四书通》，较为简当。栎门人倪士毅合二书为一，颇加删正，名曰《四书辑释》。明永乐中，诏儒臣胡广、杨荣等编集诸家传注之说，汇成一编，为《四书大全》。御制序文，颁行天下学校。于是明代士子为制义以应科目者，无不诵习《大全》，而诸家之说尽废。然广等撰集此书，实全以倪氏《辑释》为蓝本。顾炎武谓其中特少有增删。其详其简，或多不如倪氏。朱彝尊亦讥其专攘成

书。惟是倪氏原书，义理明备，采择精醇，实迥出他家之上。则当日诸臣据以编订，亦不为无因。且明世解四书者，如蔡清之《蒙引》、陈琛之《浅说》，其折衷是正，皆以此书为宗。

今按：《大全》采摭诸儒名氏，首郑玄、孔颖达。宋自濂溪以下至于胡炳文、陈栎、张存中、倪士毅、许谦共逾百人以上。夥颐沉沉，可见以研四书治朱学，宋末迄于明初，已成一大趋。四书与五经同尊，抑且犹增重要。朱子《集注》、《章句》、《或问》诸书，亦尊视如经注。治朱学者循此阐释发挥，则如经注之有疏。《四书大全》乃如唐初之《五经正义》。朝廷功令所在，应举求仕者罔不诵习。然自有《大全》而《大全》所收诸家书乃几于尽废，亦如有《正义》而《正义》所收南北朝诸经疏亦尽废也。

倪氏书为《大全》蓝本，有汪克宽一序，亦为《提要》所本，今并录以资参证。序曰：

紫阳集诸儒之大成，作为《集注》、《章句》、《或问》以惠后学，而其词浑然犹经。于是真氏有《集义》，祝氏有《附录》，蔡氏、赵氏有《集疏》、《纂疏》，而吴氏《集成》最晚出。同郡定宇陈栎、云峰胡炳文，睹《集成》之书辗转承误，莫知所择，乃各摭其精纯，刊繁补缺。定宇著《四书发明》，云峰著《四书通》，而定宇晚年欲合二书而一之，未遂也。友人道川倪氏，实游定宇之门，乃荟萃二家之说，鸠僝精要，考订讹谬，名曰《四书辑释》。学者由是而求朱子之意，则思过半矣。

盖朱子后之四书学,最先有成书者为真西山,黄梨洲评之,已谓其"依门傍户,不敢自出一头地,盖墨守之而已"。继此以下,大率尽然。《大全》之来历与其梗概,据是可见。后有蔡清虚斋之《四书蒙引》,黄梨洲《明儒学案》称其书,谓:

> 先生平生精力,尽用之《易》、《四书蒙引》,茧丝牛毛,不足喻其细。盖从训诂而窥其大体,不为训诂支离所域。

《四库提要》云:

> 此书本意,虽为时艺而作,而体味真切,阐发深至,实足羽翼传注,不徒为举业准绳。刁包称:"朱《注》为四书功臣,《蒙引》又朱《注》功臣。"陆之辅称:"说四书者不下百种,未有过于此者。"其为学人推重如此。与后来之剽掇儒先剩语以为讲章者,相去固霄壤矣。

梨洲《学案》又曰:

> 传其学者有陈琛、林希元。其释经书,至今人奉之如金科玉律,此犹无与于学问之事者也。

陈琛为《四书浅说》,林希元为《四书存疑》,皆从《蒙引》来。后人读《蒙引》,亦必兼及此两书。

言朱子后之四书学,金华一派尤为脉络分明,传绪秩然。

黄、全《学案》有"北山四先生"，始何基北山，为黄勉斋门人。其学以熟读四书为宗旨。并曰：

> 四书当以《集注》为主，而以《语录》辅翼之。《语录》既出众手，不无失真。当以《集注》之精微，折衷《语录》之疏密；以《语录》之详明，发挥《集注》之曲折。

又曰：

> 《集注》义理自足，若添入诸家语，反觉缓散。

北山门人有王柏鲁斋，年逾三十始读四书，取《论孟集义》，别以铅黄朱墨，求朱子去取之意。约《语录》精要，名曰《通旨》，以补勉斋《通释》之缺。其于《大学》则谓无待补，于《中庸》则主分"诚明"以下别为一篇，以符《汉志》"《中庸说》两篇"之旧。

金履祥仁山，事鲁斋而从登北山之门。宋亡，屏舍金华山中。有《大学章句疏义》两卷、《论语孟子集注考证》十七卷，黄百家称其"发朱子之所未发，多所牴牾，而非立异以为高"。

许谦白云，长值宋亡，家破，往从仁山。尝曰：圣人之心具在四书。四书之义备于朱子。有《读四书丛说》四卷，为《四书大全》所收诸家之最后一人。

复有章元江《四书正学渊源》，萧阳复为之序，曰：

> 金华何文定先生，虽生朱子后，而口传心授，得之勉斋。

> 自是而传之王文宪、金文安、许文懿，仅二百年间，四先生踵
> 武相承。凡四子书，悉为之阐微疏奥，以翼朱注。国朝采集
> 《大全》，书中溯其源流所自，谓非朱子之适传不可也。

以上略述朱学后起研治四书之大概，其详则不胜缕。读者试翻《明史·艺文志》及清代所编《续文献通考》，一检两书中有关四书一类之书目，可以想像得之。直至明末，犹有陈明卿《四书语录》一百卷、《析义》十卷、《备考》八十卷、张溥《四书纂注大全》三十七卷。则此一风气，先自宋末，下迄明亡，历久不衰，经乱弥盛，实为宋、元、明三代学者心力所奔凑萃集之一渊薮，群奉以为学问向往之标的。论其实，则只限于朱子之《集注》与《章句》，阐释复阐释，演绎复演绎，不仅无逃于象山所讥之"支离"，北山所忧之"缓散"，梨洲所评之"无与于学问之事"；抑亦如颜习斋所斥："字上添字，纸上添纸，率天下之文字而食天下之神智。"以此衡评古今学术著作，固属过激无当；以之指此一颓趋，则实属恰允。习斋初亦尊朱，殆亦未能脱此窠臼，倦而思变，故乃发此感切之深慨也。

晚明诸遗老，身婴亡国之痛，激而反王学，实不过为一部分人。而厌弃此种四书义讲章之学者，则实为清初诸儒之一般趋势。遂有废止科举之主张。然其中有最激昂者如吕晚村，奇军突出，乃即以宋末以来元、明相传四书义之外形，寄寓其深切之民族情感，凭借朝廷功令，以之激动一世。身后遭奇祸。余已略著其事于《近三百年学术史》。稼书较晚村生晚一年，其治朱学，亦受晚村影响。所著书，屡屡称引及晚村。在其《松阳钞

存》中有一节云：

> 吕氏云：儒者正学，自朱子没，勉斋、汉卿，仅足自守，不能发皇恢张。再传尽失其旨。如何、王、金、许之徒，皆潜畔师说，不止吴澄一人也。自是，讲章之派，日繁月盛，而儒者之学遂亡。永乐间纂修《四书大全》，一时学者为成祖杀戮殆尽，仅存胡广、杨荣辈苟且庸鄙之夫主其事，故所摭掇，多与传注相缪戾，甚有非朱子语而诬入之者。盖袭《通义》之误而莫知正也。自余《蒙引》、《存疑》、《浅说》诸书纷然杂出，拘牵附会，破碎支离。其得者，无以逾乎训诂之精；其失者，益以滋后世之惑。上无以承程、朱之旨，下适足为异端之所笑。故余谓讲章之道不息，孔、孟之道不著也。腐烂陈陈，人心厌恶，良知家挟异端之术，起而决其樊笼。聪明向上之士，翕然归之。隆、万以后，遂以背攻朱注为事，而祸害有不忍言者。识者归咎于禅学，而不知致禅学者之为讲章也。

此引吕氏即晚村。何、王、金、许即北山四先生。其谓"袭《通义》之误"者，倪士毅著《四书辑释大成》四十卷，又有《重订四书辑释章图通义大成》四十卷。《通义》出王逢，逢出洪初野谷之门。《大全》多本倪书，故晚村云云也。晚村此论可谓痛切。稼书虽加称引，而其自下语则依违两可，谓：

> 吕氏恶禅学而追咎于何、王、金、许，以及明初诸儒，乃

《春秋》责备贤者之义，亦拔本塞源之论也。然诸儒之拘牵附会，破碎支离，潜背师说者诚有之，而其发明程、朱之理以开示学者亦不少矣。使朱子没后，非诸儒，则其樊篱不至隆、万而始裂。而今之欲辟邪崇正者，岂不愈难也哉？故君子于诸儒，但当择其精而去其粗，无惑于拘牵附会破碎支离之说，而不没其守先待后之功，则正学之明，其庶几焉。

稼书为朱学，其实主要工夫亦只在此。《文集》中有《与席生汉翼汉廷书》，指示为学大要云：

> 每日应将四书一二章，潜心玩味，不可一字放过。先将白文自理会一番，次看本《注》，次看《大全》，次看《蒙引》，次看《存疑》，次看《浅说》。如此做工夫，一部四书既明，读他书便势如破竹。

《文集》中又有《四书大全序》，自述用功经过，谓：

> 旧本《四书大全》，余旧所读本。用墨点定，去其烦复及未合者。又采《蒙引》、《存疑》、《浅说》之要者附于其间。自戊戌至癸卯，用力六载而毕。

此六载乃自顺治十五年至康熙二年，时陆桴亭已刊《思辨录》，两人同治朱学，而其高下浅深广狭大小之异，则诚不可以相拟。稼书著有《四书讲义困勉录》三十七卷，彭定求为之序，曰：

稼书先生既点定《四书大全》,辅以《蒙引》、《存疑》诸解,羽翼传注,深切著明。而遗箧中复有《困勉录》前后二编,即先生自题《大全序》所云"万历以后诸家之说则别为一册"者也。其高弟席子汉翼昆季,并梓以行。

此书功力,当开始在上述之六年间。其书之卒溃于成,则不定在何年。其梓行乃在身后,由席汉翼兄弟整理之。

至康熙二十九年庚午,稼书自序其《松阳讲义》,已距其读《四书大全》为《四书讲义困勉录》之最先六年工夫相隔逾二十五年以上,然其《讲义》中,亦时引《大全》、《蒙引》、《存疑》、《浅说》,并亦屡引及于吕晚村。盖稼书此三十年来,依然故我,实未见有大进步。虽获缔交于晚村,而受晚村启沃之益者实不深。岂乃姿禀相距,无可强勉乎?

稼书之所以为清廷特所引重,一则在其专力于四书学,上自《大全》、《蒙引》、《存疑》、《浅说》以来,统绪皎然,有合于当时清廷重定科举一尊朱学之宗旨。次则因稼书持门户之见特深,于朱子后诸儒皆所排斥。其《文集》中有答某书,谓:

近年所见,觉得孟子之后至朱子,知之已极其明,言之已极其详。后之学者,更不必他求。惟即其所言而熟察之,身体之,去其背叛者,与其阳奉而阴叛者,则天下之学,咒余事矣。

昔自孔子之亡,杨、墨、庄、老、申、韩百家言,群起攻孔,乃有孟、荀起而卫孔。孔学大昌，而攻孔诸家终亦存传于后世。两汉以后，魏、晋清谈，隋、唐佛学，跻释迦、老聃于孔子之上，遂有北宋之理学，奋起相抗，而朱子集其大成。孔道又复昌，然释迦、老子道、释之学终亦存传不辍。朱子后，理学中有陆、王，清儒有汉学，皆与朱子为敌。然此七百年来，朱子终岿然为宗师巨擘。而陆、王之学与汉学家言，亦皆存传无可废。稼书尊朱，其意虽笃，然果如其言，则人人可趋于不学，而朱子之所以为精且大者，亦将随以俱失。此则稼书一人之浅衷狭识，所以终无与于卫道之大任也。

稼书于朱学后起，最服膺薛瑄、胡居仁。《文集》中与人书有云：

> 今日有志于圣学者，有朱子之成书在。熟读精思而笃行焉，如河津余干可矣。

又曰：

> 以诸儒之学言之，薛、胡固无间然矣。整庵之学，虽不无小疵，然不能掩其大醇。

又曰：

> 学者但患其不行，不患其不明。但当求入其堂奥，不当又自辟门户。

观上引诸条,可知稼书为学,固是循规蹈矩,惟谨惟慎。仅能欣赏薛、胡,而必以罗整庵为小疵,因整庵间有与朱子持异论也。只求入堂奥,不许辟门户。此乃稼书论学大旨。不知学问之事,正须能自辟门户,乃能入人堂奥。若只寄人篱下,则非能入人堂奥者。稼书不许人自辟门户,此即是其持门户之见之最深处也。故稼书为学,必一依朱子门墙,不能自树立。凡与朱子相异,则必加辩斥。然所辩斥,亦非能有深见。其语多见于《松阳钞存》与《三鱼堂剩言》二书。如曰:

> 大程云极高明而道中庸非二事。朱子分为两截,正相发明。象山、阳明,亦皆欲合为一事,意便不同。譬诸修屋,程子只言修屋,则修墙在其中。朱子则言修屋又言修墙,恐人只知屋忘却墙也。象山、阳明则只要修屋,不要修墙。

又曰:

> 姚江一派学术,日异而月不同。正、嘉之际其辞诐,嘉、隆之际其辞淫,万历以后其辞邪,至今日其辞遁。

又曰:

> 自罗整庵痛言象山、阳明之后,如高景逸、刘念台,不敢复指心为性。但其欲专守夫心以笼罩夫理则一也。特阳明视理在心外,高、刘则视理在心内。高则以静坐为

主，刘则以慎独为主，而谓无动无静。高则似周子主静之
说，刘则似程子定性之说，及朱子中和初说，而皆失其旨。

此谓高、刘皆未脱阳明心学樊笼，其言似矣。然语多肤泛，并涉
安排。谓阳明"视理在心外"，语既有病；谓"高似周子主静，刘
似程子定性"，语若分明，实非贴切。真能从事朱学者，正贵于
前人书审思明辨，逐字逐句不放过，求其本义正旨所在，探其会
通扼要之处。不当笼统配比，以孤辞只语作判。貌为深微，而实
属臆测。此风若张，则理学将成莫可究诘之空谈。

又曰：

象山、阳明、景逸、念台，皆是收拾精神一路工夫，皆是
心学。但象山主静，阳明则不分动静。景逸主静，念台则不
分动静。象山、阳明竟不要读书穷理，景逸、念台则略及于
读书穷理。象山、阳明指理在心外，景逸、念台则指理在心
内。究竟则一样。

此又谓"象山、阳明指理在心外"，而不见有所援举。陆、王究何
曾持此说！今必认其如此，则须经明确称引，曲折论辨，然后可
以自成己说。宁能仅以一句话断其如是！朱子论学，宁有此乎？
又以象山、景逸同为"主静"，阳明、念台同为"不分动静"，此尤
漫汗排比，说不到四家学术精神与其异同所在。讲学须能讲到
各家自所特有之精神，然后能辨其异同而判其得失。岂能自己
拈几个字面把来加在别人身上？此是以己见评前人，非能从前

人真实处下评,岂能有当?骤看亦若配比得匀称,然只是说话好看,说不上是学术之衡评。

又曰:

> 辨有明之理学,较宋更难。以阳明之功业,高、刘之节义,皆天下所信服,如顺风而呼,故辨之尤难。

求能衡评学术,惟朱子为最善。其所崇重如北宋六先生,濂溪最少评骘,其他二程、横渠、康节、温公,皆有从违。程门诸贤,谢、杨、游、尹,抨弹尤严。历古大儒,异同长短,多加衡别。虽孟子有不免。然皆就其一节之是非,一辞之得失,剖析入微,以求于至当之归。其致不满者,宋儒中如荆公、如东坡,亦皆有称扬。同时如象山,亦谓:"八字立脚,惟我两人。"即如禅宗诸祖师,亦谓:"多魁杰人,为我儒所不及。"其于功业与节义,虽讲学有异,亦必推许备至。若稼书能深研朱学,何至于明代理学特有难辨之感?惟因稼书持门户之见太深,辨其学术,乃必就其功业与节义而为一笔之抹杀,乃自感无以服人,而苦其为难。如其辨阳明,除上引一节只为空洞之肤语外,每引罗整庵《困知记》与陈清澜《学蔀通辨》两书,作人云之亦云,更又称引及于张武承之《王学质疑》,则可谓不知别择之甚。尚不知罗、陈、张三人之高下得失,又何从而辨阳明之是非?

《文集》中有一段辨高、顾,谓:

> 即泾阳、景逸,亦未能脱姚江之樊笼。谓其尊朱子则

可，谓其为朱子之正脉则未也。

此辨亦似严而实妄。若论朱子正脉，则其学必求体大而思精，虽释、老亦多有可采。所谓"弥近理而大乱真"者，即能明白抉出其乱真处，亦当确切认识其近理处。如阳明论学，岂得谓其更无近理处乎？高、顾东林讲学，意欲挽王返朱，其所以纠王之失而求重发朱子之是者果何在？能从此发明，则朱子正脉益张，而王学之与东林，要皆非无可取。何事乎坚立门户以拒人，必争正脉于一线乎？《三鱼堂剩言》亦曰：

> 梁溪一派，看得性尽明白，却不认得性中条目。阅其《静坐说》，乃知高子所谓性体，亦是指心，亦大异于程、朱矣。

此条语多恍惚。既谓"看得性尽明白"，又谓"不认得性中条目"，更又谓"所谓性体，亦是指心"。朱子本横渠言"心统性情"，性体岂不当从心上见？如孟子言心之四端，岂不即从心上认性中条目？若论静坐，二程固常以此教人。必欲辨景逸之学与程、朱大异，岂能只就静坐一节，用三两语含糊滑过？此皆只是门户之见，非所谓审思明辨之学也。

又曰：

> 高景逸名尊朱子，而亦以《大学》古本为是，是不可解。

又曰：

> 吕氏谓《大学》经程、朱考定，如地平天成，即与鸿荒时境界有不尽合，分外分明停当，万世永赖。后来纷纷，动援古本、石经，狡焉思逞，都是无知妄作。可谓确论。

此引晚村，谓程、朱改定《大学》，胜过古本。若专就义理言，谓程、朱所发明增补之义理，胜过了《大学》古本中之义理，此亦可成一说。但稼书自己所云，究持如何意见，则并不明白。若但谓尊朱便不该以古本《大学》为是，则王鲁斋早已谓《大学》无待补，岂尊朱者便不该于朱子所言有一字之更动乎？

《文集》有《书古文尚书考后》，谓："不佞平生于吴草庐诸书皆不敢轻信。"又谓："朱子于《古文尚书》固终信之不敢疑。"此等辨古书真伪，更非稼书学力所及。于《古文尚书》则不敢疑，于古本《大学》则不敢信。冬烘浅陋如此，宁得为朱子之正脉？

《文集》又曰：

> 阳明之后，如梁溪、蕺山，皆一代端人正士，而其学亦有不可解者。名为救阳明之失，而实不能脱阳明之范围。

能救阳明之失斯可矣，何以必求脱尽阳明之范围？稼书此处下语，谓"名为救阳明之失"，其意似认高、刘实不能救阳明之失也；然未见有明白之指说。治义理，贵能在义理真实处审思明辨，不当依恃门户，仅凭自己之意见。自己意见非即义理。有门户可恃，则若意见即义理，不复深入寻求矣。

《剩言》有一条云：

> 黄太冲《学案》，序述有明一代之儒者，可谓有功，而议论不无偏僻，盖以蕺山一家之言为断。愚因思经师与人师不同，而人师又有二种。有兴起之师，有成德之师。若蕺山先生，以为兴起之师则可，以为成德之师则不可。太冲尊之太过，所以多费周旋。

此条亦未说明如何乃"兴起之师"，如何乃为"成德之师"。蕺山一代之端人正士，节义凛然，岂亦以其讲学未脱阳明樊笼，故未得为成德之师乎？余读稼书书，每感其尽是架空立说，未见著落处，殆因其无真知实见也。

《剩言》又曰：

> 近年来，南方有一黄梨洲，北方有一孙锺元，皆是君子。然天下学者，多被他教得不清楚。

义理是非且不论，余读孙、黄、陆三氏书，语言涵义最不清楚者乃是稼书，决非孙、黄。实缘其心中所得本不真切晓畅也。

《剩言》又云：

> 陆桴亭深取高子"无声无臭即至善"一语，谓阳明以善为有声臭，故说"无善无恶"。不知高子此语，是知无极而

未知太极也。知冲漠无朕而未知万象森然已备也。虽若异乎阳明之说，而实与阳明之说同归。

无极而太极，非谓"太极"之上别有一"无极"。冲漠无朕而万象森然已备，亦非谓"冲漠无朕"之外别有一"万象森然"之境界。即太极而即无极，即万象森然而即冲漠无朕，不必于此两面强作分别。今谓"无声无臭即至善"，则不烦更立"无善无恶"一境，桴亭推说景逸立语之义极简明，极透切。稼书乃必肆绕缴之浮辨，又何从而知景逸之只知无极不知太极乎？此须通观景逸书，通论其为学之详，乃能定其是否如此。并谓"虽若异乎阳明之说，而实与阳明之说同"，则阳明亦为只知无极不知太极乎？本属明白可争辨之一事，乃必提至于渺茫无可究诘之玄虚中，此最理学界中恶习。朱子于此等最所不喜。为争朱子正脉，排阳明又排景逸，而不知自己乃陷于朱子所深恶之恶习中，此之谓不知务。

《剩言》又云：

> 陆桴亭《性善图说》，大旨谓人性之善，正要在气质上看。此只说得朱子不离气质一边，而略了不杂气质一边。

此辨不能谓不是。然则高景逸主张"无声无臭即至善"，岂又是只说得朱子不杂一边，而略了不离一边乎？诚细读景逸、桴亭书，皆独特有所发明。不必全合朱子，而自于朱子正脉有助。稼书一意欲求朱子之正脉，于朱学乃不见有发明。其于朱学之无所发明，即观其《读朱随笔》一书而可知，今不再详论。要之凡上所引，如吴草庐、罗整庵、顾泾阳、高景逸、刘蕺山、孙夏峰、黄梨洲、陆桴亭，其成学著书，皆远出稼书之上。稼书不能广集众长，顾皆致不满。其所折服无遗辞者，则惟胡敬斋、薛敬轩。然两人之书，皆和粹惟自道其践履，稼书则缴于言说，肆于抨弹，盖一误于《大全》讲章之学，一误于门户之见持之已深。若以梁溪、蕺山诸人为"兴起之师"，而稼书又乌得为"成德之师"乎？

《松阳钞存》有稼书自举必读书一条，谓：

> 必穷十三经，必阅注疏、《大全》，必究性理，必览朱子《文集》、《语类》，必观《通鉴纲目》、《文献通考》，必读《文章正宗》，此学者之本务。但亦当循序而渐进。

读史只举《纲目》与《通考》，读文只举《正宗》，较之东发、草庐、梨洲、桴亭，远见为枯瘠而瞉觫。其于诸子书，则全不措意。所得于六经者亦甚浅。举为必读书，特以装门面。其治朱子，实以《大全》为主。如此为学，岂得为朱子之正脉？稼书每讥陆、王不读书，实亦何以相逾！

《四库提要》评其《三鱼堂剩言》有云：

> 《剩言》十二卷，一至四卷皆说五经；五、六卷说四书，而附《太极图说》、《近思录》、《小学》数条；七、八卷皆说诸儒得失；九卷至十二卷皆说子、史，而亦闲论杂事。昔朱子

博极群书,于古今之事,一一穷究其原委而别白其是非。故凡所考论,皆悉有根据,不为悬揣臆断之谈。陇其传朱子之学,为国朝醇儒第一。是书乃其绪余,而于名物、训诂、典章、度数,一一精核乃如此。凡汉注唐疏,为讲学诸家所不道者,亦皆研思探索,多所取裁。可知一代通儒,其持论具有本末,必不空言诚敬,屏弃诗书。其于朱、陆异同,非不委曲详明,剖析疑似,而词气和平,使人自领。观于是编,可以见其造诣矣。

清廷既特升稼书从祠孔庙,四库馆臣之于此编,乃称之曰"国朝醇儒第一",又曰"一代通儒",可谓称扬备至,与其他书之肆意抨击者不类,其果为由衷之论乎?其书首数卷言经籍者,较之清初顺、康时代他儒之所言,已远不逮,更遑论于往后。在稼书亦特以备数。其《文集》中,特有《读金史》九篇,虽无创见,岂不以满清上承金统,故特著此数篇以装门面?此已当膺心术之诛。其《说诸儒》两卷,皆由读梨洲《学案》而来,上引已见一斑,可勿再论。稼书又自称不屑为诗古文词,今再摘录其《文集》开始第一、二两篇有关讨论理学上之大问题者,以殿斯篇,亦以见稼书在理学上之真底蕴。

一《太极论》。其文曰:

> 论太极者,不在乎明天地之太极,而在乎明人身之太极。明人身之太极,则天地之太极在是矣。

又曰：

> 天地万物，浩浩茫茫，测之不见其端，穷之莫究其量，而莫非是理之发现流行，循环而不穷。理散于万物，而萃于吾身；原于天地，而赋于吾身。是故善言太极者，求之远不若求之近。求之虚而难据，不若求之实而可循。

濂溪《太极》一图，开出宋、元、明三代理学上一绝大问题，自朱子以来，讨论此一图者，元、明迄于清初，可谓实繁有徒。今稼书独化艰深为浅易，谓："不在明天地之太极，而在乎明人身之太极。"岂不已将濂溪一图轻轻勾消？不悟天地之太极不明，则人身之太极究当何指？将一实在问题，化成一落空虚谈。貌若切近，反落玄虚。此诚可与俗人谈，难为知者言也。

其第二篇《理气论》略曰：

> 理、气之辨，不难乎明万殊之理、气，而难乎明一本之理、气。一本之在人心者易见，一本之在天地者难知。

又曰：

> 理、气之在吾身，其本在心。天地不可谓之有心，又不可谓之无心，此一本之在天地，所以难见。理、气之在天地，其一本者，亦曰有心而无心焉耳。

治朱子学,理、气之辨又为一大问题。今稼书又若化艰深为浅易,谓:"不难明万殊之理、气,而难明一本之理、气。一本之在人心者易见,而一本之在天地者难知。"是则朱子《大学补传》可以不作,其格物穷理之教,乃为导人于难明,而忽人之易见。又将朱子平生再三申辨之一问题轻轻勾消。而象山主张"先立乎其大者",乃为得圣学真传。稼书云云,亦如其所讥陆、王、高、刘之"以心为笼罩"也。

举此两例,即可证稼书论学,实是强不知以为知,徒在字面上掉弄,在朱子则必斥此曰"花言",谓"如今世举子弄笔端做文字者便是"。稼书之所以不脱为一种举业讲章之学者亦正在此。骤视之,若无可非刺;深究之,则空洞无物。此乃理学中一乡愿,而依傍门户以自高。清廷特举以为治朱学者之楷模。宜乎后起诸儒益滋反感,相率以反朱自见,而稼书乃特不为后人所称道。惟道光时吴廷栋特重之,谓:

> 历观朱子以后之大儒,其笃信好学,深造自得者,固大有人。而真知心性之辨,而不惑于似是之非者,惟陆稼书先生一人而已。

同时唐鉴为《国朝学案》,亦盛推稼书,然此皆梨洲所讥"无与于学问之事"也。

此稿刊载于一九七二年元月
《故宫图书季刊》二卷三期

吕晚村学述

　　余在四十年前，草为《近三百年学术史》，述及吕留良晚村之《四书讲义》，根据朱子，阐扬民族思想，引起曾静之狱。清廷特为颁发《大义觉迷录》于天下学宫，令举子人人必读。嗣又禁绝，不许流行。而晚村乃遭斲棺判尸之奇祸，其家人亦遭戍关外，成为清代文字狱中最特出耸听闻者。晚村因讲四书而婴此冤酷，亦为自宋以下理学史中所少见。同时陆稼书服膺晚村，乃获清廷褒奖，从祠孔庙，成为清代第一醇儒。清政权之高下在手，予夺从心，治清初学术史，与清廷高压、怀柔政策之兼施，此两人之事，殊值注意。此篇稽之《晚村文集》，撮记其生平，以附本编稼书一篇之后，并以补往年《学术史》旧著所未详。徐世昌《清儒学案》摭述张杨园、陆稼书两家著述有关晚村生平者数事，殆似未见《晚村集》也。余撰《学术史》时，亦已据《晚村文集》，惟今所述，与《学术史》详略互异，读者可参阅。

　　《晚村文集》卷一《复黄九烟书》，谓：

某少时不知学，狎游结纳，无所不至。今始悔恨，不但狭邪浮薄，恶之不为，即豪杰功名词章技艺之志，皆刊落殆尽。世多见许为骚人，为侠士，为好客，为多能，未尝非过情之誉，然正皆其所悔恨者。

又《文集》卷七《孙子度墓志铭》，谓：

崇祯十一年戊寅，余兄会南浙十余郡为澄社，杂沓千余人中，重志节，能文章，好古负奇者，仅得数人焉，孙君子度其一也。越三年，子度择同邑十余人为征书社，时余年十三，子度竟拉与同席。时外祸内讧，因势颓坏。门户之斗复兴，靡然散天下之精神于声气，而世益无人。

是则晚村幼年初学，即已与当时社事有关。《文集》卷五《东皋遗选序》详论之，曰：

自万历中，卿大夫以门户声气为事，天下化之，士争为社，而以复社为东林之宗子，咸以其社属焉。自江、淮讫于浙，一大渊薮也。浙之社不一，皆郡邑自为，其合十余郡为征会者，莫盛吾兄所主之澄社。予年十三，与同里孙子度十余子为征书，予之交陆雯若始此。凡社必选刻文字以为囮媒，自周钟、张溥、吴应箕、杨廷枢、钱禧、周立勋、陈子龙、徐孚远之属，皆以选文行天下。选与社例相为表里。始之社也以气节，以文字，以门第世讲，互为标榜；然犹修名检，畏清议,案验皂白,故社多而不分。及是则士习益浮薄倾险。一社之中,旋自搏轧。镞头相当,曲直无所坐。于是郡邑必有数社,每社又必有异同。细如丝发之不可理。磨牙吮血,至使兄弟姻戚不复相顾。涂遇宴会,引避不揖拜者,咸起于争牛耳、夺选席。贩夫牧猪,皆结伴刊文。社与选至是一变而大乱。

晚村早年既预社事,自交陆雯若,又预选事。结社敝风既如此,晚村又尝极论当时选事之敝。《文集》卷五《今集附旧序》有曰:

> 今日文字之坏,不在文字,其坏在人心风俗。父以是传,师以是授,子复为父,弟复为师,以传授子弟者,无不以躁进躐取为事。躁进躐取,则不得不求捷径。求捷径,则断无出于庸恶陋劣之外。

又《戊戌房书序》有曰:

> 自科目以八股取士,而人不知所读何书。探其数卷枕秘之籍,不过一科贵人之业。黠者割首裂尾,私立门类,沿袭钞撮,俄而拾取青紫,高车大马,夸耀闾里。盖尝以为起祖龙于今日,搜天下八股之文而尽烧之,则秦皇且为孔氏之功臣,诚千古一大快事也。

《文集》中论及当时选事者尚多,而晚村之耗精力于选事者亦不少。晚村于清顺治十年就试为诸生，与陆雯若同为选事，则在顺治十二年乙未。至康熙十年弃诸生，以不应试除名，特其留心选事则如故。自谓癸丑后立意不复评点，则在康熙之十二年。《文集》卷四《与董方白书》有曰：

> 选文行世，非仆本怀。缘年来多费，赖此粗给，遂不能遽已。

盖晚村乃以批选八股成名，亦以此弥缝其生事。惟晚村之批选八股，乃与当时之以批选为业者大不同。《文集》卷五有《东皋遗选前集论文》一则，备见晚村对有明一代三百年科举文之评骘，而其从事评选所大异于时俗之选手者，亦即此可见。其文曰：

> 洪、永之文，质朴简重，气象阔远，有不欲求工之意，此大圭清瑟也。成、弘、正三朝，犹汉之建元、元封，唐之天宝、元和，宋之元祐、元丰，蔑以加矣。嘉靖当极盛之时，瑰奇浩演，气越出而不穷，然识者忧其难继。隆庆辛未，复见弘、正风规，至今称之。文体之坏，其在万历乎？丁丑以前，犹厉雅制；庚辰始令限字，而气格萎苶；癸未开软媚之端，变征已见；己丑得陶、董中流一砥，而江湖已下，不能留也；至于壬辰，格用断制，调用挑翻，凌驾攻劫，意见庞逞，矩矱先去矣；再变而乙未，则杜撰恶俗之调，影响之理，剽弄之法，曰圆熟，曰机锋，皆自古文章之所无。村竖学究，喜其浅陋，不必

读书稽古，遂传为时文正宗。自此至天启壬戌，咸以此得元魁。展转烂恶，势无复之。于是甲、乙之间，继以伪子、伪经，鬼怪百出，令人作恶。崇祯朝加意振刷，辛未、甲戌、丁丑，崇雅黜俗，始以秦、汉、唐、宋之文发明经术，理虽未醇，文实近古。名构甚多，此犹未备也。庚辰、癸未，忽流为浮艳，而变乱不可为矣。此三百年升降之大略也。

此皆本于文字以窥人心，觇世运，深得朱子论文之渊旨。与一般从事选政，徒以获取利禄为标的者大异其趣。

晚村既早年即从事于此，并于清初应试为诸生，时年二十五，则晚村亦若为一热心举业中人，而其实不然。晚村之悟入理学，崇奉朱子，正从其诵读朱子四书而来。《文集》卷二《复王山史书》有曰：

> 某，荒村腐子也。平生无所师承。惟幼读经书，即笃信朱子细注。因朱子之注而信程、张诸儒，因朱子、程、张而信孔、孟。故其所见，皆迂拘而不可通于世。所谓理学讲道，则概乎未有闻也。其在文字，亦止知八股制义。于所谓古文诗词，亦概乎未有闻也。而质性又僻戾不可近，亦不乐与人友，故友朋绝少。宁人兄心甚企羡，而从未得见，其他可知。

仅知信朱子《四书注》，仅知为八股制义文，此乃晚村之自谦，抑亦其自傲之所在。晚村自谓"理学讲道，概乎未闻"，此则其与当时理学家不同处。晚村又尝与吴孟举选刻《宋诗钞》，又岂得谓"于古文诗词，概乎未闻"？而晚村为人之兀傲不群处，亦即此可见。《文集》卷一《答张菊人书》，谓：

> 宋人之学，自有轶汉、唐而直接三代者，固不系乎诗。又某喜论《四书章句》，因从时文中辨其是非离合，友人辄怂恿批点。人遂以某为宗宋诗，嗜时文，其实非本意也。

此证晚村之答山史，乃其过激之言。要其为学，自朱子《四书注》入门，亦深喜宋儒，而乃深不喜于当时理学家之讲学所为，亦未能如亭林、梨洲诸人之转途深治经史，而始终落在时文圈套中，乃独以批选时文成为中国学术史上一特出人物，此则晚村之所以为晚村也。

《文集》卷一《答潘用微书》亦谓：

> 某，南村之鄙人也。至愚极陋，未尝学问。幼读朱子《集注》而笃信之。因朱子而信周、程，因程、朱而知信孔、孟。故与友人言，必举朱子为断，友人遂谬以为好理学者，其实未尝有闻也。

笃信朱子而上及二程以及孔、孟，此即理学也。而必自辨为不好理学，"未尝有闻"，此乃晚村必欲自置身于朱子以下之所谓理学之林之外也。又《答吴晴岩书》有曰：

　　某平生无他识，自初读书，即笃信朱子之说。至于今，老而病，且将死矣，终不敢有毫发之疑。真所谓宾宾然守一先生之言者也。今教之曰："为讲义制举文字，则当从朱。而辨理道之是非，阐千圣之绝学，则姑舍是。"夫讲章制艺，世间最腐烂不堪之具也，而谓朱子之道仅是为此，则亦可谓贱之至、恶之至矣，此某之所未敢安也。夫朱子《章句集注》，正所以辨理道是非，阐千圣绝学，原未尝为讲章制艺而设。即祖制经训从朱子，亦谓其道不可易，学者当以是为归耳，岂徒欲其尊令甲、取科第而已耶？况某村野废人，久无场屋之责，其有所评论，亦初非谓制举文字当尔也。

又曰：

　　某之尊信朱子，又亲于孔、孟。

盖当时人率分理学、举业为两途，治举业则尊朱子，而讲理学则当别有用心，而晚村非之。谓治举业亦当辨理道、阐圣学，而讲理学亦无过乎朱子。故晚村自入清以来，虽亦应考，虽仍留心当时制举文字，然亦即以此为辨理道、阐圣学之借手。而其主要信仰，则在朱子一人。不如一般理学家之门户纷张，异同杂起。其《答叶静远书》有曰：

　　医事久已谢绝，惟点勘文字，则犹不能废。平生所知解，惟有此事。即微闻程、朱之坠绪，亦从此得之。故至今嗜好不衰。病中赖此摩挲，开卷有会，时一欣然。觉先圣贤一路，目前历历。而正、嘉以后诸公，讲学纷纭，病谵梦呓，皆因轻看经义，不曾用得工夫，不免胡乱差却路头耳。若谓弟逐蜗蝇生计，弟虽不肖，不至污下如此。

晚村深恶明代正、嘉以下之讲学纷纭，而一意独尊朱子《四书章句集注》，谓即此可见义理，故批点时文亦所以阐理义。若一意看轻了经义，则如明儒正、嘉以下之讲学，又何尝邃胜于讲章制艺？同时顾亭林有言："经学即理学也，舍经学，又乌得所谓理学哉？"其实晚村之意亦复如此。惟晚村乃专以朱子《四书注》为学，则实为理学史中所特有之格局。原书后幅又曰：

病在小时上学，即为村师所误。授以鄙悖之讲章，则以为章句传注之说不过如此；导以猥陋之时文，则以为发挥理解与文字法度之妙不过如此。凡所为先儒之精义与古人之实学，初未有知。亦未尝下火煅水磨之功，即曰予既已知之矣。老死不悟所学之非，鼠入牛角，蝇投纸窗，其自视章句传注文字之道，原无意味也。已而闻外间所谓讲学者，其说颇与向所闻者不类。大旨多追寻向上，直指本心，恍疑此为圣学之真传。而向所闻者，果支离胶固而无用，则尽弃其学而学焉。一入其中，益厌薄章句传注文字不足为，而别求新得之解。不知正、嘉以来诸讲学先生，亦正为村师之讲章时文所误，不屑更于章句传注文字研穷辨析，乃揣撰一副谬妄浅陋之说以为得，不觉其自堕于邪异。故从来俗学与异学，无不恶章句传注文字者。而村师与讲学先生，其不能精通经义亦一。乃反谓经义必不可以讲学，岂不悖哉？今日理学之惑乱，未有不由此，而其原则从轻看经义不信章句传注始。此某所以皇皇汲汲，至死而不敢舍置也。

此处以正、嘉以后讲学家为异学，以与村师俗学并讥。而谓讲学之兴，正为村师俗学所激。其指陈当时学界实病，极值注意。而晚村自所致力，乃转若于村师俗学为近，而于当时讲学家言，若不胜其鄙薄之意。今姑不论晚村自己为学之是非，要之论明儒学术者，不可不注意及于其同时制举讲章之所为，与其相激相荡之情势，则晚村之语，实是深可推敲也。

又《文集》卷五《程墨观略论文》有曰：

> 儒者正学，自朱子没，勉斋、汉卿仅足自守，不能发皇恢张，再传尽失其旨。如何、王、金、许之徒，皆潜畔师说，不止吴澄一人。自是讲章之派，日繁月盛，而儒者之学遂亡。惟异端与讲章，觭互胜负而已。异端之徒，遂指讲章为程、朱；而所为儒者，亦自以为吾儒之学不过如此。语虽夸大，意实疑馁。故讲章诸名宿，其晚年皆归于禅学。然则讲章者实异端之涉、广，为彼驱除难耳，故曰独存异端也。

又曰：

> 讲章之说不息，孔、孟之道不著。腐烂陈陈，人心厌恶。

良知家挟异端之术,窥群情之所欲流,起而抉其篱樊。聪明
向上之徒,喜其立论之高,而自悔其旧说之陋,无不翕然归
之。隆、万以后,遂以攻背朱注为事,而祸害有不忍言者。
识者归咎于禅学,而不知致禅学者之为讲章也。

此处晚村直指朱学之流而为讲章,而以讲章之陈腐,激起异端之
高论。遂使有明一代学术,成为异端、讲章觭互胜负之局。晚村
此一见解,可谓只眼独具。明代以厌薄讲章而激起良知心学,及
清代晚村以下,讲章家言渐衰退,然考据汉学,亦复为朝廷制举
空疏所激起。乃与明代心学,同以攻背朱注为事。虽清儒之考
据经学,不当与元、明讲章家言相提并论,亦不与良知心学同条
共贯,要亦有其病害之不可胜言者,则又晚村所未及见也。

　　然晚村于当时讲章家言,虽极致其鄙薄之意,而其自所致
力,则终不出讲章一途。在彼之意,实欲拔赵帜,立汉帜,借讲章
之途径,正儒学之趋向。《文集》卷五《戊戌房书序》有曰:

　　　　汉元光五年,征天下有明当世之务、习先圣之术者,令
　　与计偕。所谓当世之务,即今之"对策";所谓先圣之术,即
　　今试士之"经义"耳。愚以为欲兴科目,必重革庸腐之习而
　　后可。计庸腐之儒,海内可数十万人。此数十万庸腐之儒
　　者,其耳目无所开,其心思无所用,游谈妄议,武断乡曲以为
　　蠹,如此而人心不坏,教化不乱,事业不损,衣食不耗,而无
　　害于国家者,未之前闻。愚生长草莽,不知忌讳。窃冀当世
　　之名公巨卿,留心时务者,当辖车之采焉。

戊戌为顺治十五年，乃晚村始从事于选事后之第三年，亦晚村从事应试后之第五年，其时晚村意态如此。逮后乃发挥君臣大义、夷夏大防，其见于身后其弟子后学所编之晚村《四书讲义》者，余既已著之《学术史》。盖其意态前后有不同，而乃惊风骇浪随之而起。可证晚村之一意于四书讲章之翻新，实是于世局可有大影响。不论讲章家言与良知心学家言，乃及考据汉学家言，要之存于心斯著于外，发为事业，蔚为世运，如响应声，如影随形，诚之不可掩如此。此即程、朱理学所欲发挥之大义理所在，又乌可以晚村之所为乃属制举讲章之习套，而轻加忽视乎？然而晚村则竟以此罹奇祸，斯亦晚村所未前料也。

《文集》卷二《与某书》有曰：

> 某本村鄙，业无渊源，特守童时诵习传注不敢变耳。讲学之事，不但非其所知，亦平生所憎疾而不欲闻者也。拙选止于癸丑，以后不复从事。目下收拾有明三百年之文为《知言集》，虽布衣社稿皆与焉。但生存不录，以人物界限，必盖棺论定也。

是晚村选时文，一以明代为断，入清以后，即不复论。谓"人物界限必盖棺论定"者，值易世之际，人之品节，或出或处，为遗民抑为贰臣，非盖棺有不可知。是晚村之旨亦严矣。

《文集》卷一《复高汇旃书》有曰：

> 道之不明也，几五百年矣。正、嘉以来，邪说横流，生心

害政，至于陆沉。此生民祸乱之原，非仅争儒林之门户也。所谓朱子之徒，如平仲、幼清，辱身枉己，而犹哆然以道自任，天下不以为非。此义不明，使德祐以迄洪武，其间诸儒，失足不少。思其登堂行礼，瞻其冠裳，察其宾主俦伍，知其未曾开口时，此理已失，赢得满堂不是耳，又安问其所讲云何也！故紫阳之学，自吴、许以下已失其传，不足为法。今示学者，似当从出处、去就、辞受、交接处画定界限，扎定脚跟，而后讲致知主敬工夫。盖缘德祐以后，天地一变，亘古所未经，先儒不曾讲到此。时中之义别须严辨，方好下手入德耳。

汇旃乃高景逸子，来书辨朱、陆，晚村复书乃推广辨及夷夏。致慨于德祐以后天地之变，许平仲、吴幼清，名为治朱子学，而实失朱子之传。讲理学正"当从出处、去就、辞受、交接处画定界限，扎定脚跟"，而岂理气心性之空言，所能辨诚伪、判是非？此一主张，乃畅发于其《四书讲义》中。亦可谓当晚村之世，惟如晚村，乃始得为善述朱学也。

《文集》卷三有《答陈受成书》，谓：

> 吾儒正业，与流俗外道自别。外道但欲守其虚灵，以事理为障，故必屏绝尘缘以求之；流俗陷溺于词章句诵，亦必离远应酬而后得力。若古人为学则不然。朱子解格物，所谓或考之事为之著，或察之念虑之微，或求之文字之中，或索之讲论之际，使于身心性情之德，人伦日用之常，以至天

地鬼神之变，草木鸟兽之宜，莫不见其当然与其所以然。凡
此者皆学也。

晚村如此论学，如此解格物，则值晚村之世之所谓学者，自当无
大无急于在出处、去就、辞受、交接处画定界限，扎定脚跟；朱子
之教格物，此即其当务之大且急者也。

《文集》卷四有《与董方白书》，有曰：

此不必讲义理，只与论利害，则作宦之危，自不如处馆
之安。宦资之不可必，自不如馆资之久而稳也。惟幕馆则
必不可为，书馆犹不失故吾。一为幕师，即于本根断绝。吾
见近来小有才者，无不从事于此，日趋于闪铄变诈之途，自
以为豪杰作用，而不知其心术人品，至污极下，一总坏尽。
骄诌并行，机械杂出，真小人之归。其家人见钱财来易，皆
骄奢不务本业，则又数世之害，故不可为也。

晚村劝人莫作宦，且处馆。又勿为幕馆，只为书馆。此等处，只
是家常平实，所谓卑之无甚高论，然吾儒之正业，格物之大训，岂
不于此等处正当熟虑明辨乎？

《文集》卷二《与高旦中书》有曰：

闻医行邻邑当事，得直足资薪米，甚慰！甚慰！然此中
最能溺埋，坏却人才不少，急宜振拔洒脱为善。念头澹薄，
自然删落。若不甘寂寞，虽外事清高，正是以退为进，趋利

如鹜，此中径畛甚背悬，不可不察也。以老兄今日，室无坚坐之具，身有揽取之才，而胸无足畏之友，从此塌脚，不难入无底之渊，故不禁其言之屑屑耳。

明遗民之在清初，其生事皆备极艰困。《文集》卷八有《卖艺文》一篇，备述高旦中以医自活，并兼养其友黄晦木。其文作于顺治十七年，已略引于《学术史》，兹不赘。翌年，复为《反卖艺文》，有曰：

> 呜呼！知予之卖艺也非炫奇，则其不卖也，亦非高价以绝物。吾知后之哀其卖者，又不如哀其不卖者之痛深也。

晚村本亦卖医为活，后乃绝不为。观其诚旦中书，亦可想见其痛深之一斑矣。

《文集》卷八《客坐私告》有曰：

> 某所最畏者有三：一曰贵人。凤遭多难，震官府之威，今梦见犹悸。故虽平生交契，一登仕途，即不敢复近。心有恐惧，习久性成耳。二曰名士。向苦社门之水火，今喜此风衰息，而变相傍出，尤不可方物。如选家论时艺，幕宾谈经济，尊宿说诗古文，讲师争理学，游客叙声气，方技托知鉴介绍。彼皆有所求，接与不接，总获愆尤。每晨起默祷，但愿此数公无一见及，即终日大幸。三曰僧。生平畏僧，尤畏宗门之僧。惟苦节文人托迹此中者，则心甚爱之。然迩年以

来，颇见托迹者开堂说法，诌事大官，即就此中求富贵利达。方悟其托迹时原不为此，则可畏更过于僧矣。

此下复举九不能：一写字、二行医、三酬应诗文、四批评朋友著作、五借书、六荐牍、七宴会、八货财之会、九与讲会。观此，知晚村之孤介自守，乃亦不免于任气傲物，愤世嫉俗，若有背于儒道之中行。然晚村固谓"时中之义别须严辨"，知人论世如晚村，固不当以常格衡之也。先是浙省以鸿博荐，晚村誓死得免。嗣又举隐逸，乃剪发为僧。自名耐可，号曰何求。《文集》卷六有《自题僧装像赞》曰：

> 僧乎不僧，而不得不谓之僧；俗乎不俗，亦原不可概谓之俗。不参宗门，不讲义录。既科呗之茫然，亦戒律之难缚。有妻有子，吃酒吃肉。奈何衲裰领方，短发顶秃！儒者曰是殆异端，释者曰非吾眷属。然虽如此，且看末后一幅。竖起拂子，一唱曰咄，唠叨个什么，都是画蛇加足。

晚村处此世变，而兀傲纵恣有如此，亦幸其不寿而获终天年。否则不待曾静之狱，其晚节所遭遇，盖亦有不可以逆料者。晚村殆是以狂者之性格，而勉为狷者之行径。今在三百年后读其遗集，犹不胜有惋惜之余情，亦可为同时晚明诸遗老致同样之追念也。

当晚村之世，以理学大儒而严斥晚村，非斥晚村之为人，乃斥晚村之为学，以其人与晚村初不相识也。其人乃衡阳王夫之船山。其《搔首问》有曰：

近世有崇德人吕留良，字用晦，极诋陆、王之学以卫朱子之教，是已。乃其称道三苏不绝。三苏岂敢望陆、王之肩背者？

又其《识小录》有曰：

俗学之遵朱子，适以亵侮朱子为大魇耳。朱子之注圣经，初非为经生求名计，况倚以选刊时文，教人选捷径而自牟利乎？若吕生者，读陆子静"白鹿喻义"章讲说，不知尚有耻心存焉否也？奉朱子之绪论，遂敢目空今古，其无忌惮也，不但辨陆、王而止，且讥康斋之欲入内阁、白沙之应召拜官。君子出处之节，岂雌黄时文，教人作倚门妆以射书贾之利者所能识也？甘泉、念庵并遭非毁，薛文清、罗文毅犹不在其意中。鬻虚名，牟厚利，是铁门限门外人；不知量，不思忿，喋喋烦言，未有小人而仁者也。况锥刀为小人之已细者乎？

船山持正论，其严且酷，尤甚于雍正之《大义觉迷录》。后人读《大义觉迷录》，则未有不同情于晚村者。船山蠖居三湘，其守夷夏之防，岂不一如晚村，然而犹有义理之防。若义理隳而人才丧，则又于何辨夷夏乎？辛亥复国，人人知尊船山，至于晚村，乃供历史之凭吊而已。此又读史论道者所不可不知也。

此稿刊载于一九七三年元月
《故宫图书季刊》三卷三期

读张穆著《阎潜邱年谱》再论《尚书古文疏证》

回忆民国二十年秋，在北京大学讲“近三百年学术史”，编撰讲义，先期分发。翌年春，撰及阎潜邱，窃意“《尚书》古文”一案，早成定论。惟叙述此案，不当不兼及毛西河，因比读《冤词》、《疏证》两书。初谓是西河驳潜邱，乃《疏证》中明明是潜邱驳西河，心大疑惑。两百数十年来学人，亦绝未提及此事。时值春假，首尾七日，在二道桥寓庐第二进一小书室中，闭户思索，穷七日夜之力，完成一篇，快忭无穷。距今已四十四年，犹回忆如新。一日神倦，随手再翻张穆《阎潜邱年谱》，观其摭拾丛碎，排比详整。余为《学术史》时，张《谱》亦一重要参考，颇加征引。然辞尚简要，弃而不取者尚多。读余《学术史》者，同时未必兼读张《谱》。余言创辟，乃有疑其取证若嫌未足者。今年力已衰，精心钩稽，愧不如前，姑就张《谱》，再事钞撮，亦足为余四十四年前旧稿添助证。然苟细读余《学术史》，则此篇实如买菜求益，大可不必。姑尔成篇，聊资消遣而已。

清顺治十二年乙未,潜邱年廿岁。

钱《传》:年二十,读《尚书》,至古文五十五篇,即疑其伪。沉潜三十余年,乃尽得其症结所在。

《行述》:著《尚书古文疏证》,盖自二十岁始。

康熙十一年壬子,潜邱年三十七岁。

《疏证》卷二:愚尝以梅氏晚出书,自东晋迄今,岁次壬子,一千三百五十六年,而屹与圣经贤传并立学官,家传人诵,莫能以易焉者,其故盖有三焉。皇甫谧高名宿学,左思《三都》,经其片语,遂竞相赞述。况渠实得孔书,载于《世纪》,有不因之而重者乎?是使此书首信于世者,皇甫谧之过也。赜虽奏上,得立于学官,然南、北两朝,犹递相盛衰。或孔行而郑微,或郑行而孔微,或孔、郑并行。至唐初贞观,始依孔为之疏,而两汉专门之学顿以废绝。是使此书更信于世者,孔颖达之过也。天祐斯文,笃生徽国,孔子之后所可取信者,一人而已。分经与序,以存古制。一则曰安国伪书,再则曰安国伪书。为之弟子者,正当信以传信,疑以传疑。乃明背师承,仍遵旧说。是使此书终信于世者,蔡沈之过也。经此三信,虽有卓识定力,不拘牵世俗趋舍之大儒,如临川吴文正公《尚书序录》,实有以成朱子未成之志者，而世亦莫能崇信之，盖可叹也夫！善夫欧阳永叔之言曰："自孔子没，至今二千年之间，有一欧阳修者为是说矣。"愚亦谓："自东晋至今一千三百五十六年，有一阎若璩者为是说矣。"其尚取而深思之哉！

又《疏证》卷七：忆余晤宁人壬子冬，曾问《古文尚书》还当疑否，曰否云云。

今按：自二十岁至是十七年，时《疏证》似未成书，然信力则已臻坚定矣。

康熙十二年癸丑，潜邱年三十八岁。

《疏证》卷八：邹平马公骕，字宛斯，当代之学者也。司李淮郡，后改任灵璧令。余以癸丑东归，过其署中，秉烛纵谈，因及《尚书》有今文、古文之别，为具述先儒绪言，公不觉首肯，命隶急取《尚书》以来。既至，一白文，一蔡《传》，置蔡《传》于余前，曰："子阅此，吾当为子射覆之。"自阅白文，首指《尧典》，曰："此必今文。"至《大禹谟》，便眉蹙，曰："中多排语，不类今文体，恐是古文。"历数以至卷终，孰为今文，孰为古文，无不立验。因拊髀叹息，曰："若非先儒绝识，疑论及此，我等安能梦及！然犹幸有先儒之疑，而我辈尚能信及。恐世之不能信及者，又比比矣。"复再三慨叹。余曰："公著《绎史》，引及《尚书》处，不可不分标出今文、古文。"公曰："然。"今《绎史》有今文、古文之名者，自余之言始也。

观此条,似《疏证》至是仍未有成书。

康熙十四年乙卯,潜邱年四十岁。

《劄记·题词》:愚年四十甫敢出《臆见》、《集众闻》,用纂一帙,以示儿辈。

潜邱是年始为《劄记》,似当较草创《疏证》略后。

康熙十七年戊午,潜邱年四十三岁。

《疏证》卷四:余爱太史公"藏之名山"之例,此《疏证》第四卷成时,别录四本,一寄寘太华山顶,友人王宏撰司之。

是年,清廷诏开博学鸿儒科,潜邱征诣阙下,获识同应荐者王山史,张《谱》以《疏证》卷四一条附见此年,殆此年《疏证》已成四卷,乃托山史携此卷归华顶也。

康熙十八年己未,潜邱年四十四岁。

《竹垞集》是年有《酬阎某》诗,曰:阎生并州彦,徙宅清淮湑。昨年应诏至,旅食春明春。示我一编书,其言狂且醇。虽为见者骇,犹胜徒呫呻。

《疏证》卷五上:锡鬯生平不敢疑古文,见诸赠余诗。

又《疏证》卷八上：锡鬯近撰《经义考》，虽渐为愚见所转移，终不透。

戊午、己未间，潜邱《疏证》至少当得四卷，并遍示同时诸学人也。

又按：张《谱》引黄梨洲有《尚书古文疏证序》曰：

淮海阎百诗，寄《尚书古文疏证》，方成四卷，属余序之。余读之终卷，见其取材富，折衷当。中间辨析三代以上之时日、礼仪、地理、刑法、官制、名讳、祀事、句读、字义，因《尚书》以证他经史者，皆足以祛后儒之蔽。如此方可谓之穷经。

此文见《南雷文定》而无年可考，张《谱》亦未定其年岁。然似在戊午未赴京前在淮安所寄。

又按：潜邱子咏撰《潜邱行述》，称潜邱著《古文疏证》自二十岁始。又曰："诸子史集，亦自是纵学，无不博览。"盖其辨《尚书》古文之伪，所论不限于《尚书》，牵涉至广，故历二十三年而始成书四卷。观梨洲一序，可想见其用力之勤矣。

康熙二十二年癸亥，潜邱年四十八岁。

《疏证》卷一：癸亥秋，将北上，先四、五月间，净写此《疏证》第一卷成。六月，携往吴门。于二十二日夜半，泊武进郭外，舟忽覆，自分已无生理。惟私念曰："《疏证》虽多副本在京师，然未若此本为定，天其或不欲示后人以璞乎？"越次日达岸。

《疏证》第一卷定本，写于此年，距其初有意于辨《古文》之伪者，则已二十有八年矣。其距《疏证》第四卷成书，至少亦当五年。郑重若此，并引东坡碇宿海中遇险为例。其成书之不易，其珍视之亦可想。

康熙三十年辛未，潜邱年五十六岁。

冯山公《解春集》第八、九两卷，为《淮南子洪保》，山公自题曰："洪保"者何，冯子读阎子《尚书古文疏证》而作也。儒者之学，莫大乎正经而黜伪。今文《尚书》为古文淆乱其间，莫之或正，儒者之耻也。阎子唱之，冯子和之，其义大安，故曰"洪保"。阎子晋产也，冯子吴产也。一西一南，地之相去几千里，而作合于淮安，以卒其业，岂非天哉？故亦号"淮南子"云。

《潜邱劄记·与刘超宗书》：《淮南子洪保》，冯子山公所著书名，与阎子《尚书古文疏证》辨论而作也。其势如倾山倒海而出。却可惜所凭据在《逸周书》、《穆天子传》，又可惜在《家语》、《孔丛子》、伪本《竹书纪年》，尤可惜则在《鲁诗世学》、《世本》、《毛诗古义》耳。真谬种流传，不可救药，吾末如之何也已矣。

又一书云：《洪保》主人亦信《古文》非真，所论难者他语耳，正恐信亦不透。

冯山公与潜邱同斥《古文》之伪，而潜邱斥之若此。厥后毛西河辨《古文》非伪，而潜邱反付以闵默，其间所以，亦大可思。

康熙三十二年癸酉，潜邱年五十八岁。

《疏证》卷八：癸酉冬，薄游西冷，闻休宁姚际恒字立方，闭户著书，攻伪《古文》。萧山毛大可告余，此子之廖偶也。日望子来，不可不见之。介以交余，小余十一岁。出示其书，凡十卷，亦有失有得。失与梅氏、郝氏同，得则多超人意见外。喜而手自缮写，散各条下。

西河《与潜邱论尚书疏证书》：昨承示《尚书疏证》，此不过惑前人之说，以《尚书》为伪书耳。其于朱、陆异同，则风马牛不及，而忽诟金溪及姚江，则又借端作横枝矣。

又《送阎徵君归淮安序》：予避仇之淮安，与阎君潜邱交。暨至梁、宋，复归淮，则稍稍有言潜邱君年损而学多者。于是躬诣之，与之游。及予还旧乡，会开制科，举天下强才有学之士，征车四出。其在淮，则潜邱君首应之，予得相见于京师。观其所著书，夥颐哉，言洋洋乎！乃不见用而罢。值司寇徐公承命修天下志书，聘君掌其局。多所论著。既而谢去，出所辨《尚书》二十五篇，挟之游钱塘。时潜邱亦

垂老,毛发种种,而予则归田有年,越七十矣。乃取所为文
读之,谓之曰:"君不知于汉北海君相去何等,若唐之孔仲
远、宋之深宁叟,则出之远矣。"

康熙十七年戊午,举博学鸿词,潜邱至京师。《疏证》第四
卷初成,由王山史置其一本于太华山顶,则其时《疏证》方在草
创中。康熙二十二年癸亥,又净写《疏证》第一卷。事均详前。
至是又十年,《疏证》八卷殆已成书。西河《送潜邱序》文,于戊
午京师相见,仅言"观其所著书",而不提及《疏证》。至是年始
云"出所辨《尚书》",则西河或至是年始读其《疏证》也。又西河
《与潜邱论尚书疏证书》,亦仅辨朱、陆异同,不及《古文》真伪,
是西河于此问题,当时亦尚未深加注意耳。又考今《疏证》,不
见诟金溪、姚江语,是潜邱已以西河书而径自削去矣。又《疏
证》引姚立方,散见卷二、卷四、卷五、卷七、卷八,则潜邱《疏
证》,此年或已有八卷之本。

康熙三十四年乙亥,潜邱年六十岁。

《南雷黄氏哀词序》略云:康熙乙亥秋九月,得梨洲黄
先生凶问。先生爱慕我,肯为我序所著书,许纳我门墙。已
矣,吾不获亲及先生之门矣。遂仿聂双江故事追称弟子。

《行述》:自六十以后,时访友数百里内,往来苏、杭,竹
垞及毛检讨两先生,时时过从,商榷学问事盖最多。

康熙三十八年己卯，潜邱年六十四岁。

《李恕谷年谱》：己卯，至淮安访阎百诗论学。又庚辰《寄毛河右书》曰："自客岁拜别函丈，过淮上，晤阎潜邱，因论及《古文尚书》，塨曰：'毛先生有新著。'潜邱大惊，索阅，示之，潜邱且阅且顾其子，曰：'此书乃专难我邪？'塨曰：'求先生终定之。'潜邱强笑曰：'我自言我是耳。'已而再面析他书甚夥，毫不及《尚书》事，想已屈服矣。"

毛西河《寄潜邱古文尚书冤词书》：近蠡吾李塨，寓居桐乡，与桐之钱氏作《古文尚书》真伪之辨，列主客来问。某向亦不惬伪《古文》一说。宋人诞妄，最巨信。及惠教所著《古文尚书疏证》后，始怏怏。谓此事经读书人道过，不应谬，遂置不复理。今就两家重为考订，就彼所辨，而断以平日所考证，作《古文尚书定论》四卷，其中征及潜邱，并歙乡姚立方所著攻《古文》者，兼相质难。虽自揣生平所学，百不如潜邱。且相于数十年，诚不忍以言论牴牾，启参差之端。只谓圣经是非，所系极大，非可以人情嫌畏，谬为逊让。因削去"定论"名色，改名"冤词"，且增四卷为八卷，再加考订。不曰"释冤"而曰"冤词"，以不敢释也。吾第列其冤而世释之，释不在我也；世不肯释冤，而必欲冤之，冤亦不在我也。冤词无定，潜邱定之，何如何如？

《劄记·题古文尚书冤词》：孔穿曰："谓臧三耳，甚难而实非。谓两耳，甚易而实是。人将从难而非者乎？抑将从易而是者乎?"余则反其词曰:"伪《古文尚书》,甚难而实是。不伪《古文尚书》,甚易而实非。人将从易而非者乎?抑将从难而是者乎?"此余所以不复与毛氏辨,而但付之闵默耳。

又曰:何休好《公羊》学,著《公羊墨守》、《左氏膏肓》、《穀梁废疾》。康成乃《发墨守》、《针膏肓》、《起废疾》。休见而叹曰:"康成入吾室,操吾戈,以伐我乎?"余谓此自是学海远逊经神,故云尔。若在今日,岂其然?

毛西河在康熙三十二年癸酉,始见阎潜邱《疏证》,至是六年,始成《冤词》。盖引起于恕谷也。今《冤词》中亦多引恕谷语。其先于此案并未注意,故潜邱引何邵公语相拟。然潜邱意乃以康成自居,以西河拟邵公,故曰"今日岂其然"也。潜邱自谓"但付之闵默",而余考潜邱《疏证》,实有转驳西河《冤词》中语,是所谓"不复与毛氏辨"者,乃欺人语。西河《冤词》中有击中《疏证》弱点,潜邱乃默自追改旧稿,使后人读之,一若《疏证》无不是,《冤词》无不非,潜邱之计亦狡矣。潜邱卒在六十九岁,距此前五年,非无时间改其旧稿。其子咏所为《行述》,于潜邱年五十四时,引胡胐明语:"吾辈老年人读书,只宜优柔厌饫自得之乐,徵君用力,太苦太锐,殆非所宜。府君愈益力,十余年中,成书云云。"则潜邱见《冤词》后,断无不理之理。且《疏证》中前说有误后加改定者,亦多有之。若使潜邱肯注明因见西河《冤词》,自知有误,因加改定,岂不证大贤无我从善之公心雅量?当更使后人佩服。潜邱不此之务,诚可惜也。

又按:《疏证》卷二有一条:

> 或问:"子书尚未成,何不举前说之误者而悉削之?"余曰:"此以著学问之无穷,而人之不可以自是也。近见世之君子,矜其长而覆其短,一闻有商略者,辄同仇敌,余用是数困于世。"

潜邱之言若此,而独于西河《冤词》之指摘其书,一语不提,复于确中其短者,则削去改为,此非"自覆其短"乎? 又西河于顺治末年已在淮上初识潜邱,潜邱年仅二十五、六,故西河谓其"年损而学多";及后两人往返,先后达四十余年。《疏证》引述平生交游相识,备极详悉,独于西河仅一条,见卷五下,并绝与学术著作无关,岂非其视商略如仇敌乎? 而复故掩其迹,特著此条以释后人之疑,是何其心计之工耶!

又按:《疏证》卷六、卷七两言《潜邱劄记》"恐世不传,仍载其说于此",是潜邱自知《疏证》必传,非《劄记》可比,西河《冤词》直接与《疏证》有关,潜邱顾不以见于《疏证》,而独载于《劄记》,又见其用心之若揭矣。

康熙四十二年癸未,潜邱年六十八岁。

> 《李恕谷年谱》:癸未,毛河右有书来,曰:今胐明又在吴门刻《禹贡》,仍与阎百诗合伙,大畅发《古文尚书》之谬,以禾中朱锡鬯家多书,欲就其家搜朱文公、赵孟𫖯、吴草庐

辈,至明末本朝攻"古文"者合刻一集,以与我《冤词》相抵。其后䏲明不与事,而百诗约锡鬯携明万历丁丑会试第三场焦竑《废"古文"策》来。幸余先期知其事,赴其寓同观。焦竑袭吴澄误说而又误者。余因于众中大揶揄之。百诗狼仓散去,锡鬯亦大窘而退。

攻《古文尚书》之伪一案,自南宋吴棫、朱子下迄元、明两代,络续有人,然考据精详,后来居上,则必首推潜邱。西河《冤词》历举朱子、吴澄、郝敬、归有光,独不及潜邱。犹曰:"彼妄言之,姑妄应之,其同时附和,解语雷同者,概不置辨,省词费耳。"是其经蔑潜邱之意,溢于言表。恕谷出示其书,潜邱语其子曰:"此书乃专难我邪?"盖《冤词》明驳《疏证》,而不加指明,其意甚毒。潜邱不能忍,故于《疏证》中亦绝不及西河,而曰"付之闵默"。然《冤词》指摘《疏证》疏失处,潜邱乃追改旧稿,以求完美。若遽加发刊,而不注明因西河之指摘,则西河必更肆揶揄。然亦不能对此案不作一交代,故遂有意合刻朱子以下攻《古文》者为一集,此诚不得已而思其次之委曲心情也。乃其事又为西河所悉。此证自西河《冤词》行世,潜邱实时时为此操心,其追改旧稿,自可想像得之。又张《谱》逐条引述《疏证》载及同时学人诸节,亦止于西河发刊《冤词》之年,此下即不再有。然《疏证》卷五下实亦引及竹垞一条,即有关潜邱有意合刻朱子以下攻伪《古文》一事,惟未注年月,故张《谱》未引。然配合西河此年与恕谷书,则其事亦应在《冤词》发刊之后。是今八卷本《疏证》,既明有《冤词》发刊后所增入者,亦自可有《冤词》发刊后所追改也。

康熙四十三年甲申，潜邱年六十九岁。

  《墓志》：皇四子以书币礼致之。先生力疾赴至都中，悉索所著书，自二种《尚书》外，《四书释地》至于三续，手校《困学纪闻》、《古文百篇》，凡八种。首付《纪闻》劂氏，余将次第为表章，而先生不起矣。

  《行述》：执不孝手命曰："吾一生著书九种，已刻者，《四书释地》、《四书释地续》、《孟子生卒年月考》。未刻者，《重校困学纪闻》、《四书释地又续》、《朱子尚书古文疑》、《眷西堂古文百篇》。未成者，《尚书古文疏证》、《释地余论》。今《纪闻》蒙殿下序而行之，余未刻成者，汝当兢兢典守，不可妄改一字，以待传者。"

此两处举潜邱著书，乃有《朱子尚书古文疑》，而无《劄记》，大可注意。所谓《朱子尚书古文疑》者，是年五月，其子咏刻于京师。序云：

  家大人徵君先生，著《尚书古文疏证》若干卷，非之者亦复不少。徵君意不自安，曰："吾为此书，不过从朱子引而伸之，触类而长之耳。"因命咏取《语类》四十七条、《大全集》六条，汇次成编，名《朱子古文书疑》，就京师刻以行世。

是潜邱于是年力疾赴京,仅两月而卒。《朱子古文书疑》,乃命其子咏汇次朱子语五十余条,亦不成著述。盖因《疏证》在追改中,乃以此上呈皇四子,以张门面。及潜邱卒仅三十六日,其子咏即以刻之京师,固因篇帙无多,易付剞劂,然其子云:"家大人著《尚书古文疏证》,非之者不少,徵君意不自安。"此即指西河、恕谷。而潜邱之意不自安,亦于其尽先刻此一卷之事而可知矣。

又按:潜邱次孙学林,咏出,刻《尚书古文疏证》成,事在乾隆乙丑之秋,上距潜邱卒已四十一年,距西河卒亦已二十九年,距恕谷卒十二年。其《识文》有曰:

> 先君子在中翰时,欲板行之,而未有成局。癸卯、己酉,学林两至京师,先人之旧好,寥寥数人,无复赞成斯事者。丙辰以来,微秩自效,官卑俸薄,每泫然抱遗书而泣。癸亥春,谒同里夔州程先生,先生雅嗜先大父书,慨然捐赀,而淮、扬士大夫更多好义者,于是阅二载而蒇事。回忆学林之忧思徘徊,无所措手者,又二十年于兹矣。

又跋曰:

> 仲弟学机,珍重先大父遗书,勤加手录。

是潜邱有子有孙,《疏证》之身后付刻,事极艰难,而其子若孙于先人遗书之郑重谨慎,则确可信征。今《疏证》八卷中,第三卷全阙,第二卷阙第二十八、二十九、三十条,七卷阙第一百二、一百八、一百九、一百十条,卷八阙一百二十二——一百二十七条,有目仅空存者,有并目而阙者。《四库提要》谓:"若璩殁后,传写佚之。"然观其子咏《行述》,明记潜邱遗命:"诸书未刻成者,当兢兢典守,不可妄改一字,以待传者。"又言:"一生著书,未成者为《尚书古文疏证》。"则今刻《疏证》,乃潜邱生前因有追改而阙,故曰"未成"也。又咏刻《朱子古文书疑·序》明云:"《尚书古文疏证》若干卷。"不云八卷,则第三卷已先阙无书。若是传写佚之,不应一卷全佚。又其他各卷,亦不应皆整条全阙,而且所阙或有目或无目。此已详论于《学术史》。盖正因其子若孙谨遵潜邱"不可妄改一字"之遗命,所以有此。若是传写佚其一卷与诸条,学林亦当于刻书时注明,何更无一字及之?又疑潜邱生前不刻《疏证》,其用意所在,其子咏必知之。其孙学林知否不可知。据学林云"癸卯、己酉,两至京师,先人旧好寥寥数人"云云,是咏卒必在雍正元年癸卯前,时西河方卒六年,与咏卒当相近,而恕谷犹健在,是咏之欲板行《疏证》而未有成局,实因仍有顾忌耳。《四库提要》又云:"编次先后,亦未归条理,盖犹草创之本。"不知潜邱此书,自二十岁迄于六十九,前后已逮五十年,岂得仍云草创?抑且其书前四卷,当潜邱四十八岁时,已多副本在京师,若佚其第三卷,尽可即在京师访求。亦正因其书多有副本流传,故潜邱自经追改,第三卷全删去,而不欲早刻,特恐人发见其痕迹。此即潜邱自云"不欲示人以璞"也。其子咏在潜邱卒后十五年左右,终不刊行此书,亦为此故。情事宛然,夫复何疑?

张《谱》又载《潜邱劄记》传本有二,一为其孙学林所刻,一为山阳吴玉搢所删定。并曰:

学林缀辑其祖之残稿，徒欲一字不遗，遂致漫无体例。

又引《茶余客话》：

《劄记》乃未定书，零笺碎纸，投入一筒。捐馆后，家人与计簿混入筒中，学林不知抉择，将他人往还手迹，及陈言狎语、游戏之词，悉条举而刻之，砆玉并陈，大失潜邱面目。余尝删存十之五、六，卓然可传不朽。

今按：潜邱生平著述，《尚书古文疏证》最所珍重，《劄记》较最轻视，两书付印同在最后。《劄记》亦未散失，其后人过于谨慎，务求一字不遗，遂遭讥评，岂《疏证》转有传写之佚？可知《提要》为猜测不可信之辞矣。

又按：方中德《古事比》前刻有《答阎百诗徵君书》云：

伏承手翰云："《古事比》，奇书也，当就高明胜己之友，求其严加弹射，有不善者，应时改定，勿遗后人以口实。"

潜邱此书，不知在何年，然自见西河《冤词》后，其《疏证》亦必有应时改定处可知矣。

此稿刊载于一九七六年三月十七至二十日《中华日报》，同年六月《书目季刊》十卷一期

记姚立方《礼记通论》

　　尚论古代学术者，每谓秦皇焚书而学术中燼，下迄汉武，乃始复隆。夷考其实，殊不尽然。昔章炳麟为《秦献记》，粗发此意，而犹未尽。伏生《尚书》终于《秦誓》，此明为秦博士媚秦而作。《秦誓》之文曰："若有一个臣，断断兮无他技，其心休休焉，其如有容。人之有技，若己有之。"又曰："邦之杌陧，曰由一人。邦之荣怀，亦尚一人之庆。"此已战国晚年乃至秦人统一，政府有丞相之制始有之。春秋穆公时，贵族世袭并峙，何有乎此一个臣？然则《秦誓》乃秦博士作而上托之于穆公也。《中庸》曰："今天下，车同轨，书同文，行同伦。"又曰："生乎今之世，反古之道，灾必及夫其身。"此即李斯焚书口吻也。故举名山则曰华岳，其为秦时人作无疑。《祭义》用"黔首"字，殆亦出于秦代。汉文令博士诸生作《王制》，即今《戴记》所收，故有"古者以周尺，今以周尺"之语。又曰："史以狱成告于正。"汉有平正丞，承秦所置。此皆郑玄已言之。《吕氏春秋·尊师篇》列举古圣帝王始自神农，最为遥远矣，而《易大传》于神农之上复有庖羲，则

《大传》出《吕氏》后也。然秦人焚《诗》、《书》,独《易》为卜筮书不焚,则《易》在当时,尚不与《诗》、《书》伍,儒言羼入者当尚少。《王制》云:"乐正崇四术,立四教,顺先王《诗》、《书》、《礼》、《乐》以造士。"称"四术"不称"六艺",与此后《淮南》、董仲舒、司马迁之言不同。《易大传》之出,当与《王制》相先后,或犹在《王制》后也。《乐记》集于河间献王。《大学》引《秦誓》,而言"平天下",特斥"聚敛之臣",则似当出武帝时。《学记》屡言《大学》之教,当与《大学》略同时。此皆后世群尊以为圣经贤传、儒教经籍,微言大义、典章制度之所寄,而实错落杂出于秦皇、汉武之间,则其时学术之未全燼,而别有其演化转变之甚大者,可勿烦详论而知矣。或者将疑此等皆宏篇巨著,何由产于其时,而又不得其主名之人?则试问《吕览》、《淮南》,此亦百家之卓越者,岂成于吕不韦、刘安之手乎?是皆产于其时而不得其主名,则何独于儒书而疑之?(《戴记》中《月令》、《明堂位》,相传由马融增入。又《曲礼》、《王制》、《礼器》、《郊特牲》、《大传》、《乐记》、《祭义》,文皆有与何氏《公羊传注》相同,而何氏并不标以"礼"名。曹广权疑何邵公别有所据,而纂《礼记》者亦据以增入。此亦必汉人语,而《戴记》之成今书,则尚在东汉矣。)

有清初叶,学者疑古辨伪之风骤张,而钱塘姚际恒立方尤推巨擘。独为《九经通论》,惜不尽传,其《礼记通论》则散见于杭世骏所编《续礼记集说》中。其书于《小戴》所收诸篇,逐一考其著作之先后,辨析其思想议论之所从来,若者为儒,若者为墨,若者为道,而第其高下,判其是非得失。虽不尽当,要异于拘常守故之见也。姚氏既不信群经尽出一源,而能辨其先后真伪,故于后儒执《礼》解《礼》,混《周礼》、《仪礼》、《礼记》为说者,尤致掊击。曰："读书而不能知人论世，有以辨夫作者之后先，亦奚当哉？"（《续礼记集说》卷七十六《丧大记篇》）又曰："礼言不必尽同，古人文字，亦欲各出其能，不为雷同也。后儒乃欲寸寸而合之，铢铢而较之，岂不愚哉？"（卷八十《祭义篇》）姚氏不信《周礼》，以为乃刘歆、王莽所伪造，故曰："说者多以《周礼》、《王制》、《孟子》三书并言，为之较量异同。此无识之士也。乃有信《周礼》疑《王制》，甚至有信《周礼》、《王制》疑《孟子》者，尤无识之甚者也。"又曰："《周礼》出于王莽、刘歆，宁足敌汉文令博士所集之书？汉文令博士所集，又宁足敌《孟子》之书？《王制》所言，皆周制也。其与《孟子》异者，以其故易《孟子》之文故耳。"（卷十九《王制篇》）夫谓《孟子》所言皆周制之真，谓《周礼》乃歆、莽所伪，此俱未可为定论。然谓以《周礼》、《王制》并言，为之较量异同，皆无识之士，则真确论也。晚清经师不明此意，乃谓汉儒今、古文经学分家，全本礼制。今文家宗《王制》，古文家宗《周礼》，一切壁垒由此而判。既知《周礼》、《王制》不可合，复将以其他一切经说，分别合之《周礼》、《王制》，岂不诚无识乎？汉儒说《礼》，遇不可通处，又往往以夏、殷、周三代异礼为说，姚氏力斥之，曰："尝叹郑、孔于《王制》之不合《周礼》者，皆以为夏、殷礼。今于《礼器》亦然。孔子于夏、殷礼已无征，而周末、秦、汉之人反能征之。噫！愚亦甚矣。"（卷四十三《礼器篇》）又曰："《记》中如旧称《中庸》子思作，《缁衣》公孙尼子作，《三年问》荀卿作，《月令》吕不韦作，《王制》汉博士集，此其可知者。其不可知者，大抵不出周、秦、汉初人也。夫以周、秦、汉初之人，其于载籍所遗留，耳目所睹记，不过周之中叶以后为多。若文、武之制，固已邈若隔

代,况能及于文、武以前孔子所叹为不足征者乎？郑氏以误信
《周礼》之故,其注《礼记》,凡于《周礼》不合者,或曰殷制,或曰
夏、殷制,或曰虞、夏、殷制,……一切武断,紊乱礼文,莫斯为
甚。"(卷九《曲礼篇》)此皆深著汉儒无征曲说之病也。

姚氏又曰：

> 《中庸》云："礼仪三百,威仪三千。"皆言仪也。此(《礼
> 器》)云"经礼三百,曲礼三千",似放其语,然亦失之。夫经
> 礼者,五品之人伦尽之矣,安得有三百乎？自有此说,而后
> 之解《中庸》者,又据此以礼仪为经礼,威仪为曲礼,误之误
> 也。然此经礼、曲礼,亦不过谓礼之大小有如此耳,初未尝
> 指一书而言之也。郑氏则以《周礼》为经礼,朱仲晦则以
> 《仪礼》为经礼。夫作《礼器》者,大抵周、秦间人,其时《周
> 礼》未出,安得预指之？至于《仪礼》,其书本名为《仪》,正
> 是曲礼之类,乃反以为经礼,何耶？且必欲各凭臆见,求一
> 书以实之,古今陋学,洵有同揆矣。(同上)

姚氏同时万充宗有言："非通诸经,则不能通一经。非悟传注之
失,则不能通经。非以经通经,则亦无由悟传注之失。"姚氏之
治《礼》,则在分析诸经而各得其通,较之万氏所谓"以经通经"
者,其意又别焉。且姚氏不徒于《仪礼》、《周官》与《小戴》之
间为之区别也,即《小戴》四十九篇亦一一分别观之,甚且于一
篇之中,亦每就文为说,而有不务为强通者。其说《曲礼》云：

前文云"大夫士之子，不敢自称曰嗣子某"，则诸侯子未除丧，称"嗣子某"矣。此又云"适子孤"，是有两称。即一篇之中，其不合如此，况他篇他经乎？益可见其不可执《礼》以解《礼》矣。（卷九《曲礼篇》）

又曰："《曲礼》本杂取诸说，不必纽合。"（卷十《曲礼篇》）其说《礼》之态度如此。虽所释未能全是，要可谓葛藤尽斩，蹊径独辟矣。故姚氏深不喜后儒解经之说。曰：

尝谓经之有解，经之不幸也。曷为乎不幸？以人皆知有经解，而不知有经也。曷咎乎经解？以其解之致误，而经因以晦，经晦而经因以亡也。其一为汉儒之经解焉，其一为宋儒之经解焉，其一为明初诸儒墨守排纂宋儒一家之经解而著为令焉。噫！果其为圣人复起不易之言以著为令，可也。今之著为令者，然耶否耶？夫经解与著令，其事大不相通。其君若相，不过以一时治定功成，草草裁定，初不知圣贤真传为何若耳。乃使天下之学人，耳目心思，卒归于一途，而不敢或异。是以经解而著令，不又其甚焉者乎！穷变物理自然，材智日新，宁甘久腐？苟以汉、宋诸儒久误之经解而明辨之，则庶几反经而经正，其在此时矣。此以"经解"名篇，正是汉儒之滥觞，汉以前无之，则吾窃怪夫斯名之作俑也。（卷八十三《经解篇》）

姚氏此论，深可代表清初一辈学者之见解。深恶朝廷功令，思有以一变之，一也。直穷本经，不问汉、宋，皆所扬弃，二也。当时不乏努力欲为新经解者，厥后清廷仍遵程、朱取士，不敢为大变。而在野学者则高誉郑、许，揭橥汉学，以与朝廷功令相抗。雍、乾以下之学风，始与清初绝然异趋焉。

时阎百诗游西泠，毛西河告之曰："此间有姚立方，子之廖俦也，不可以不见。"尝论三人学术，互有其同，亦互有其异。百诗辨《古文尚书》之伪，立方亦辨之，然谓《古文尚书》伪者，特剔出魏、晋以下伪造之篇文于相传经典之外，于原来经典大体犹无损也。毛氏力辨宋儒程、朱以来义解之失，姚氏亦辨之，然谓程、朱之训释非经典本义，特程、朱之训释无当，于经典本义亦无伤也。而立方所论，犹有与阎、毛两氏异者。如其辨《易·系》，辨《戴记》中《学》、《庸》诸篇，则经典之有伪，不始于东汉之后，而已起于西汉之前矣。此其与百诗之辨伪《古文》者异也。《易·系》、《学》、《庸》诸篇，宋儒所深尊高推，以为圣经之精义在是，而自立方言之，固乃晚周先汉之沉溺于道、墨，颠倒于老、庄之徒之所为，不仅宋儒之训释无当，乃其本书之自有病也。此又其与西河之辨程、朱训说者异也。由斯而论，百诗所见，不如姚氏之大；西河所论，又有逊于姚氏之精。其排击旧说，自创新趋，立方之视二氏，尤为深沉而有力矣。同时浙人有陈乾初疑《大学》，有潘用微疑《中庸》，而立方则于《学》、《庸》并施攻驳。其辨《大学》也，自谓："闻海昌陈乾初有驳《大学》书，惜予未之见。"（卷九十七《大学篇》）而所论乃颇多暗合。其略曰：

"明明德"古无此语，……以明德为本体，明明德为功用,便堕入空虚,同于释氏。……单主心体,遗却事为,与吾儒有毫厘千里之别。

又曰:

圣贤之学,知行并重,未有惟言知而遗行者。今云自知止而后定、静、安、虑而得之,则一"知"字直贯到底,便已了毕,全无所用其行,则其所得者果何物耶?非忽然有省摸着鼻孔乎?

又曰:

孔、孟皆言正身,……主乎践履行事,以正心言,则专主心体上说,恐人堕入阴界。

又曰:

以正属心则沦于虚,以诚属意,且失理而难通矣。……意为心之所向,或为心之所发。……心发为善则善矣,心发为恶则恶矣。……然则"诚意"兼乎善恶,不可独以诚意为善事。且唯心正然后心之所发者自无不正,当云"欲诚其意者先正其心,心正而后意诚"。乃云"欲正其心者先诚其意,意诚而后心正",非倒说耶?……所以明儒刘念台曾反之,以意为心之所存。夫"意"字自有一定之义,为存为发,相去悬绝,可以任人游移乱拈如是乎? 亦可见《大学》说理未确,故致此弊。

又曰:

> 圣门之学,未有单重知而遗行者。……圣贤之言知,曰:"我非生而知之者,好古敏以求之者也。"曰:"多闻择其善者而从之,多见而识之,知之次也。"皆实地用力,未有空言致知者。空言致知,非佛氏离语言文字,一惟明心见性之学而何?

又曰:

> "格物"二字晦涩之甚。"物"字不知指何物,"格"字不知是何义。圣人教人,从无鹘突语。况为《大学》之首功,为平天下之要务,而顾用"格物"二字,岂可通哉?(以上所引均见卷九十七《大学篇》)

凡此所论,以《大学》为禅学,谓不当重知遗行,谓"诚意"、"格物"语自不可通,大体皆与乾初之辨相类。可征一时风气,其议论倾向自相符也。

立方所驳诘尤力者在《中庸》,特称之曰"伪中庸",其言曰:

> 予分出此帙以为"伪中庸"者,盖以其为二氏之学也。

然非予之私言也，实有左验云。《礼记》汉儒所定，《中庸》在第三十一篇，自刘宋戴颙，始从《记》中摘出，撰《中庸传》二卷。考史《颙传》云："汉世始有佛像，形制未工，父逵善其事，颙亦参焉。"唐李绰《尚书故实》，云："佛像本外夷朴陋，人不生敬，今之藻绘雕刻，自戴颙始也。"晋、宋之世，士人竞尚佛教，颙与父首为雕塑之制，盖深信笃敬，乃能如此。……又梁武帝撰《中庸疏》二卷、《私记制旨中庸义》五卷，梁武之崇佛，世所共知。……至唐李翱益尊信是书，而论说之，创为灭情复性之说。其生平笃好禅学，《五灯》载其为鼎州刺史谒药山问道云云。……迨至宋儒，益复从风而靡。周茂叔受学于东林禅师，东林授以《中庸》，与言《中庸》之旨："一理中发为万事，末复合为一理。"茂叔受之以授程正叔，正叔尝言之，今《章句》载于篇端者是也。于是程门游、杨之徒多为《中庸解》，朱仲晦相承以为《章句》，乃复抵其师说为淫于佛、老。（见《章句·序》）孰知其说殆有甚于游、杨之徒者哉？若夫横浦、慈湖一辈，又无论焉。近时明代相传犹然。薛以身《赠三峰藏》诗云："知君问我《参同》处，请看《中庸》第几章。"罗念庵习禅学者，诗曰："何人欲问逍遥法，为语《中庸》第一章。"徐世溥《与克明上人书》曰："三乘五车，本无二谛，若求简尽，莫过《中庸》。"尤展成《文序》曰："《中庸》'不睹不闻，无声无臭'，尤近不二法门。"故昔人谓熟读三十三章，已见西来大意。观此则大概可知矣。然则好禅学者必尚《中庸》，尚《中庸》者必好禅学。《中庸》之为异学，其非予之私言也，不亦明乎？

又曰：

　　"喜怒哀乐未发谓之中。"予谓不谓之"中"，谓之"空"可也。……尧、舜"允执其中"之中指"理"言，此以未发为中指"心"言。指理言，则共之于人，故孔子言舜"用其中于民"。指心言，则独用之于己，合眼低眉，参悟而已，于他人有何交涉耶？明僧莲池《竹窗二笔》曰："予初入道，忆子思以喜怒哀乐未发谓中，意此中即开创以前自己也。既而参诸《楞严》，则云：'纵灭一切见闻觉知，内守幽闲，犹为法尘分别影事。'夫见闻泯、知觉绝，似喜怒哀乐未发，而云'法尘分别'者，何也？意，根也。法，尘也。根与尘对，未发则尘未交于外，根未起于内，寂然峭然，应是本体。不知向缘动境，今缘静境，向法尘之粗分别也，今亦法尘之细分别也，皆影事也，非真实也。谓之幽闲，特幽胜显、闲胜闹耳。空创以前自己，尚隔远在。"按莲池此论，予于《大学》云："《学》、《庸》仅得禅之粗迹。"正指此耳。喜怒哀乐未发，禅之下乘也，北宗近之，庞居士所呵为峭然机是也。要悟空创以前自己，禅之上乘，南宗也。吾叹宋儒终日观未发气象，只得禅之下乘耳。

又曰：

　　"致中和，天地位，万物育。"此所谓说大话，装大冒头者也。其实皆禅也。何则？禅则其理虚无，故可以任意极言而无碍。若吾儒，则事事切实，岂可言此？言之则中和未致，天地万物将不位、不育耶？中和既致，天地万物如何位、如何育耶？此非虚无而何？今历取诸佛语证之！《华严经》云："法性遍在一切处。"《楞严经》云："色身外泊，山河虚空，大地咸是妙明真心中物。"又云："心遍十方，见十方空，如观手中所持叶物。"此"天地位"注脚也。又云："一切世间诸所有物，皆即菩提妙明元心，心精遍圆含裹十方。"此"万物育"注脚也。《肇论》云："天地与我同根，万物与我同体。"又云："怀六合于胸中，而灵鉴有余；镜万有于方寸，而其神常虚。"又云："至人空洞无象，而万物无非我造。"此皆"天地位"、"万物育"注脚也。

又曰：

　　引"鱼鸢"之诗，亦一例语义。鸢鱼物也，以其飞跃之上下察，而言道，……此老、庄之以气化为道也。告子"生之谓性"，其于犬牛无别，鸢鱼即犬牛类也，飞跃即生之谓也。……唐时僧问法真禅师曰："学人向恁处驻足？"师曰："海阔从鱼跃，天空任鸟飞。"（朱仲晦跋其后曰："大丈夫不可无此气象。"）德章禅师对宋仁宗曰："空中求鸟迹，水内觅鱼踪。"觉通禅师曰："破一微尘出大经，鸢飞鱼跃更分明。"雪峰问克勤禅师，"前三三后三三"意旨何如？师曰："水中鱼，天上鸟。"净慈寺门联云："鱼跃鸢飞皆妙道。"殷迈侍郎作佛偈曰："窗外鸢鱼活泼。"陈白沙、王阳明，禅学也。陈诗曰：

"君若问鸢鱼，鸢鱼体本虚。我拈言外意，六籍也无书。"王诗曰："悟到鸢飞鱼跃处，工夫原不在陈编。"凡此之类，可为明证。（朱仲晦曰："此即禅家云'青青绿竹莫匪真如，粲粲黄花无非般若'之语。"）

又曰：

《中庸》一书，自宋以来，尊信之尤者，非朱仲晦乎？而世所共尊信者，非因朱仲晦之尊信而尊信之乎？乃阅其《文集·与蔡季通》曰："'费隐'之说，今日终日安排，终不能定。盖察乎天地，终是说做'隐'字不得。（百种计校，再说不来。）且是所说'不知'、'不能'、'有憾'等句，虚无恍惚，如捕风系影，圣人平日之言，恐无是也。（与'木之或知'、'不可能也'不同。）"嗟乎！予阅此书，因叹人有是心，无不皆同，第一时惑溺于师承瞽说，先入其中，又无明识以照之，遂至牢不可破，乃忽于昏沉睡梦之中，微觉醒悟，时露一星两星，如石火电光，旋复旋息，可畏哉！渠盖不知"伪中庸"之文，直是乱道。依"费隐"字解，末节"造端夫妇"是隐，"察天地"是费，如此却是隐而费了。即或谓"造端夫妇"是费，然"察天地"仍是费，如此又是费而费了。前后文理乖违不通如此。渠欲顺文理解书，则思以"造端夫妇"属费，"察天地"属隐，所以云"百种计校再说不来"，于是不得已模糊了事，以三字注之，曰"结上文"。吁！其平居所私疑如此，乃作为《章句》之书，不露所疑之意，阳为尊信以示天下，岂非所谓失其本心哉?

又曰:

　　"能尽人之性。"此句先未允。夫尧、舜之世而有四凶,尧、舜之家而子皆不肖,岂能尽人之性耶? 孔子于博施济众,于修己以安百姓,皆曰"尧、舜犹病",此足证矣。"能尽物之性。"此句尤舛。……夫于民且犹病,况物耶? ……又检《论语》无一"物"字,记者但曰"钓"、曰"弋",于厩焚曰"不问马",则其于物固已不惜戕杀之而膜外视之矣。《孟子》书始有"物"字,其曰:"君子之于物也,爱之而弗仁。"于物曰爱,乃为仁民亲亲陪说,非重物也。……帝王之治天下也,唯以人为本,势不能兼全乎物。故舜使益掌火,益烈山泽而焚之,驱蛇龙鸟兽之害,然后民可以居,可以食;而其物之不为民害者,则又任人制射猎网罟之属以取资焉。于是取禽兽以为饮食,取蚕丝以为衣服,取材木以为宫室。人之不能无饮食、衣服、宫室也,则自不能全物之命也。夫物之"命"且不能全,而况曰物之"性"乎? ……夫物之性且不有,而况曰"尽"之乎? ……故此义唯同佛氏之说。《涅槃经》曰:"一切众生皆有佛性。"《金刚经》曰:"我应灭度一切众生。"又曰:"所有一切众生之类,若卵生,若胎生,若湿生,若化生,若无有,若有想,若无想,若非有想、非无想,我皆令入无余涅槃而灭度之。"……凡此皆足以证。虽然,佛氏之说,犹未尝言"尽物性"也。"尽物性"一语,不独其义乖舛,且实有不通处。吾儒二氏皆不可用。何也？据尽物性者，使之顺适其性，同归于道之谓也。然则豺狼虎豹之属，其性噬人，人亦将顺适之以同归于道乎？

又曰：

或曲解"尽物性"为处之各得其当，如仲冬斩阳木，仲夏斩阴木，獭祭鱼然后渔人入泽梁，豺祭兽然后田猎。夫既已斩之，入而取以烹之，猎而取以戮之，胡云尽其性乎？且如期斩木取禽兽，是顺天明以裁物，非尽物性之谓也。是王者食时用礼之政，非至诚学问心性之功也。义隔天渊。

又曰：

"赞化育，参天地。"同为一种大话，圣贤从无此语。

又曰：

程正叔曰："释氏之说，才见得些，便惊天动地。只为乍见，不似圣人见惯。如《中庸》言道，只消道'无声无臭'四字，总括了多少？释氏言'非黄非白，非盐非苦'，费多少言语？"按程乃首尊《中庸》之人，今将来与释氏并说为一理，岂非真实供状乎？

凡姚氏之辨《中庸》,其要点略具是。故曰:

> 大抵佛之与老,其形迹似同而指归实别。"伪中庸"之言,旁趋于老氏,预启夫佛氏。其言有类老者,有类佛者。有一言而以为老可者,以为佛可者,则从其形迹而论也。

又曰:

> 《中庸》子思之言曰:"君子之道,辟如行远,必自迩;辟如登高,必自卑。"今"伪中庸"所言,无非高远之事,何曾有一毫卑迩来?与子思之言,不啻若冰炭。

又曰:

> 圣人教人,举而近之;"伪中庸"教人,推而远之。举而近之者,只在日用应事接物上,如孝弟忠信,以及视听言动之类是也。推而远之者,只在幽独自处,静观参悟上,如以"不睹不闻"起,以"无声无臭"终是也。

又曰:

> 学者依孔、孟所教,则学圣人甚易,人人乐趋喜赴,而皆可为圣人。依"伪中庸"所教,则学圣人千难万难,茫无畔岸,人人畏惧退缩而不敢前。自宋以后,《中庸》之书日盛,

而《语》、《孟》日微,宜乎伪道学日益多,而真圣贤之徒日益少也。此古今世道升降一大关键,惜乎人在世中,绝不觉之,可为浩叹!

又曰:

> "伪中庸"一味装大冒头,说大话。《孟子》曰:"言近而指远者,善言也。"此则言远指近,恰与相反。《语》、《孟》之言极平常,而意味深长,一字一句,体验之可以终身行之而无尽。"伪中庸"之言,弥六合,遍宇宙,细按之,则枵然无有也。非言远指近而何?(以上所引,分见卷八十六至卷八十九《中庸篇》。)

昔宋儒盛推《中庸》,而欧阳修首辨之,立方曰:"予书成后六年,阅其《文集》始见之,既喜予说之不孤,而又愧予之寡学,得见之迟也。"清儒疑《中庸》出《孟子》后,非子思作者,有崔述,尚在立方后。然欧、崔之为辨,皆不如立方之竣激。夫《大学》、《中庸》,本出于秦皇、汉武之间,不知谁何人之手。而《中庸》论性,泯人、物而齐之,以气化为大道,其为儒、道两家思想混合之迹,皎著无疑,且毋宁谓其道家之气息尤浓。宋、明儒好言《中庸》,故往往陷于道、释两家之囿而不自知。今姚氏剖析《语》《孟》、《学》《庸》而二之,实足为先秦儒学划一较谨严之界线,而凡宋、明儒之所以不尽同于孔、孟者,亦可自此而显也。

姚氏辨《学》、《庸》外,又辨《乐记》,《乐记》亦宋儒所重也。

姚氏之言曰：

> 《乐记》一篇，乃汉武帝时河间献王与诸生取《文子》、《荀子》、《吕览》诸书凑集而成，其言多驳杂不纯。大概扬之过高，反失其实；求之过远，反昧其用。……圣贤之言礼乐，无非从生民日用伦常上见，所以皆切实可行。秦、汉诸儒，……言礼乐，皆非礼乐之义，与圣人之言恰相反。礼乐固皆由中而出，然自有先后本末重轻之分。如"礼云乐云"、"如礼何如乐何"之类，此先后也。如"立于礼成于乐"之类，此本末也。如言治道"为国以礼"、"道之以礼"，言学问"约之以礼"、"过庭问礼"之类，而皆不及乐，此重轻也。自夫诸子繁兴，异端并起，老子毁礼，丧乎礼者也。墨子非乐，丧乎乐者也。……此篇之言，如"知乐则几"、"乐中出而礼外作"、"乐合情而礼饰貌"、"乐应天而礼配地"、"乐率神而礼居鬼"、"乐动内而礼动外"等语，皆是先乐后礼，本乐末礼，重乐轻礼，故曰"与圣人之言恰相反"也。其意欲抬高乐，却抑下礼。祖老子之毁礼，既大失礼之义；辟墨子之非乐，并不得乐之实。礼乐交丧，罪浮老、墨，何《乐记》之足云哉？

又曰：

> "人生而静"四句，此《文子》引《老子》语也。（说详《古文尚书》之《大禹谟》、《仲虺之诰》。）此节之说，其误者有四。一言性也，

一言知也,一言好恶也,一言天人理欲也。"人生而静"四句,此言性之误也。谓静是天性,动是人欲,岂可截然如此区分?人生才堕地便是动,便是感,宁遂失却天性,而徒有性欲乎?(宋儒因此有"才说是性便不是性"之谬说。)……如其说,必将常不动,常寂无感,然后可。此老氏之"致虚守静",释氏之"面壁九年"也。一也。"物至知知,知诱于外。"此言知之误也。孔子言生知、学知,孟子言良知,知岂是攘物而恶之乎?此即庄子"以有涯随无涯殆已,已而为知者殆而已矣"、列子"无知是谓真知"之说也。……二也。"然后好恶形焉",至"人化物也",此言好恶之误也。……孔子曰:"惟仁者能好人,能恶人。"孟子言平旦之气,以好恶为相近。今遗却本来好善恶恶之真好恶不言,而但言后起偏私之好恶,正与性欲之说同符,其势必将至于无好无恶而后已。此即庄子"不以好恶内伤其身"之说,及释氏绝去爱、憎二境之意也。又谓"物之感人无穷",此语固是。然须先示以如孟子所谓"先立乎大者"之义,令学者本原之地预有主宰,临时自不为所动摇。今不及此义,但以"人化物"为言,然则欲不化物,必将逃于空虚无人物之境而后可乎?三也。"人化物也者"二句,此言天人理欲之误也。天是理,人是欲,则是天人不同矣。此陆象山之论,独为有识。自余宋儒讹谬相承,动以天理人欲为言,呜呼!其于圣贤之学,何其悖也!四也。大抵圣贤之学,皆从最初者而言。二氏之学,皆从后起者而言。从最初者以教人,自使人欢忻鼓舞而不自知其进于善。从后起者以教人,则不惟忌人,势且疑己。头头险地,步步畏机。是故以人心为危，以人性为欲，不得不重难以制乎己，而任权挟诈以御乎人。所以道德之意，一变为刑名法术，若再变为虚空寂灭，而人道绝矣。斯其理势首尾一贯，夫复奚疑？尝谓天人之旨，心性之理，一乱于伪《尚书》袭《道经》"人心道心"之语，再乱于《乐记》引《老子》"静性动欲"之语。加以宋儒外假儒术，而内实根柢于二氏，故于此二书之语，深信笃好，阐发详明，以彰著于天下，而天下后世咸信之。致使异学渐渍吾儒，如油入面，永无出理。由是天人之旨，心性之理，晦昧无余，而犹谓之道学之传，何哉？（卷六十八《乐记篇》）

姚氏又辨《表记》虞、夏、殷、周文质之说曰：

孔子曰："周监于二代，郁郁乎文哉！吾从周。"又畏于匡，有"文不在兹"之叹，而卜"天之将丧"、"未丧斯文"以自解。圣人尊周若此，重文若此，初未尝有咎其时文胜之说也。自老子尚一切元妙清虚，恶周之文，思古之质，欲以无为变之，于是以圣智、仁义、巧利三者谓之文，而绝弃之，欲一归于素朴。（老子曰："绝圣弃智，绝仁弃义，绝巧弃利，三者以为文不足，故令有所属，见素抱朴。"）……其恶文之深也，并谓殷为文之至而尊夏。其思质之深也，并谓夏为厚其子而尊虞。皆异端之说也。……夏、殷之礼，孔子尚叹无征，彼何人斯，乃能历历言其所尊、所敝、所尚诸端，如此之详且悉耶？……夫文者，君臣、父子、夫妇、朋友之各安其伦，万物之各得其理，而圣智、仁义、礼乐之所由著也。天地自黄、农而后，固有日开其文之势，而帝王之治天下，不可一日无文。孔子言唐尧之"焕乎文章"，……非唐、虞之文乎？孔子于三代独美周文之郁郁者，诚以文至周而尤盛，非谓周有文，二代无文也。况曰"监于二代"，正监其文耳。……盖质者，文之质也。文者，质之文也。二者不可相离。……自古帝王，未有不兼乎文质而为治者。孔子所谓"文质彬彬然后君子"是也。使虞、夏而徒有其质，不将不得为君子乎？兹语流传失实，以至纬书诸说，分三代为忠、敬、文，或忠、质、文，皆不经之言也。其谓周之质不胜其文，其道不胜敝，后儒因此有周末文胜之弊之说，尤大谬不然。斯文为人安其伦，物得其理，圣智、仁义、礼乐之所由著，虽历千古而无弊。周法之弊，在于诸侯强，王室微，非文胜也。……孔子序《书》述《诗》，作《春秋》，传《论语》，皆在定、哀之世。《孟子》七篇，阐明圣道，出于战国。凡此者，其文之为功于天下万世者何如？……而谓之文胜之弊乎？……老、庄恶文思质（庄子曰："文灭质然后民始惑乱。"），游虚蹈无，弃绝圣智、仁义、礼乐而文始亡。……故谓周之文胜而敝者，是即老、庄之徒厌恶其时之孔、孟而为是言也。然则奈何以吾儒之书而存是言也乎？（卷九十《表记篇》）

其他如论《礼运》，则曰"乃道家的脉"；论《礼器》，则曰"乃当时之儒而杂老氏之教者"。他不备举。要之姚氏所论，近之浙人如陈乾初、潘用微、毛西河，远之湘西如王船山，河北如颜习斋、李恕谷，一时议论意气，率多近似。此亦学术风会之变，虽豪杰之士有不能自外者。惟姚氏抉出《小戴记》文字出于秦、汉，非先秦儒家之真，则陈、潘两家言之未尽，而毛、王、颜、李有所不知。其言或有过当处，要之《戴记》文字最早亦当出荀卿后。六家之论，余《学术史》已有叙列，故复约记姚说，资并览焉。

此稿刊载于一九三七年六月北京大学
《国学季刊》六卷二期

续记姚立方《诗经通论》

立方又有《诗经通论》，其《自序》有曰：

> 《诗》之为教独大，《易》、《诗》、《书》皆夫子前所有。闲尝窃窥之，《易》与《书》之外，不复有《易》与《书》。即夫子《春秋》之外，亦不复有《春秋》。后世之史，固与《书》异体。扬雄《太玄》、王通《元经》，直妄作耳。是彼三经者，一传不再。惟《诗》也，旁流而为骚、为赋。直接之者，汉、魏、六朝为四言、五言、七言，唐为律。以致复旁流为幺麼之词曲。虽同支异派，无非本诸大海。其中于人心，流为风俗，与天地而无穷，未有若斯之甚者也。

六经之教，惟《诗》为大，斯惟立方独发之。然观清代，学不逮古亦莫如诗。不仅逊于汉、唐、宋、明，即元亦不如。盖诗者，性灵之教。满族统治强于蒙古。故中国人之性灵窒塞，亦惟清为甚。诗人杰出，两百四十年，寥寥可数，厥以此也。

立方又云：

释《诗》独难。自东汉卫宏始为《诗序》，首惟一语，本诸师传。虽不无一二宛合，而固滞胶结、宽泛填凑，诸弊丛集。其下宏所自撰，尤极踌驳。宋晁说之、程泰之、郑渔仲，皆起而排之，而朱仲晦亦承焉。自为《集传》，武断自用，尤足惑世。因叹前之遵《序》者，《集传》出而尽及之。后之驳《集传》者，又尽反之而仍遵《序》。更端相循，靡有止极。予以为《传》、《笺》可略。毛《传》古矣，惟事训诂，与《尔雅》略同，无关经旨。郑《笺》卤莽灭裂，世多不从。惟《序》则昧者尊之，《集传》则今世宗之。予谓汉人之失在于固，宋人之失在于妄。《集传》纰缪不少，其大者尤在误读夫子"郑声淫"一语。妄以郑诗为淫，且及于卫，及于他国。其流之弊，必将并《诗》而废之。王柏之言曰："今世三百五篇，岂尽定于夫子之手？"明程敏政、王守仁、茅坤从而和之。季札观乐，与今《诗》次序同。《左传》列国大夫所赋诗，多《集传》目为"淫奔"者。乃以为失次，及汉挽入，同于目不识丁。他何言哉？

窃谓清儒自负在释经，然皆腐心故纸堆中，与性灵无涉，故于《诗》尤为逊。仅务反宋，一意尊汉，毛《传》、郑《笺》之外，又旁及齐、鲁、韩三家。师法即门户，训诂即大义。文学性灵，渺不相涉。

立方之《诗经论旨》又曰：

人谓郑康成长于《礼》,《诗》非其所长,多以三《礼》释《诗》,故不得《诗》之意。予谓康成《诗》固非长,《礼》亦何长之有? 苟使真长于《礼》,必不以《礼》释《诗》矣。

立方此书,成于康熙四十四年。清廷之盛尊朱子,乃在雍正朝。儒生怵于朝廷之文字狱,不敢反功令,乃尊汉抑宋,尊郑抑朱,其风煽于后。立方亦诸生,然年五十乃曰:"向平婚嫁毕而游五岳,余婚嫁毕而注九经。"遂屏绝人事,以十四年之力而成《九经通论》。又著《庸言录》,杂论经、史、理学诸子。是立方虽非遗民,要亦不务仕进。其为学,乃平视汉、宋,自出心眼。惜其书无刻本,不传于世。乾、嘉学者风气不同,遂少称述。若非毛西河言之阎百诗,并世殆将不知其人;若非张穆为《潜邱年谱》,后世亦将不能言其梗概矣。是诚大可惋惜之事也。

立方《诗经论旨》又曰:

诗何以必加圈评,得无类月峰、竟陵之见乎? 曰:非也。予以明诗旨也。知其辞之妙而其义可知,知其义之妙而其旨亦可知。诗之为用,与天地而无穷,《三百篇》固始祖也。苟能别出心眼,无妨标举,忍使千古佳文遂尔埋没乎? 爰是叹赏感激,不能自已,加以圈评,抑亦好学深思之一助尔。

乾、嘉以下,皆以经学视《诗》。及同治朝滇南有方玉润,作为《诗经原始》。因其人僻在边裔,未染苏、皖经学家习气,乃亦能继立方之后,以文学视《诗》。清代两百四十年,则亦仅此两人而已。然朱子《诗集传》，亦正为能以文学视《诗》，故使立方、玉润，同走此路，而有同异。自民初以来，提倡白话诗，则如立方所云由其辞以赏其义旨者，诗辞既所厌恶，义旨亦无可赏。而近人言文学，又特赏男女恋爱，又必尊民间草野。故既鄙斥宋儒，而又必循晦翁《集传》而更进一层，一若凡《诗》均能说成是民间之自由恋爱而后快。立方所谓"诗之为用，与天地而无穷"者，不三百年，而其用固已穷矣。盖今人之尊洋抑己，更甚于乾、嘉之尊汉抑宋，此皆内心郁结，激发而为门户，而皆失其性灵之真。余读清初诸儒书，如亭林、船山诸家，窃谓赏其性灵，当尤更重于求其旨义。旨义有辨，而性灵则同。如立方盖亦性灵中人也。较之潜邱，远为胜之。潜邱可谓之读"书"人，然不能为读"诗"人。乾、嘉以下，殆皆为读"经"人，非读诗人。今以后人，殆亦将不能读诗，故余读立方之《诗经通论》而不禁有深慨也。

　　本篇《礼记》部分，成于一九三七年三月，刊载于是年六月《国学季刊》六卷二期。《诗经》部分，增补于七七年之九月，前后相距，亦四十年矣。

王白田学述

朱子学之流衍,大要可分三方面言之:一曰性理修养之学,一曰经史考据之学,一曰章句注释之学。陆、王心学,仅就第一方面与朱树异,其第二、第三方面,皆致轻蔑不重视。迄于晚明,王学为害,士不读书,理学已成弩末。亭林、梨洲为学重点,显然自性理转入经史,重启读书一路。船山僻在湖湘,亦同此倾向。梓亭最守理学旧矩矱,然经史学成分亦重,并亦旁涉诗文集部。吕晚村生于明庄烈帝崇祯二年,陆稼书生于崇祯三年,于诸遗老中为晚辈,可谓乃遗民,非遗老。惟晚村获交于黄梨洲、张杨园,得闻理学家绪言,其学则一本朱子四书,不免为章句注释之学。稼书追随晚村,然晚村立志为遗民,稼书则进身清廷为循吏。晚村弃诸生之年,即稼书举乡试之年。此两人治学途径相似,而立身志节不同。自此以下,理学益衰。而有毕生专治朱子学,可为宋、明六百年理学作殿军者,则为白田王懋竑予中。白田生于清康熙七年戊申,满族入主已逮二十四年,其心情意气,自不能与明遗民相提并论。其时学风,正是经史考据学渐盛,性理修养学日退，而清廷方提倡朱学，一承元、明，奉为科举功令之准绳。白田于康熙五十七年成进士，已五十一岁矣。其前六年，康熙五十一年，清廷特升朱子配享孔庙，续修《朱子全书》。前一年，康熙五十六年，《御纂性理精义》成。后五年，雍正元年，白田奉特旨进见，以教授改官翰林，入上书房行走。翌年，雍正二年，陆稼书从祀两庑。雍正七年，曾静案发，吕晚村戮尸。白田之卒，在乾隆之六年。故白田乃以经史考据之业治朱子，而亦不脱章句注释之圈套，此其大较也。

白田治朱学之最大成绩，在其《朱子年谱》一书。最先为《朱子年谱》者，乃朱子门人李果斋方子。魏了翁为之序，与黄勉斋所为《行状》并传。然其后《年谱》浸有增改。明正德丙寅，婺源戴铣更为《实纪》。及嘉靖壬子，李古冲默仍更名《年谱》。逮清康熙庚辰，洪璟重刻其兄去芜所为《朱子年谱》而序之曰：

> 朱子门人李果斋氏，尝叙次朱子言行。明世宗时，李古冲从而修之，以旧谱为多出洪、宣、景间诸人所改窜。是岂果斋之谱不复见于世欤？古冲在嘉靖之朝，姚江之学方盛，其以果斋之谱为多所改窜非旧本者，不过如序中所称果斋尝辨朱、陆异同，从而疑其书之未能尽善。而不知果斋亲见朱子辨正象山，岂尝有晚年定论之说？其亦据实而直书之，不可谓著书立说者之不当出于此也。然古冲所修，亦有出于果斋之所未逮。如大修荒政，条奏诸州利病诸书，与陈龙川来往，及毁秦桧祠事，皆绝有关系，不可以略者。家兄去芜，尝辑两家之谱，而参以朱子从学延平，及与张敬夫中和

三变之书，合为一编。其书旧刻于金陵，因序述而传之。题曰重刻，仍其旧也。

康熙庚辰三十九年，白田年已逾三十，其为《朱子年谱》，当受洪氏影响。白田门人乔汲，为其师《朱子年谱·后序》曰：

> 异学争鸣，往往取其早年论议与己稍合者，著为《晚年定论》，又为《道一编》。《年谱》不可不作。向有李氏、洪氏两本，皆讹舛渗漏，淄渑莫辨，先生忧之。遂据李、洪二本，缺者增之，误者刊之，并择朱子晚岁论学切要语以附于后。比之《闲辟录》《学蔀通辨》，意则同，而纂订加详。未第时，即编是书。厥后成进士，入馆阁，汲于都门侍侧，每退食之暇，必手朱子书而绅绎之。迨归田里，《年谱》屡易其稿，直至易箦前数日，厘正乃成。盖数十年精力，皆积于此矣。

乔序在乾隆二十四年己卯，尚有王安国序在乾隆十七年壬申。其文曰：

> 自洙泗徂而群言乱，有宋朱子集濂、洛之大成，以上溯孔、孟，于是道之晦者复明，如日再中。明中叶以降，异论复起，或踵宋僧宗杲故智，取朱子门人所记早岁未定之言，与己意近似者，易置先后，以愚诳后人。晚近学者，深造之力既百不逮古人，又急人知，喜其说之便于放言高论，明知其疵而嗜之，以致真伪之辨，垂五百余年未定。甚有平日服习

于朱子之道者，激于草庐吴氏调停之说，乃亦截取《语录》所述早岁未定之言，附会于离问学而尊德性者，汲汲辩言，谓"吾朱子何尝不足于是"，以为庶几可以竞胜于非朱子之徒，而不知适为惑世诬民者助之薪而张其焰。白田先生读朱子书数十年，其所得之精微，见于《文集》中与友人辨论诸书。又以明李默古冲所定《朱子年谱》，多删改原编，与《晚年定论》、《道一编》暗合。阳为表章，而阴移其宗旨。乃取朱子《文集》、《语类》，条析而精研之，更博求所述诸儒之绪论，师友之渊源，与夫同志诸子争鸣各家之撰著，曲畅旁通，折衷于勉斋黄氏所作《朱子行状》，以正年月之后先，旨归之同异，订为《年谱》四卷。其间辨论之迹，考据所由，别为《考异》四卷。又以朱子自序《中和旧说》，谓读程子书，涣然冰释，自乾道己丑之春。复取己丑以后论学切要之语，分年编次，为附录二卷。然后朱子生平，其为学诲人，本末次第，了如指掌。其有裨于圣道，良非浅鲜，岂特于朱子有功已哉？先生殁后十年，子箴传出以授梓，而属为之序。先生学朱子之学，自处闺门里巷，一言一行，以至平生出处大节，举无愧于典型。其成是书，求《年谱》原本不可得，不得已，笔削伪本以反其朔，而穷年考订，殁而后出，其斤斤致慎又如此。

白田为此书，不及自为序，故备引王、乔两序如上。方是时，清廷一意提倡朱学，而在野学术界则有厌薄功令、主张复古之风。《白田草堂存稿》卷十九《新修宝应学记》有曰：

论者以为今之学与古大异，即自宋以来，且有不尽合者。以故学仅同于官署，而于古者所云皆废不复讲。余综其实，则固不然。国家取士，悬五经、四子以为准式，而一本于程、朱子之训注。士子之所讲习，无不自于此。而经义之文，固不离于章句诵说之习。然其所称道者，则尧、舜、禹、汤、文、武、周公、孔子以及曾子、子思子、孟子之格言大训，而周、张以后，演绎敷畅微言奥义，亦具载于其中。苟能推而明之，验之于心，体之于身，以达于天下国家之大，则与古之学者无以或异。而今特以为口耳之资，哗世取宠之具。至其行事，往往谬戾而不合，且畔越焉。则非所以教者不至，而士之学者，循乎其名，而忘乎其实也。

知其时，在野学者固已于朝廷功令一意尊朱有不满。乾、嘉以下汉、宋门户分张，实即是此种意气激荡之成果，而白田则无宁是站在政府一边。雍正即位，白田以一府学教授奉特旨召见，授翰林编修，在三阿哥书房行走，亦以讲正学而获在朝显贵之举荐，见清廷之宏扬朱学，而终亦无以平息在野之反对。《白田草堂存稿》卷八有《偶读私记》一篇，谓：

详策问之意，虽并举程、朱之说，而有大不满于朱子者。凡今之讲学家类如此。

此策问之内容，今已无考。惟白田既举策问之说而详加阐辨，又为之直抉其心意，可以想见当时反朱学之风气，不仅已潜滋暗涨,亦复随地吐露;惟与争朱、王门户者用意又别,此则论学术思想,所以必参会之于时代现实,乃可深晓于其消长起伏之所由也。

又《存稿》卷二十四有《和星渚日昃之离》诗前后共二十四首,其中一首云:

> 黄氏节钞文集语,平湖随笔遍丹黄。儒门规矩依稀在,
> 同是流传一瓣香。

平湖指陆稼书,白田认其与黄东发依稀同是儒门规矩,瓣香流传,则白田之同情稼书可见。至于当时一般学术风气,亦可于本题其他各诗之感慨中见之。乃余考白田奉特旨召见改官翰林之年,即戴震东原之生年。越后乾隆二十一年,东原馆于王春圃安国家教其子石臞念孙。春圃自其父祖奕世相传讲理学,观其为白田《朱子年谱》序,其尊朱子甚至。而东原屡不得志于科场,屡次参加会试不第,卒以赐进士出身入四库馆,而以经学考据名掩一代。激而曰:“使戴某在,终不许朱子再吃孔庙冷猪头肉。”语见同时章实斋引述。其为《孟子字义疏证》,乃谓宋儒言理,不啻“以意见杀人”,复使人不能置辨。清末章太炎谓其激于曾静之狱《大义觉迷录》一书之颁布而然。而在春圃邀馆其家时,尚在东原始草《绪言》前十三年,距《孟子字义疏证》成书尚二十年。倘春圃早知东原往后议论,决不延其教子。而石臞与其子伯申引之,父子两世治字义训诂,绝不涉及汉、宋门户与夫经学、理学之是非得失,亦因家教、师教,乃有绝不相通者,故宁默置不

谈。今为抉而出之,亦可见当时学术思想界之激荡流变,其事不可逆料。而学者之内心,与夫风气之时尚,又当分别而观。所以知人之必贵于论世也。

白田治朱子学,所信重固在义理,而其探讨之方法与途径,则一如当时之学风,主要在考据与注释之两者。《存稿》卷十一《答朱湘淘书》有曰:

> 弟少小时,亦尝读洛、闽之书,略有志于学,而无严师友教督之。重以世故汩没,奔走不暇,其于涵养省察、克己穷理,未尝有一日之功。迨今老病昏忘,凡所记忆,都已废弃。胸中昏昧杂扰,无凝定收敛之力,少深潜纯一之味。应事接物,混混然与庸俗人无异。顾以数年来翻阅朱子《文集》、《语类》,以考之《大学中庸章句》、《或问》、《论语孟子集注》,略有窥于立教之指,似与长兄所论有不尽合者。

又曰:

> 弟生平惟以考订异同解释为事,于此略有所窥,不敢自隐。

又卷二十《颁朱子书谢恩呈看详》有曰:

> 惟我文公之出,论其道,实孔子以后一人。比其功,亦生民以来未有。乃删修纂辑之作具有成书,而文章议论之

垂未曾裁定。《全集》、《别集》、《续集》之不无烦杂，池录、饶录、建录之或有混淆。诠次者博采广搜而未考其前后，编次者件分条系而未辨其异同。间入他文，且增赘语。勉斋、果斋之承学，谁能不负其传？西山、鹤山之勃兴，亦只无失其旧。因循既久，散轶莫厘。至于四书之训说最多，尤生平精力所寄，而诸家之抄撰不一，乃后世学术所关。《集编》止于《学》、《庸》，略而未备；《纂疏》及于陈、蔡，择焉不详。云峰之《通》，颇为纷舛；道川之《释》，未极删除。彼何、王、金、许之云，尚疑醇醨之异味；况胡、杨、萧、陈之辈，何止黑白之殊观？制虽重于胶庠，说或同于燕郢。致使外伺者得窥闲隙，并令墨守者转见瑕疵。横肆牴排，公行删削。讥摸索之影响，诮辨析以支离。考亭之书，几为厉禁；尼山之旨，别入旁门。

此一节备述朱子《文集》、《语类》之内部本身涵有不少问题，而元、明以来悬朱子四书为功令，如《四书大全》之类，其中所涵问题更多。前一项重在考订异同，后一项重在文义解释，实则此两项工夫，归根只是一项。非仔细解释文义，即亦无以辨别其异同也。

《存稿》卷十三《与朱宗洛书》有曰：

> 病中阅《语类·论学》数卷，多有可疑。即叶味道录，以朱子语格之，亦闲有不然。程子《遗书》，朱子已谓其"传诵道说，玉石不分"。况朱子《语类》十倍于程子，又不经门

人高弟子手。勉斋于池录金去伪，犹多拟议。后来者但以增多为美，而不复问其何人，安可尽信耶？窃谓学朱子之学者，宜详加区别。即未必尽当，亦可以俟后人之订正。欧阳公云："六经非一世之书，固与天地无终极而存。"朱子之书，殆与六经同。则疏通证明，岂无望于后起之贤乎？薛文清公尝引其端而未竟其旨，今其书尚略可考，其必有申明之者也。

白田之意，于《语类》，尤当下考订疑辨之功。惟其尊朱之甚，故欲于朱子之一言一语、一字一句，莫不深细考订，详审解释。而于此深细考订、详审解释中，自不免有所疑、有所辨。薛敬轩最号于朱子能墨守笃信，已有此意。白田既笃信朱子，其于朱子书，尤如《文集》、《语类》，所下考订解释工夫，则固远超敬轩之上。亦值其时经学考据之风已炽，白田以时人之治经学者治理学，乃得此成绩，而惜乎其亦无继起。其实朱子书中所值考订疑辨者尚多，而白田终为能以考据治朱学之唯一人物，此亦一可憾事也。

《存稿》卷十《与方灵皋书》有曰：

> 弟近年来，于朱子《文集》、《语类》皆尝考订，而《年谱》较正为多。

其实此两事亦即一事。欲于《年谱》有较正，则必于《文集》、《语类》有考订。姑举数例言之。《存稿》卷七有《朱子答江元适书薛士龙书考》一篇。朱子《答江书》有曰："出入于老、释者十余年，近岁以来，获亲有道，始知所向之大方。"白田考定此书在甲申，"获亲有道"，指李延平。而陈清澜《学蔀通辨》谓朱子"四十前皆出入释、老之学"，乃不载《江书》，可知其误。《正学考》既觉其误，而仍不载《江书》，则亦无据。其《答薛士龙书》，白田考定在壬辰，书中有云："驰心空妙之域者二十余年。"壬辰朱子年四十三，陈清澜据以为朱子四十后始悟老、释之非，白田据《答江元适书》驳之，又谓《答薛书》"二十余年""二"字为衍文。嗣又谓以癸酉见延平，至壬辰适二十年，概言之故曰"二十余年"，"二"字非衍文。谓兼指佛学亦未然。今按：《答薛书》云："熹自少愚钝，事事不能及人。顾尝侧闻先生君子之余教，粗知有志于学，而求之不得其术。盖舍近求远，处下窥高，驰心空妙之域者二十余年，比乃困而自悔，始复退而求之于句读文义之间，谨之于视听言动之际，而亦未有闻也。"据书中"比乃"之语，自当下数至壬辰，不得谓"二十余年"之"二"字乃衍文。所谓"驰心空妙之域"者，乃承"舍近求远，处下窥高"言，故曰"求之不得其术"，亦不指老、释。白田又曰：

> 朱子悟老、释之非在再见延平后，与汪尚书、许顺之、李伯谏书确然可考。《通辨》不载《江书》，而仅以"驰心空妙"一语断之为四十以前出入老、释，误之甚矣。辨之自《正学考》始，余因而申之，然皆不免小误。信乎古书之不易考，而立说之未可以轻也。

于是白田又旁考答陈正己、何叔京、汪尚书、李伯谏、许顺之各书,以及《语类》郑可学、辅广录各条,以证《答江书》之所云。又旁考答程钦国、许顺之、何叔京、张敬夫、罗参议、石子重、程允夫、曾裘父、林择之、刘子澄、陈师德各书,以及《观列子偶书》诸篇,以证《答薛书》之所云。又附《与吕士瞻书》,《与方宾王书》一篇,并及《语类》杨道夫、叶贺孙、陈淳、沈倜、廖德明录各条,说明朱子对延平教人"于静中体认大本未发时气象"一语之意见。关于此一问题,白田颇赞陈清澜之《通辨》。自阳明作为《朱子晚年定论》,同时罗整庵虽持异议,却未深入详作探讨。直至陈氏《通辨》始为翻案,极得晚明学术界重视。白田为驳正《通辨》"朱子四十以前皆出入释、老之学"一语,繁称博证,牵连会通,一篇文字至于盈卷,此为向来理学家集中所少见。一般理学家运思构想,皆为义理探索,极少能如白田,一似考订经史,实事求是,遥同于后起乾、嘉汉学家所谓"朴学"之轨辙。惟白田此篇所论,亦不全是。如辨《中和旧说》之年岁问题,即大堪商榷。而白田以后,乏人继起,理学中此一门径,终于阒寂,此则大可惜也。

又《存稿》卷六《玉山讲义考》,专为辨正李果斋所云"晚年始指示本体令人深思而自得之"一语。又因《玉山讲义》兼及答陈器之、林德久两书,又牵及《答方宾王》、《答或人》两书,又及《语类》吕焘录余国秀问一条,认为此条所录断断非朱子语。因而疑及《文集·答余国秀书》,乃曰:

> 考《文集》答方宾王、胡季随书,皆门人代答,而朱子为

之刊正者。则他书亦多有之，不必朱子一一亲答也。又有问目甚长，而批示止数语，各付其人，家中未必尽存底本；其后或从各家搜访以来，其中不能必无讹误。如答余国秀语，答问都不相值，其讹误自显。然则《文集》尚有不可尽据者，况《语录》乎？吕焘所录，断不可信。故勉斋先生谓不当以随时应答之语易生平手笔之书，而薛敬轩先生亦屡言当以朱子手笔之书为主，盖以此也。

此处指出《语类》、《文集》多有不可尽据者。而黄勉斋谓当信平生手笔之书，此亦不尽然。有答某书在前，答某语在后，朱子思想见解先后有变，则《语类》所收，其可信价值或有更出《文集》手笔之书之上。此自勉斋至白田所犹未及细论也。白田此篇末又引《语类》沈偗录一条，乃与吕焘录同闻而别出。以沈录与吕录对勘，得失自见，而吕录之不可据亦益明。此则即就《语类》各条而考订其异同也。

《存稿》卷十二《重答朱湘淘书》有曰：

> 《定性说》未详何年，亦是中年之作。《文集·杂著》中如《中庸首章说》、《观过说》、《君子所贵乎道者》三说，皆显与《章句集注》相背，其或未定之论，其或他人之作，皆未可知。《太极说》绝不及太极阴阳五行，并疑题目之误。其编次庞杂，殆不可辨。如浙本以南轩《仁说》为朱子《仁说》，此有《南轩集》可据以正其误。其他无据者，安可以辨乎？《语类》中杨方、包扬两录，昔人已言其多可疑。而其他录，

讹误亦多。即以同闻别出言之,大意略同,而语句全别,可知各记其意,而多非朱子之本语矣。今虽读朱子之书,而于《文集》之庞杂、《语类》之讹误,尚不能以尽辨,而谓能发明朱子尊德性、道问学之全功以显今传后,其自处太高,而自任亦太重矣,不几于僭且妄乎?

白田《朱子年谱》后附《考异》四卷,莫非就《文集》、《语类》,考订异同,阐训文义,以定李、洪两谱之得失。又附《论学切要语》二卷,亦皆就《文集》、《语类》中摘取,而此两卷中亦附"考异"。可见白田对朱子《文集》、《语类》,随处加以考订阐释,以求其会通合一之精神与努力不懈之所至矣。

不仅如此,白田对朱子其他著作,亦同样加以考订阐释工夫,而随处有其发现。《存稿》卷一有《易本义九图论》,认此九图非朱子作。其言曰:

> 朱子于《易》,有《本义》、有《启蒙》,其见于《文集》、《语录》讲论者甚详。而此九图,未尝有一语及之。九图之不合于《本义》、《启蒙》者多矣,门人岂不见此九图,何以绝不致疑?

又曰:

> 尝反覆参考,九图断断非朱子之作,而数百年以来,未有觉其误者。盖自朱子既没,诸儒多以其意改易《本义》,

流传既久，有所纂入，亦不复辨。马端临《文献通考》载陈氏说，《本义》前列九图，后著《揲法》(疑即《筮仪》)，学者遂以九图、揲法为《本义》原本所有。后之言《本义》者，莫不据此，而不知《本义》之未尝有九图、揲法也。

又考《仪礼》与《筮仪》不同，而曰：

> 朱子岂不见《仪礼》者，《筮仪》亦断非朱子之作。后之人以《启蒙》依放为之，又杂以己意，而尽失其本指。

又有《易本义九图论后》，详列《本义》、《启蒙》流传诸本异同，而曰：

> 自理宗宝庆以后，朱子之学大行，诸门人亦为世所尊信。凡其所作，无有拟议之者。流传既久，不复可别。

又曰：

> 朱子复古《周易》，而门人蔡节斋为《训解》，已大变其例。(节斋《训解》今不传，其更改次序，见鄱阳董氏所述。)以《易》为卜筮作，而门人林正卿以为设教。(见勉斋黄氏《答书》中。)盖不待七十子丧，而大义已乖矣。

又曰：

天台、鄱阳本皆列九图、《五赞》、《筮仪》。朱子《与吕子约书》，明云《五赞》附《启蒙》后，《语录》亦云《启蒙·五赞》，则《本义》之《五赞》，为后来所增入，非朱子之旧。

又《存稿》卷十二《书重答湘淘书后》，据《文集》董叔重问，疑叔重所引乃《本义》原本，而今本则后人误改。此皆白田对朱子《易本义》一书所下之考订与疑辨也。

又《存稿》卷二为《家礼考》、《家礼后考》、《家礼考误》三篇，皆辨《家礼》非朱子之书。其言曰：

> 《家礼》载于《行状》，其序载于《文集》，其成书之岁月载于《年谱》，其书亡而复得之由载于《家礼·附录》，自宋以来遵而用之，其为朱子之书几无可疑者。乃今反复考之，而知决非朱子之书也。

又曰：

> 按《文集》、《语录》，皆言《祭说》、《祭仪》成于壬辰以前，而其后亡之。确然可据。若《家礼》则未有一语及之，其为附托无疑。窃怪朱门诸公，何以不一致辨于此？

又曰：

> 《性理大全·家礼注》，廖子晦、陈安卿皆有刊本。《家

礼》决非朱子书，以《文集》、《语录》考之，略无所据。而究
其所从来，则沉沦诡秘，而无确然可据之实，乃朱门诸公绝
不致疑，而相率尊而信之，此所谓不待七十子丧而大义已乖
者，于是尚何论哉？

白田乃一仔细审慎之人，惟此辨则甚大胆。其后夏炘心伯《述
朱质疑》，亦承白田以考据治朱学，而于白田此辨特加纠正，余
已详其说于《朱子新学案》，此不赘。至于今传《家礼》，是否即
是朱子没后所复得为廖、陈所刊行之原本，是否其后续有伪羼及
改动，此则关于版本内容问题，白田未经提及。

　　白田不仅对相传朱子著作如《易本义》前九图及《家礼》等
书尽其考订辨伪之工作，并于朱子语认为有误，亦坦率加以辨
正。《存稿》卷一《尚书杂考》，谓：

　　　　《史记·儒林传》："秦时焚书，伏生壁藏之。"《汉书·
　　儒林传》同。刘歆《移太常书》云："孝文皇帝使晁错受伏
　　生，而故《尚书》初出于屋壁，朽折散绝。"以此参考，则伏生
　　书出于屋壁，断断无疑。孔安国《书大序》云："伏生失其本
　　经，口以传授。"卫宏《定古文尚书序》云："伏生老不能正
　　言，使其女传言教错。"朱子始疑《书序》之伪，而于此偶不
　　致察，故有"暗诵者偏得其所难，而考文者反得其所易"
　　之语。

白田又兼及对于朱门弟子之批评，卷十一《答朱湘淘书》，谓：

《尚书》考订,志之十年,至今未克成编。懒惰成癖,君子所弃。记尝见《黄氏日钞》言蔡《传》最为精密,无复异同。此语未尽然。息斋余氏有《蔡传疑》一书,今未见之,《大全》略有数条耳。一得之愚,间有所及,而未敢轻出。此事大不易,正不知何时得成就其书也。

是白田于蔡《传》与朱子异同,亦必有说,惜今其书不传,未可详稽。

又《存稿》卷十一《与乔星渚、朱宗洛论学问之道》一节谓:

"学问之道无他,求其放心而已矣。"《语录》有两说。铢录,大雅、伯羽、壮祖录同;贺孙录,僴录同。铢录在丙辰以后,贺孙录在辛亥以后,僴录在戊申,大雅戊戌以后,伯羽庚戌。疑当以铢录为定。贺孙录有两条,唯僴录与之合,而贺孙录又有一条,又与铢录合,故知前两条非定论。近来据双峰语,必以贺孙录为定论,是皆惩象山之失,而未深求《孟子》之意、《集注》之旨也。

又曰:

饶氏引勉斋说,世以勉斋为朱子嫡传,竞信其说,于《集注》之旨反有所违戾而不复顾。

此处以《集注》为据,分别《语录》各条之从违。而朱子弟子如黄勉斋、饶双卿诸人语亦得有所折衷。又曰：

> 《或问》"尽心知性事大"，《语类》贺孙录、淳录、砥录，
> 又贺孙录、谟录、道夫录凡六条，反似《集注》为未定之论。
> 读之不能无疑。后读《文集·答朱飞卿书》，乃知《或问》为
> 初说，《语录》为中间所改之说，其后卒定从初说，故《集注》
> 与《或问》同。非《文集》所载明白，无以断斯疑。

此处又以《或问》、《集注》与《语类》各条比较异同，而从《文集》
获得其结论。凡此等所讨论，皆系理学家共同探究之心性问题，
而白田则一本之于文字阐释，并考定其年岁先后，比较异同，而
归于一是。《存稿》卷十三《答朱宗洛书》谓：

> 常欲以《文集》、《语录》，一一考其前后，而极异同之
> 趣。其中可疑者，亦各疏于其下，以待后人之考证。此不过
> 言语文字之间，而于学问源流，实大有关系。今已衰且病，
> 度不足以了此，望足下与星兄，共有以成之。

又曰：

> 阳明《晚年定论》之所以惑世诬民者，在颠倒岁月先
> 后，而诋《四书章句集注》为未成之书。今将力攻其失，而
> 不悟其覆辙，可乎？

此见白田治朱子学之主要用力所在。考据训释,本亦朱子所重视,而清儒分立汉、宋门户,必谓考据为实学,义理为空谈,不知朱子本已绾此二者而一之,惟传其学者各有偏长,固不当专以考据归汉学也。

白田治朱子书,亦旁及于考史。其考史,亦一依朱子书为主。《存稿》卷三《孟子序说考》,谓:

> 朱子《纲目》一依《通鉴》,而《序说》、《集注》则从《史记》。考沈庄仲所录朱子语,以编年当从《通鉴》,伐燕当从《史记》,而齐宣王当为齐湣王,此为晚年定论。《大全》不载其语,诸儒亦无及此者,故据《史记》、《战国策》、《荀卿》及《汲冢纪年》、《古史》一一疏通证明之,俾后之读《孟子》者有考焉。

又曰:

> 新安陈氏谓《孟子》以齐湣王为齐宣王,乃传写之讹,略如《语录》之说,而不引《语录》为证。又谓无所折衷,姑以《纲目》为据。《纲目》朱子初年所修,多出于门人之手,后来欲更定而未及。《序说》则在其后,未可据此以疑《序说》。

又《存稿》卷五《读史漫记》谓:

　　《通鉴》多载《孔丛子》语，朱子《孝经刊误·后跋》尝辨其误，而《纲目》仍《通鉴》之旧，盖未及正。《纲目》成于壬辰，而《刊误》之作在丙午，相距十有四年，故前后所见不同。朱子晚年尝欲更定《纲目》而未及，其载于黄、李二公所述者可考也。

此论梁惠、襄、齐宣、湣年代，以后清儒考辨尚多，至余《先秦诸子系年》，可谓始得定论。欲有意于考古，岂能即依朱子语为断？白田所辨，可谓朱子意如此，非古代史实即如此也。至论《纲目》，白田似未见全谢山《鲒埼亭集》。篇中比论《通鉴》与《纲目》处尚多，兹不备引。

　　又卷三《书楚辞后》谓：

　　　　原之被放，在怀王十六年，洪说或有所考。谏怀王入秦者，据《楚世家》乃昭雎。朱子《辨证》。谓逸合张仪诈怀及诱会武关二事为一，失之不考。又谓洪氏解"施黄棘之枉策"，引襄王为言，与上下文绝不相入，而于《序说》及《哀郢注》仍本之者，盖偶失之。

此则据《史记》疑朱子。惟其释《楚辞》各篇，亦多未惬。

　　又卷四《论陶长沙侃》，谓"余读朱子《乞加封陶威公状》"云云，是亦本朱子而加考辨也。又卷六《记邵氏闻见录语》，亦备引《语类》、《文集》为论。此见白田考史论史，率多从朱子语触发引申，非能从史籍自有超卓潜深之研究，此乃治考据学者一通病。乾、嘉以下清儒治经，自标以为汉儒之经学，然于古经籍大义乃及汉儒通经致用之精神，渺不相涉，既已漫失其纲宗，徒于散末处枝节分别，以考以辨，用力虽勤，而所得实觳。此亦如讲理学者，竞务空言，不尊实学，高心空腹，亦复何补？惟措心于义理之精微，而能弗忘经史之实学。有意于经史之考证，而能会通于义理之大全。内而心性，外而治平，本末兼顾，一以贯之，自宋迄清，惟朱子能达此标准。白田专以考据治朱子，衡其所得，宜自有一限量也。

与白田生同时、同里闬、同为潜心朱子学者，有朱泽沄湘淘。尝言：

> 世之名朱学者，其居敬也，徒矜持于言貌，而所为不睹不闻者离矣。其穷理也，徒泛滥于名物，而所为无方无体者昧矣。于是有舍德性而言问学，以为朱子固如是者。不知从来道问学莫如朱子，尊德性亦莫如朱子。故知居敬、穷理只是一事，穷即穷其所存之心，存即存其所穷之理，非有二也。

湘淘有《止泉文集》，集中有《与白田书》五通，白田覆书见《存稿》卷十一者凡三通，又卷十二为《重答朱湘淘书》，乃在湘淘卒后追答，而所答湘淘之原书则不见于《止泉集》，盖已遗失矣。《存稿》卷十七有《祭朱湘淘文》，卷二十四有《题湘淘秋林读诗图》诗，诗后缀一赞，曰：

深潜纯一之味,收敛凝定之神,此生平之所用力,学问缘之以为本根。常闭户而精思,中绵绵其若存。追古人于千载,脱去世俗之埃尘。固独有所逌然而自得,不在于语言文字之纷纭。

是知止泉之所用力,盖与白田有微异其趣者。湘淘子宗洛,从学于白田。《存稿》卷十三有《答朱宗洛书》,谓:

"主静"之说,前与尊公先生往复论难,卒不能合。大抵此等向上地位,与吾人相去甚远,未可以意见窥测。今但以《文集》、《语录》求之,略见仿佛,非敢自立一论也。程子曰:"敬则自虚静,不可把虚静唤做敬。"又曰:"言静则偏了,而今且只道敬。"又曰:"若言静,便入于释氏之说也。"朱子之论本此,而发明尤详。如曰:"道理自有动时,自有静时,不可专去静处求。所以伊川说,只用敬,不用静,便说得平。也是他经历多,故见得恁地正而不偏。"此其大指亦了然矣。朱子教人专以《四书集注章句》,而《集注章句》未尝有"主静"一语。《大学或问》发明敬者圣学所以成始成终,最详且尽。只言"主敬",不言"主静"也。"主静"之说,出于周子。朱子作《濂溪祠记》凡四,未尝一及"主静"。以此为证,更大煞分明矣。尊公先生谓必从主敬以透主静消息,以愚见妄论之,则既曰主敬,又曰主静,心有二主,自相攫拿,非所以为学。又主敬之上更有主静一层,未免头上安头,是"太极"之上又有"无极","上天之载"之上又有"无声无臭",恐其卒归于虚无寂灭而已。朱子以静为本(见南轩书),必曰主静(见广仲书)之论,皆在己丑、庚寅间,壬辰、癸巳以后,则已不主此说。其或随人说法,因病与药,亦有以静为说者,非学问之通津也。至于从居敬以透主静消息,则反覆朱子之书,未有所据,故未敢以为信然耳。

即此可觇白田、止泉两家论学相歧之点。白田多在文字语言上用功,偏近道问学一边。止泉规以向内用心,偏近尊德性一边。若专从语言文字上考求,则诚如白田之说。但若转就实际用功上分辨,则止泉之说亦未可厚非。朱子常以"向尊德性一边偏了"规象山,而其赏重象山者亦在此。朱子又常以"向道问学一边偏了"自规,而治王学者遂举以为朱子之晚年定论。止泉与无锡顾畇滋交好,又曾亲至共学山居,其学风有近于东林之高、顾。《文集》中有《朱子未发涵养辨》,若专以此为说,白田亦未能加之以非难。然两人学风亦毕竟有其相近处。止泉有《朱子圣学略》一书,其工夫亦在汇合朱子《语类》、《文集》,分别考定其年岁先后,而后加之以阐述。惟所阐述,比较侧重心性修养。然其书之体貌,则固已不似宋、明理学家著作,而实近于清儒经史实证之学之所为。学术随时代而转变,止泉、白田两氏之阐扬朱学,亦复如是。厥后变而益远,如阮芸台释"敬",几于谓敬在事不在心,不知明道固言:"我写字时一心在写字上,但亦不是要字好,即此是敬。"则敬固在事,同时亦在心。宁有心不在而事得敬之理?惟一心在写字上,未必即是敬,又须要能并不要字好,始有当于明道心中"敬"字之境界。今止泉谓"从主敬透主静消息"，证之濂溪《太极图说》自注"无欲故静"，写字时不是要字好，此即无欲之静也。则止泉之意，亦如谓由一心在写字上再透到不是要字好，既主一，又无欲，此始是敬，亦即是静。于濂溪、明道乃及朱子之说，并无违失。若必谓不是要字好，只一心在写字上，其序则逆。人当实下工夫时，必先求一心在写字上，再透到不是要字好，其序则顺。白田种种驳议，或尚未获止泉内心之所欲云也。大抵白田释朱子，多得之于文字言语，而亦颇有未得其心之缺憾，此则读白田书者不可不知。

其他有关白田、止泉两氏说朱学，已详余旧著《中国近三百年学术史》，兹不赘。

此稿刊载于一九七三年元月
《故宫图书季刊》三卷三期

记钞本戴东原《孟子私淑录》

　　戴东原氏《绪言》、《孟子字义疏证》两书先后异同，余之《近三百年学术史》论之已详，最近又得照旷阁钞本《孟子私淑录》，题休宁戴震撰。书分三卷，卷上十一条，卷中四条，卷下八条，大体相当于《绪言》之上、下二卷。《私淑录》上、中二卷即《绪言》之上卷，《私淑录》卷下与《绪言》卷下略同，而缺《绪言》卷中各条。量其成书，当在《绪言》之后，《字义疏证》之前，正为两书中间之过渡作品也。

　　知《私淑录》成书在《绪言》后者，缘两书相同，其字句偶异，皆以《私淑录》为审当，故知《私淑录》乃《绪言》之改定本也。姑举数例如下：

　　《绪言》卷上"问朱子本程子'性即理也'一语"条（《安徽丛书》本页十三）：

　　　　《近思录》程子云："人生而静以上不容说，才说性时，便已不是性也。"朱子云："人生而静以上是人物未生时，只可谓之理，未可名为性，所谓‘在天曰命’也，才说性时便是人生以后，此理已堕在形气（《私淑录》作"气质"）之中，不全是性之本体矣，所谓‘在人曰性’也。"宋儒剖析至此，皆根于理、气之分，以善归理，以有恶归形气（《私淑录》无此二十三字）。然则孟子乃追溯人物未生、未可名性之时而曰性善，若就名为性之时，已是人生以后，已堕在形气之中，乌得断之曰善？（《私淑录》此下有小注一节：程子云："孟子言性当随文看，本以告子‘生之为性’为不然者，此亦性也，被命受生以后，谓之性耳。后不同，继之以‘犬之性犹牛之性，牛之性犹人之性与’，然不害为一。若乃孟子之言善者，乃极本穷源之性。"）由是观之，将天下古今惟上圣之性不失其性之本体，自上圣而下，语人之性皆不是性（《私淑录》作"皆失其本体"）。孔子以不是性者言相近（《私淑录》作"以不全是性之本体者言相近"），乃论性不论气不明（《私淑录》无此八字）；孟子以未可名性者言性善，乃论性不论气不备（《私淑录》无此八字，有"于孔子不敢显言不明而直斥孟子不备"十六字，下又增小注一节，凡二百零七字）。

又《绪言》卷上"问知觉运动不可概人物而目为蠢然同"条（《安徽丛书》本页十六）：

气之自然潜运，飞潜动植物皆同，此生生之机原于天地者也，而其本受之气与所资以生之气（《私淑录》作"所资以养者之气"，下两见均同）则不同。

又《绪言》卷下"问荀子之所谓性"条（《安徽丛书》本页一）：

杞柳湍水之喻，胥是物也，其视仁义，视善不善，归之有思（《私淑录》作"欲"）。有为以后事，而其保此性也，主于无思无为（《私淑录》作"无为自然"）。

凡上所举，其小有异同处，皆《私淑录》下语较审当，故知《私淑录》为《绪言》改定本。复有证者，《字义疏证》有仍《绪言》而微易其文者，按之《私淑录》亦然，故益知《私淑录》应在《绪言》后。例如《绪言》卷上"问《易》曰'形而上者谓之道'"条（《安徽丛书》本页二）：

凡曰"谓之"者以下所称解上（此六字《疏证》作"以下所称之名辨上之实"十字，《私淑录》同《疏证》）。又《易》"形而上者谓之道，形而下者谓之器"，亦（《疏证》"亦"作"本"，《私淑录》同）非为道器言之。

又"形而下犹曰形以后"句注，《诗》："下武维周。"郑《笺》云："'下'犹'后'也。"（《疏证》引郑《笺》上有"如千载而上千载而下"九字，《私淑录》亦同。）

又六经、孔、孟之书，不闻理、气之分，而宋儒创言之，又以道属之理（《疏证》作"遂以阴阳属形而下"，《私淑录》同），实失道之名义也。

又如《绪言》卷上"问宋儒尝反复推究先有理抑先有气"条（《安徽丛书》本页五）：

圣人而后尽乎人之理,尽乎人之理非他,人伦日用尽乎其必然而已矣。语阴阳而精言其理,犹语人而精言之至于圣人也,期于无憾无失之为必然,乃要其后,非原其先,乃就一物而语其不可议,奈何以虚语夫不可议指为一物与气浑沦,而成主宰枢纽其中也?

《私淑录》于"语阴阳而精言其理"句下改成:

推而极于不可易之为必然,乃语其至非原其本,宋(《疏证》作"后")儒从而过求,徒以语其至者之意言思议,目为一物(《疏证》作"视如有物"),谓与气浑沦而成,主宰枢纽其中(《疏证》无此六字),闻之者因(《疏证》无"因"字)习焉不察,莫知其异于六经、孔、孟之言也。

按:《绪言》此条《疏证》无有,而《私淑录》改定语则又见《疏证》卷上"问自宋以来谓得于天而具于心"条下。

又《私淑录》卷上"问朱子云道者事物当然之理"条为《绪言》所未有,而其文有见于《疏证》者,如:

生于陆者入水而死,生于水者离水而死,生于南者习于温而不耐寒,生于北者习于寒而不耐温,此资之以为养者,彼受之以害生。天地之大德曰生,物之不以生而以杀者,岂天地之失德哉! 故语道于天地,道之实体,即理之精微,《易》言(此十一字《疏证》作"举其实体实事而道自见"十字)"一阴一阳之谓道"、"立天之道曰阴与阳,立地之道曰柔与刚"是也。

质言之此道,精言之即此理(《疏证》无此十一字,此下一大节并见《疏证》卷下"道"字条)。

此皆《私淑录》一书在《绪言》、《字义疏证》之间,为其过渡作品之证也。而比观三书,则《私淑录》大体仍与《绪言》为近,而与《字义疏证》为远。何者?《疏证》卷上辨论"理"、"欲"诸条,东原极自郑重,《绪言》、《私淑录》皆无之,一也。

又《绪言》卷中"问孟子答公都子"条(《安徽丛书》本页九):

> 孟子所谓善者,初非无等差之善。(《私淑录》此处有"非尽人生而为尧、舜也"九字。)自圣人至于凡民,其等差凡几,则其气禀固不齐,岂得谓非性有不同?然存乎人者皆有仁义之心,其趋于善也利,而趋于不善也逆其性而不利。所谓"人无有不善,水无有不下",善乃人之性,下乃水之性也。(《私淑录》此处有"而非以善概之于物"八字。)所谓故者,以私为本,去其利乃性之本然也,顺而非逆,是以利也。(按:"孟子答公都子"一问,《私淑录》无之,此一节乃并入"问宋儒以气为理"条下。)

今按:《绪言》此条,《疏证》已散入别条中,上引数语,略见《疏证》卷中"问《论语》言性相近"条下,其文曰:

> 孟子道性善,言必称尧、舜,非谓尽人生而尧、舜也。(按:此用《私淑录》语。)自尧、舜而下,其等差凡几,则其气禀固

不齐,岂得谓非性有不同?（按:此上同,此下异。）然人之心知,于人伦日用,随在而知恻隐、知羞恶、知恭敬辞让、知是非,端绪可举,此之谓性善。于其知恻隐,则扩而充之,仁无不尽;于其知羞恶……

以上所举,《绪言》、《私淑录》皆就人性之利逆言,《疏证》则就端绪与扩充言,此又《私淑录》近《绪言》而与《疏证》为远之证二也。

今按:《绪言》草创在乾隆三十四年己丑,完成在三十七年壬辰,及四十一年丙申,程易畴曾影写之。（以上论证具详《学术史》。）是其时尚未有《疏证》,亦当未有《私淑录》。东原《丁酉与段若膺书》云:

> 仆自十七岁时,有志闻道,谓非求之六经、孔、孟不得,非从事于字义、制度、名物,无由以通其语言,……为之卅余年,灼然知古今治乱之源在是……观近儒之言理,吾不知斯民之受其祸之所终极矣。……今人以不出于私即谓之"理",由是以意见杀人咸自信为理矣,聊举一字言之,关乎德行行事匪小。仆自上年三月初获足疾,至今不能出户,又目力大损,今夏纂修事似可毕,定于七、八月间乞假南旋就医,觅一书院糊口,不复出矣。竭数年之力,勒成一书,明孔、孟之道,余力整其从前订于字学、经学者。（《安徽丛书》所收东原遗墨）

此书在正月十四日,据其畅论"后儒以意见为理而生民受其祸"一节,正是《疏证》卷下各条所极论,而东原云"聊举一字言之",又曰"乞假南旋"、"竭数年之力,勒成一书",是其时《疏证》似尚未成书也。又同年四月廿四日一书乃谓:

> 仆生平论述最大者为《孟子字义疏证》一书,此正人心之要,今人无论邪正,尽以意见误名之曰"理",而祸斯民,故《疏证》不得不作。

是《疏证》成书应在正月至四月间。东原以《疏证》示彭尺木,尺木来书讨论,东原复之,亦在四月。惟陆朗夫《复东原言理欲书》则云"春杪接书,举近儒理欲之辨"云云,不知其时《疏证》已有成书否。大抵《疏证》成书定在正月中旬《与段若膺书》之后,在四月杪《再与段书》之前,而《私淑录》既未及理欲之辨,则其书应在丁酉四月前,在程易畴影抄《绪言》后。大抵在丙申一年间,而惜不能的知其为何时也。

东原自言十七岁即有志闻道,求之卅余年,考其著述,先《原善》三篇,嗣扩大为三卷,又为《绪言》三卷,又删并为《私淑录》三卷,又增订为《孟子字义疏证》三卷,前后绵历逾二十年,用心不可谓不深。惜乎并世人,徒诧其为轿夫之强力,而不能识其为轿中人之安坐。而东原平日言谈亦不免矜胜夸上,故惟章实斋能赏之,而复疑其人心术之不正。又以《水经注》一案招来身后谤议,虽雅重东原者不能为昭雪。然就书论之,要为近世杰作,乾、嘉以来,未有能驾出其右者。纵言思之偏尚不免乎多瑕额,而终自不掩其精光。若使东原得永其寿,学与年进,磨砻芒角,蹈于中和,被濯染习,一臻平正,其修辞立说,必有异矣。东原既成《疏证》,《绪言》、《私淑录》皆其所弃,身后遂泯没不显。《绪言》犹有程易畴影抄,并得刊于伍氏《粤雅堂丛书》中,后世尚多知之,《私淑录》则更无道者。余得此稿,已值故都沦陷,方谋脱身远行之资,以书估索价昂,遂录副藏行箧中,携之入湘,遵海转滇,顷又挟而入蜀。特为刊出以广其传,庶于东原晚年学思精进转变之迹,窥考有籍,而为粗识其涯略如此。

　　　　　　　　此稿刊载于一九四二年三月四川省

　　　　　　　立图书馆《图书集刊》创刊号

附 《孟子私淑录》

问:《论语》曰:"性相近也,习相远也。"朱子引程子云:"此言气质之性,非言性之本也;若言其本,则性即是理,理无不善,孟子之言性善是也,何相近之有哉?"据此,似《论语》所谓性,与孟子所谓性者,其指各殊。孔子何以舍性之本,而指气质为性?且自程、朱辨别孰言气质、孰言理,后人信其说,以为各指一性,岂性之名果有二欤?

曰:性一而已矣。孟子以闲先圣之道为己任,其要在言性善,使天下后世晓然于人无有不善,斯不为异说所淆惑。人物之生分于阴阳气化,据其限以所分谓之命,据其为人物之本始谓之性。后儒求其说而不得,于是创言理、气之辨,其于天道也,先歧而二之。苟知阴阳气化之为天道,则知性矣。

问:何谓天道?

曰:古人称名,道也,行也,路也,其义交互相通。惟"路"字专属途路,《诗》三百篇多以"行"字当"道"字。大致道之名义,于行尤近,谓之气者指其实体之名,谓之道者指其流行之名。道有天道、人道，天道以天地之化言也，人道以人伦日用言也。是故在天地则气化流行，生生不息，是谓道；在人物，则人伦日用，凡生生所有事，亦如气化之不可已，是谓道。《易》曰："一阴一阳之谓道。"此言天道也。《中庸》曰："率性之谓道。"此言人道也。

问：《易》曰："形而上者谓之道，形而下者谓之器。"程子云："惟此语截得上下最分明，元来只此是道，要在人默而识之，后儒言道多得之此。"朱子云："阴阳气也，形而下者也。所以一阴一阳者理也，形而上者也。道即理之谓也。"朱子此言，以道之称，惟理足以当之。今但曰"气化流行，生生不息"，非程、朱所目为形而下者欤？

曰：气化之于品物，则形而上下之分也，形乃品物之谓，非气化之谓。《易》又有之："立天之道曰阴与阳。"直举阴阳，不闻辨别所以阴阳，而始可当道之称，岂圣人立言皆辞不备哉？一阴一阳，流行不已，夫是之谓道而已。古人言辞，"之谓"、"谓之"有异。凡曰"之谓"，以上所称解下。如《中庸》："天命之谓性，率性之谓道，修道之谓教。"此为性、道、教言之，若曰："性也者，天命之谓也；道也者，率性之谓也；教也者，修道之谓也。"《易》："一阴一阳之谓道。"则为天道言之，若曰："道也者，一阴一阳之谓也。"凡曰"谓之"者，以下所称之名，辨上之实。如《中庸》："自诚明谓之性，自明诚谓之教。"此非为性、教言之，以性、教区别"自诚明"、"自明诚"二者耳。《易》："形而上者谓之道，形而下者谓之器。"本非为道、器言之，以道、器区别其"形而上"、"形而下"耳。"形"谓已成形质，形而上，犹曰形以前；形而下，犹曰形以后。(如"千载而上"、"千载而下",《诗》:"下武维周。"郑《笺》云:"'下'犹'后'也。")阴阳之未成形质,是谓形而上者也,非形而下明矣。器言乎一成而不变,道言乎体物而不可遗。不徒阴阳非形而下,如五行水、火、木、金、土有质可见,固形而下也,器也;其五形之气,人物咸禀受于此,则形而上者也。《易》言:"一阴一阳。"《洪范》言:"初一曰五行。"《中庸》言:"鬼神之为德。"举阴阳即赅五行、赅鬼神,举五行亦赅阴阳、赅鬼神,而鬼神之"体物而不可遗",即物之不离阴阳五行以成形质也。由人物溯而上之,至是止矣。六经、孔、孟之书,不闻理、气之辨,而宋儒创言之,遂以阴阳属形而下,实失道之名义也。

问:宋儒论阴阳,必推本太极云:"无极而太极,太极动而生阳,动极而静,静而生阴,静极复动,一动一静,互为其根,分阴分阳,两仪立焉。"朱子云:"太极生阴阳,理生气也。阴阳既生,则太极在其中,理复在气之内也。"又云:"太极形而上之道也,阴阳形而下之器也。"虽"形"字借以指气,洵有未协,"而上"、"而下",及"之谓"、"谓之",亦未详审,然"太极"、"两仪"出于孔子,非即理、气之辨欤?

曰:后世儒者,纷纷言太极,言两仪,非孔子赞《易》太极、两仪之本指也。孔子曰:"《易》有太极,是生两仪,两仪生四象,四象生八卦。"曰仪,曰象,曰卦,皆据作《易》言之耳,非气化之阴阳,得两仪四象之名。《易》备于六十四,自八卦重之,故八卦者,《易》之小成,有天、地、山、泽、雷、风、水、火之义焉。其未成卦画,一奇以仪阳,一偶以仪阴,故称两仪。奇而遇奇,阳已长也,以象太阳;奇而遇偶,阴始生也,以象少阴;偶而遇偶,阴已长也，以象太阴；偶而遇奇，阳始生也，以象少阳。伏羲氏睹于气化流行，而以奇偶仪之象之。孔子赞《易》，盖言《易》之为书，起于卦画，非漫然也，实有见于天道，一阴一阳，为物之终始会归，乃画奇、偶两者，从而仪之，故曰：《易》有太极，是生两仪。"既有两仪，而四象而八卦以次生矣。孔子以"太极"指气化之阴阳，承上文"明于天之道"言之，即所云"一阴一阳之谓道"。万品之流形，莫不会归于此。"极"有"会归"之义，"太"者，无以加乎其上之称；以两仪、四象、八卦指《易》画。后世儒者，以两仪为阴阳，而求太极于阴阳之所由生，岂孔子之言乎？谓气生于理，岂其然乎？况《易》起卦画，后儒复作图于卦画之前，是伏羲之画奇偶，不惟未备，抑且未精，而待后人补苴罅漏矣。

问：宋儒之言形而上、下，言道、器，言太极、两仪，今据孔子赞《易》本文，疏通证明之，洵于文义未协，其见于理、气之辨也，求之六经，中无其文，故借太极、两仪、形而上、下之语，以饰其说，以取信学者欤？

曰：舍圣人立言之本指，而以己说为圣人所言，是诬圣也；借其语以饰吾之说，以求取信，是欺学者也。诬圣、欺学者，程、朱之贤不为也。盖见于阴阳气化，无非有迹可寻，遂以与品物流行同归之粗，而空言乎理，似超迹象，以为其精。是以触于形而上、下之云，太极、两仪之称，恍然觉窹理、气之辨如是，不复详审文义。学者转相传述，于是《易》之本指，其一区别阴阳之于品物，其一言作《易》之推原天道，是生卦画者，皆置不察矣。

问：朱子云："道者日用事物当然之理，皆性之德而具于心。"其于"达道五"举孟子所言"父子有亲，君臣有义，夫妇有别,长幼有序,朋友有信"以实之。又《答吕子约书》云:"阴阳也,君臣父子也,皆事物也,人之所行也,形而下者也,万象纷罗者也。是数者各有当然之理,即所谓道也,当行之路也,形而上者也,冲漠无朕者也。"如是言道,故于《易》称"一阴一阳"。《中庸》举"君臣、父子、夫妇、昆弟、朋友之交",皆似语未备。且其目之为性、目之为道者,已属纯粹以精,故于"修道"不可通,以"修"为"品节之"而已。至"修身以道,修道以仁",修道与修身并言,两"修"字不得有异,但云"能仁其身"而不置解。其举孟子之言,实"天下之达道五"也。在孟子称"教以人伦",是亲、义、序、别、信,明属修道之教,既曰"率性之谓道",又曰"修道以仁",如后儒之云,率其仁之性,率其义之性,岂可通哉!然《易》称"立人之道,曰仁与义",后儒殆通于此而阂隔于彼欤?

曰:日用饮食之谓道,亦如阴阳气化之为道也,据其实而言谓之事,以本诸身、行之不可废谓之道。天地无心而成化,非得理、失理之可议也。生于陆者入水而死,生于水者离水而死;生于南者习于温而不耐寒,生于北者习于寒而不耐温。此资之以为养者,彼受之以害生。天地之大德曰生,物之不以生而以杀者,岂天地之失德哉!故语道于天地,道之实体,即理之精微,《易》言"一阴一阳之谓道",言"立天之道曰阴与阳,立地之道曰柔与刚"是也。质言之此道,精言之即此理。人之心知有明暗,当其明则不失,当其暗则有差谬之失。故语道于人,人伦日用为道之实事,"率性之谓道","修身以道","天下之达道五"是也,此所谓道不可不修者也,"修道以仁",及"圣人修之以为教"是也。人伦日用之事,实责诸身,观其行事,身之修不修乃见,故曰

"修身以道"；道之责诸身，往往易致差谬，必协乎仁，协乎义，协乎礼，然后于道无憾，故曰"修道以仁"。（举仁以赅义、礼，便文从略，故下即详及之。）此道之实事与理之精微，分而为言，质言之此道，精言之循而得理，斯乃道之至，所谓"中节之为达道"，所谓"君子之道"、"圣人之道"是也。"中节之为达道"者，中正不失，推之天下而准也。君臣、父子、夫妇、昆弟、朋友之交，五者之为达道，但举实事而已。智、仁、勇以行之，而后中正不失，然而即谓之"达道"者，达诸天下而不可废也。彼释氏弃人伦以成其自私，不明乎此也。《易》列仁义以配天之阴阳、地之柔刚，在天、地质言之，而在人必精言之。然则人伦日用，固道之实事，行之而得，无非仁也，无非义也；行之而失，犹谓之道，不可也。古人言道恒赅理，言理必要于中正不失，而"道"、"理"二字对举，或以道属动，理属静，如《大戴礼记》孔子之言曰："君子动必以道，静必以理。"道谓用其心知之明，行之乎人伦日用而不失；理谓虽不见诸行事，湛然存其心而不放。或道生统，理生分；或道赅变，理主常，此皆虚以会之于事为，而非言夫实体也。以君臣、父子、夫妇、昆弟、朋友之交五者为形而下，为万象纷罗，不谓之道，是显指《中庸》"天下之达道五"而背之，而别求诸"冲漠无朕"，惟老、释谓万事为幻，谓空妙为真则然。奈何以老、释之言，衡论《易》、《中庸》之言，而粗视君臣父子哉！彼释氏之弃人伦而不顾，率天下之人同于禽兽者，由不知此为达道也。

问：宋儒尝反复推究，先有理抑先有气，（问先有理后有气之说。朱子曰："不消如此说，而今知得他合下是先有理后有气邪？后有理先有气邪？皆不可得而推究。然以意度之，则疑此气是依傍这理行，及此气之聚，则理亦在焉。盖气则能凝结造作，理却无情意、无计度、无造作，只此气凝聚处，理便在其中。且如天地间，人物草木禽兽，其生也莫不有种，定不会无种了，白地生出一个物事，这个都是气。若理则只是个净洁空阔底世界，无形迹，他却不会造作，气则能酝酿凝聚生物也。"）又譬之二物浑沦，不害其各为一物，（朱子云："理与气决是二物，但在物上看，则二物浑沦，不可分开，各在一处，然不害二物之各为一物也。若在理上看，则虽未有物，而已有物之理，然亦但有其理而已，未尝实有是物也。"）及主宰、枢纽、根柢之说，目阴阳五行为空气，以理为之主宰，（陈安卿云："二气流行万古，生生不息，不成只是空气，必有主宰之者，理是也。"）为男女万物生生之本，（饶仲元云："极者至极之义，枢纽根底之名，圣人以阴阳五行阖辟不穷，而此理为阖辟之主，男女万物生生不息，而此理为生生之本。"）抑似实有见者非欤？

曰：非也，阴阳流行，其自然也。精言之，通乎其必然不可易，所谓理也。语阴阳而精言其理，犹语人而精言之曰圣人耳。圣人而后尽乎人之理，尽乎人之理非他，人伦日用尽乎其必然而已。推而极于不可易之为必然，乃语其至，非原其本。宋儒从而过求，徒以语其至者之意言思议，目为一物，谓与气浑沦而成，主宰枢纽其中。闻之者因习焉不察，莫知其异于六经、孔、孟之言也。况气之流行，既为生气，则生气之灵，乃其主宰，如人之一身，心君乎耳目百体是也，岂待别求一物，为阴阳五行之主宰枢纽？下而就男女万物言之，则阴阳五行乃其根底，乃其生生之本，亦岂待别求一物为之根底，而阴阳五行不足生生哉！

问：后儒言理与古圣贤言理异欤？

曰：然。举凡天地、人物、事为，不闻无可言之理者也，《诗》曰"有物有则"是也。就天地、人物、事为，求其不易之则，是谓理。后儒尊大之，不徒曰天地、人物、事为之则，而转曰"理无不在"，以与"气分本末"，视之如一物然，岂理也哉！就天地、人物、事为，求其不易之则，以归于必然，理至明显也。谓"理气浑沦，不害二物之各为一物"，将使学者皓首茫然，求其物不得，合诸古贤圣之言，牴牾不协。姑舍传注，还而体会六经、《论语》、《孟子》之书，或庶几矣。

问：古人言天道、天德、天理、天命何以别？

曰：一阴一阳，流行不已，生生不息，主其流行言则曰"道"，主其生生言则曰"德"；道其实体也，德即于道见之者也。天地之大德曰生，天德不于此见乎！其流行，生生也，寻而求之，语大极于至巨，语小极于至细，莫不各呈其条理，失条理而能生生者未之有也。故举生生即赅条理，举条理即赅生生，信而可征曰"德"，征而可辨曰"理"，一也。孟子言孔子集大成，不过曰："始条理者，智之事也；终条理者，圣之事也。"圣人之于天道至孔子而极其盛，条理得也。知条理之说者，其知理之谓矣。天理不于此见乎！凡言"命"者，受以为限制之称，如命之东，则不得而西，故理义以为之限制而不敢逾谓之命，气数以为之限制而不能逾亦谓之命。古人言天之所定，或曰天明，或曰天显，或曰明命，盖言乎昭示明显曰"命"，言乎经常不易曰"理"，一也。天命不于此见乎？

问：理之名起于条理欤？

曰：凡物之质，皆有文理（亦呼"文缕"。理、缕，语之转耳），粲然昭著曰文，循而分之，端绪不乱曰理。故理又训"分"，而言"治"亦通曰理。"理"字偏旁从玉，玉之文理也。盖气初生物，顺而融之以成质,莫不具有分理,得其分则有条理而不紊,是以谓之条理。以植物言,其理自根而达末,又别于干为枝,缀于枝成叶,根接土壤肥沃以通地气,叶受风日雨露以通天气,地气必上至乎叶,天气必下返诸根,上下相贯,荣而不瘁者,循之于其理也。以动物言,呼吸通天气,饮食通地气,皆循经脉散布,周溉一身,血气之所循流转不阻者,亦于其理也。"理"字之本训如是,因而推之,虚以明乎不易之则曰理。所谓则者,匪自我为之,求诸其物而已矣。《诗》曰:"天生烝民,有物有则。民之秉彝,好是懿德。"孔子曰:"作此诗者,其知道乎!"孟子申之曰:"故有物必有则,民之秉彝也,故好是懿德。"理也者,天下之民无日不秉持为经常者也,是以云"民之秉彝"。凡言与行得理之谓懿德。得理非他,言之而是,行之而当为得理;言之而非,行之而不当为失理。好其得理,恶其失理。于此见理者,人心之同然也。

问:理为人心之同然,其大致可得闻欤?

曰:孟子有言:"规矩方圆之至也,圣人人伦之至也。"此可以察理矣。夫天地之大,人物之蕃,事为之条分委曲,苟得其理矣,如直者之中悬,平者之中水,圆者之中规,方者之中矩,夫然后推诸天下万世而准。《易》称:"先天而天弗违,后天而奉天时。天且弗违,而况于鬼神乎!"《中庸》称:"考诸三王而不谬,建诸天地而不悖,质诸鬼神而无疑,百世以俟圣人而不惑。"皆言乎天下之理得。惟其为人心之同然,故一人以为不易,天下万世以为不易也。所以为同然者,人心之明之所止也。尊是理而遂谓天地阴阳不足以当之,必非天地阴阳之理则可;天地阴阳之理,犹圣人之圣也,尊其圣而谓圣人不足以当之,可乎?(以上卷一。）

问：宋儒以气为理所凑泊附著，（朱子云："人之所以生，理与气合而已。天理固浩浩不穷，然非是气，则虽有是理，而无所凑泊，故必二气交感，凝结生聚，然后是理有所附著。"）又谓理为生物之本，（朱子云："理也者，形而上之道也，生物之本也。气也者，形而下之器也，生物之具也。是以人物之生，必禀此理，然后有性：必禀此气，然后有形。"）人与禽兽得之为性也同，而致疑于孟子。（朱子云："孟子言'人所以异于禽兽者几希'，不知人何故与禽兽异？又言'犬之性犹牛之性，牛之性犹人之性与'，不知人何故与牛、犬异？此两处似欠中间一转语，须著说是形气不同，故性亦少异始得。恐孟子见得人性同处，自是分晓直截，却于这些子未甚察。"）今据《易》之文证明一阴一阳，即天道之实体；其为气化，未为品物，乃孔子所称形而上；及既为品物，乃孔子所称形而下。然则古贤圣所谓性，专就气禀言之欤？

曰：气化生人生物以后，各以类孳生久矣，然类之区别，千古如是也，循其故而已矣。在气化分言之，曰阴阳，曰五行，又分之，则阴阳五行，杂糅万变。是以及其流行，不特品类不同，而一类之中，又复不同。孔子曰："一阴一阳之谓道，继之者善也，成之者性也。"人物各成其性，明乎性至不同也。语于善咸与天地继承不隔，语于性则以类区别，各如其所受。六经中言"性"统举人物之全，见于此，人物之生，本于天道。阴阳五行，天道之实体也。《大戴礼记》曰："分于道谓之命，形于一谓之性。"分于道者，分于阴阳五行也。一言乎分，则其所受有偏全、厚薄、清浊、昏明之不齐，不特品类不同，而一类之中，又复不同是也。各随所分而形于一，各成其性也。《中庸》首言"天命之谓性"，不曰天道，而曰天命者，人物咸本于天道，而成性不同，由分于道不能齐也,以限于所分,故曰天命。从而名其禀受之殊曰性,因是日用事为皆由性起,故曰"率性之谓道"。身之动应无非道也,故曰"不可须臾离,可离非道"。"可"如"体物而不可遗"之可,君子不使其身动应或失,故虽无事时,亦如有事之戒慎恐惧,而不敢肆,事至庶几少差谬也。然性虽不同,大致以类为之区别,故《论语》曰:"性相近也。"此就人与人相近言之者也。孟子曰:"凡同类者举相似也,何独至于人而疑之,圣人与我同类者。"言同类之相似,则异类之不相似明矣,故诘告子"生之谓性"曰:"然则犬之性犹牛之性,牛之性犹人之性与?"明乎其必不可混同言之也。孟子道性善,言必称尧、舜,以人皆可以为尧、舜谓之性善,非尽人生而尧、舜也。自尧、舜至于凡民,其等差凡几,则其气禀固不齐,岂得谓非性有不同?然存乎人者皆有仁义之心,其趋于善也利,而趋于不善也逆其性而不利,所谓"人无有不善,水无有不下",善乃人之性,下乃水之性,而非以善概之于物。所谓故者以利为本,出于利,乃性之本然也,顺而非逆,是以利也。然孟子固专言人之性善,且其所谓善者,初非无等差之善,即孔子所云"相近";孟子所谓"苟得其养,无物不长;苟失其养,无物不消",所谓"求则得之,舍则失之,或相倍蓰而无算者,不能尽其才者也",即孔子所云"习至于相远";孟子所谓"梏之反复","违禽兽不远",即孔子所云"下愚之不移"。宋儒未审其文义,遂彼此阂隔。在天道为阴阳五行,在人物分而有之以成性,由成性各殊,故材质各殊。材质者,性之所呈也,离材质恶睹所谓性哉!故孟子一则曰"非才之罪",再则曰"非天之降才尔殊"(才、材,古字通用),人之材得于天独全,故物但能遂其自然,人

251

能明于必然。孟子言圣人与我同类，又言犬马之不与我同类，是孟子就人之材之美断其性善明矣。材与性之名，一为体质，一为本始，所指各殊，而可即材之美恶以知其性，材于性无所增损故也。合《易》、《论语》、《孟子》之书言性者如是，咸就其分阴阳五行以成性为言，奈何别求一凑泊附著者为性，岂人物之生，莫非二本哉！返而求之，知其一本，或庶几焉。

问：朱子本程子"性即理也"一语，释《中庸》"天命之谓性"，申之云："天以阴阳五行，化生万物，气以成形，而理亦赋焉，犹命令也。于是人物之生，因各得其所赋之理以为健顺五常之德，所谓性也。"其释《孟子》云："以气言之，知觉运动，人与物若不异也；以理言之，则仁义礼智之禀，岂物之所得而全哉！告子不知性之为理，而以所谓气者当之，盖徒知知觉运动之蠢然者，人与物同，而不知仁义礼智之粹然者，人与物异也。"两解似相阂隔。其作《中庸或问》有云："虽鸟兽草木之生，仅得形气之偏，而不能通贯乎全体，然其知觉运动，荣瘁开落，亦皆循其性，而各有自然之理焉。至于虎狼之父子，蜂蚁之君臣，豺獭之报本，雎鸠之有别，则其形气之偏，又反有以存其义理之所得。"合观朱子言性，不出"性即理也"之云，故云"告子不知性之为理"。既以性属之理，理即其所谓"仁义礼智之禀"，天地、人物、事为，不闻无可言之理，故释《中庸》合人物言之，以物仅得形气之偏，故释《孟子》言"岂物所得而全"，言"仁义礼智之粹然者，人与物异"。《或问》一条于两注可谓融矣。程子云："论性不论气不备，论气不论性不明。"故朱子言性，专属之理，而又及形气之偏，皆出于程子也。程、朱之说，谓"理无不善，而形气有不善"，故以孟子道性善，归之本原；以孔子言性相近，下而及于荀子言性恶，扬子言善恶混，韩子言三品，悉归气质之性。是荀、扬、韩皆有合于孔子。（朱子答门人云："气质之说，起于张、程，韩退之《原性》中但说三品，但不曾分明说是气质之性耳。孟子说性善，说得本原处，下面不曾说得气质之性，所以亦费分疏。诸子说性恶与善恶混，使张、程之说早出，则许多说话，自不用纷争。"）又以告子之说为合于荀、扬，（朱子于告子杞柳之喻云："告子言人性本无仁义，必待矫揉而后成，如荀子性恶之说也。"于湍水之喻云："告子因前说而小变之，近于扬子善恶混之说。"）合于孔子。（程子云："凡言性处，须看立意如何。且如言人性善，性之本也。生之谓性，论其所禀也。孔子言性相近，若论其本，岂可言相近？只论其所禀也。告子所云固是，为孟子问他，他说便不是也。"）使告子明云气质之性，孟子将不辨之欤？孔子言性相近，亦未明云气质之性，（程子云："性一也，何以言相近？此只是气质之性，如俗言性急、性缓之类。性安有缓急？此言性者，生之谓性也。"）将与告子、荀子诸人同欤？此宋儒之说，虽极完备，弥启后人之疑。《近思录》程子云："人生而静以上不容说，才说性时，便已不是性也。"朱子云："人生而静以上是人物未生时，只可谓之理，未可名为性，所谓在天曰命也。才说性时，便是人生以后，此理已堕在气质中，不全是性之本体矣，所谓在人曰性也。"然则孟子乃追溯人物未生，未可名性之时，而曰性善；若就名为性之时；已是人生以后，已堕在形气之中，恶得断之曰善？（程子云："孟子言性当随文看，本以告子'生之谓性'为不然者，此亦性也，被命受生以后，谓之性耳，故不同。继之以'犬之性犹牛之性，牛之性犹人之性与'，然不害为一。若乃孟子之言善者，乃极本穷源之性。"）由是言之，将天下古今，惟上圣之性，不失其性之本体；自上圣而下，论人之性，皆失其本体。孔子以不全是性之本体者言性相近，孟子以未可名性者言性善。于孔子不敢显言不明，而直斥孟子不备。（朱子云："孟子说性善，是论性不论气；荀、扬而下，是论气不论性。孟子终是未备，所以不能杜绝荀、扬之口。然不备但少欠耳，不明则大害事。"陈器之云："孟子时，诸子之言性，往往皆于气质上有见，而径指气质作性，但能知其形而下者耳。故孟子答之，只就义理上说，以攻他未晓处。气质之性，诸子方得于此，孟子所以不复言之。义理之性，诸子未通于此，孟子所以反复详说之。程子之说，正恐后学死执孟子义理之说，而遗失气质之性，故并二者而言之曰：'论性不论气不备，论气不论性不明。'程子之论举其全，孟子之论所以矫诸子之偏。"）宋儒剖析至此，愈令人惑。学者习闻宋儒之说完备剖析，以孔子所言者一性，孟子所言者一性，任其阂隔，不复求通。苟还而体会《易》、《论语》、《中庸》、《孟子》，于传注洵疑惑不解矣。宋儒之所以失者安在？

曰："性"之名，自古及今，虽妇人孺子，亦矢口举之不谬者也，本尽人可知之通名也，儒者转过求失之。如飞潜动植，举凡品物之性，皆就其气类别之。人物分于阴阳五行以成性，舍气类更无性之名。医家用药，在精辨其气类之殊；不别其性，则能杀人。使曰："此气类之殊者，已不是性。"良医信之乎！试观之桃与杏，取其核而种之，萌芽甲坼，根干枝叶，为华为实，形色臭味，桃非杏也，杏非桃也，无一不可区别。由性之不同，是以然也。其性存乎核中之白（即俗称桃仁、杏仁者），形色臭味，无一或阙也。凡植禾稼卉木，畜鸟兽虫鱼，皆务知其性；知其性者，知其气类之殊，乃能使之硕大蕃滋。何独至于人，而指夫分于阴阳五行以成性者，曰："此已不是性也。"岂其然哉！天道，阴阳五行而已矣。人物之性，分于道而有之，成其各殊者而已矣，其不同类者各殊也，其同类者相似也。孟子曰："如使口之于味也，其性与人殊，若犬马之与我不同类也，则天下何嗜皆从易牙之于味也。"又言："动心忍性。"是孟子矢口言之，亦即别于气类，尽人而知之性。孟子言性，曷尝自歧为二哉！于告子"生之谓性"，必致辨者，成则各殊，徒曰"生"而已矣，将同人于犬牛，而不察其殊。告子闻孟子诘之，不复曰然者，非见于"仁义礼智之粹然者人与物异"而语塞也，犬与牛之异，又岂属"仁义礼智之粹然者"哉！况朱子言："性之本，物与人同，至形气之偏，始物与人异。"是孟子又舍其理之同，而就形气以为言矣。且谓告子"徒知知觉运动之蠢然者，人与物同"，在告子既以知觉运动者为性，何不可直应之曰"然"？斯以见告子亦穷于知觉运动不可概人物而目为蠢然同也。观孟子以气类之殊诘告子，知孟子未尝谓性之为理亦明矣。

问：知觉运动不可概人物而目为蠢然同，其异安在？

曰：凡有生即不隔于天地之气化。阴阳五行之运而不已，天地之气化也，人物之生本乎是，由其分而有之不齐，是以成性各殊。知觉运动者，统乎生之全言之也。由其成性各殊，是以得之以生，见乎知觉运动也亦殊。气之自然潜运，飞潜动植皆同，此生生之机，原于天地者也。而其本受之气，与所资以养者之气则不同。所资以养者之气，虽由外而入，大致以本受之气召之。五行有生克，遇其克之者则伤，甚则死，此可知性之各殊矣。本受之气及所资以养者之气，必相得而不相逆，斯外内为一。其得于天地之气本一，然后相得不相逆也。气运而形不动者，卉木是也，凡有血气者，皆形能动者也，由其成性各殊，故形质各殊，则其形质之动，而为百体之用者，利用不利用亦殊。知觉云者，如寐而寤曰觉，心之所通曰知，百体皆能觉，而心之知觉为大。凡相忘于习则不觉，见异焉乃觉。鱼相忘于水，其非生于水者，不能相忘于水也，则觉不觉亦有殊致矣。闻虫鸟以为候，闻鸡鸣以为辰，彼之感而觉，觉而声应之，又觉之殊致有然矣，无非性使然也。若夫虎狼之父子，蜂蚁之君臣，其自然之知觉，合于人之所谓理义者矣，而各由性成。人则无不全也，全而尽之无憾者，圣人也，知之极其量也。知觉运动者，人物之生；知觉运动之所以异者，人物之殊其性，孟子曰："心之所同然者，谓理也，义也，圣人先得我心之所同然耳。"于义外之说，必致其辨，以人能全夫理义，故曰性善，言理之为性，非言性之为理。人之生也，分于阴阳五行以成性，而其得之也全。声色臭味之欲，资以养其生；喜怒哀乐之情，感而至乎物；美恶是非之知，思而通于天地鬼神。凡日用事为皆性为之本，而所谓人道。上之原于阴阳五行，所谓天道也。言乎天地之化曰天道，言乎天地之中曰天德。耳目百体之所欲，血气资之以养者，原于天地之化者也。故在天为天道，在人为性，而见于日用事为为人道。仁义之心，原于天地之中者也。故在天为天德，在人为性之德，然而非有二也。就天地之化而语于无憾，曰天地之中；就日用事为而语于无失，曰仁义。凡达诸天下而不可废者，未有非性使之然者也。古人言性，但以气禀言，未尝明言理义为性，盖不待言而可知也。至孟子时，异说纷起，以理义为圣人治天下之具，设此一法以强之从；害道之言，皆由外理义而生。人但知耳之于声、目之于色、鼻之于臭、口之于味之为性，而不知心之于理义，亦犹耳目鼻口之于声色臭味也，故曰："至于心独无所同然乎？"盖就其所知，以证明其所不知,举声色臭味之欲,归之于耳目鼻口;举理义之好,归之心,皆内也,非外也。比而合之,以解天下之惑,俾晓然无疑于理义之为性;害道之言,庶几可以息矣。孟子明人心之通于理,与耳目鼻口之通于声色臭味,咸根诸性而非后起。后儒见孟子言性,则曰理义,则曰仁义礼智,不得其说,遂谓孟子以理为性,推而上之,以理为生物之本,匪徒于道、于性不得其实体,而于理之名亦失其起于天地、人物、事为不易之则,使人茫然求其物不得矣。

问:声色臭味之欲,亦宜根于心。今专以理义之好,为根于心,于"好是懿德"固然矣,抑声色臭味之欲,徒根于耳目鼻口欤?心君乎百体者也,百体之能,皆心之能也,岂耳悦声、目悦色、鼻悦臭、口悦味,非心悦之乎?

曰:否。心能使耳目鼻口,不能代耳目鼻口之能。彼其能者,各自具也,故不能相为。人物受形于天地,故恒与之相通。盈天地之间,有声也,有色也,有臭也,有味也,举声色臭味,则盈天地间者,无或遗矣。外内相通,其开窍也,是为耳鼻口。五行有生克,生则相得,克则相逆,血气之得其养、失其养系焉,资于外足以养其内,此皆阴阳五行之所为。外之盈天地之间,内之备于吾身。外内相得无间,而养道备。民之质矣,日用饮食,自古及今,以为道之经也,血气各资以养,而开窍于耳目鼻口以通之,既于是通,故各成其能而分职司之。孔子曰:"少之时,血气未定,戒之在色。及其长也,血气方刚,戒之在斗。及其老也,血气既衰,戒之在得。"血气之所为不一,举凡身之嗜欲,根于血气明矣,非根于心也。孟子曰:"理义之悦我心,犹刍豢之悦我口。"非喻言也。凡人行一事,有当于理义,其心气必畅然自得;悖于理义,心气必沮丧自失。以此见心之于理义,一同乎血气之于嗜欲,皆性使然耳。耳目鼻口之官,臣道也;心之官,君道也。臣效其能,而君正其可否。理义非他,可否之而当,是为理义。声色臭味之欲,察其可否,皆有不易之则,故理义者,非心出一意以可否之。若心出一意以可否之,何异强制之乎!因乎其事,察其不易之则,所谓"有物必有则",以其则正其物,如是而已矣。

问:人物分于阴阳五行,其成性各不同。人之生也,禀天地之气,则亦肖乎天地之德,物之得于天者,非禀气而生,遗天地之德也。而孟子道性善,但言人之异于禽兽,概举之,独人之性善,其故安在?

曰:耳目鼻口之官,各有所司,而心独无所司,心之官统主乎上以使之,此凡血气之属皆然。其心能知觉,皆怀生畏死,因而趋利避害,凡血气之属所同也。虽有不同,不过于此有明暗耳。就其明暗以制可否,不出乎怀生畏死者,物也。人之异于禽兽不在是。禽兽知母而不知父,限于知觉也,然爱其生之者,及爱其所生,与雌雄牝牡之相爱,同类之不相噬,习处之不相啮,进乎怀生畏死矣。一私于身,一及于身之所亲,皆仁之属也。私于身者,仁其身也,及于身之所亲者,仁其所亲也。本天地生生之德,发乎自然有如是。人之异于禽兽,亦不在是。人物分于气化,各成其性,一阴一阳,流行不已,生生不息。观于生生,可以言"仁"矣。在天为气化之生生,在人为其生生之心,是乃"仁"之为德也,非别有一物以与人而谓之"仁"。由其生生有自然之条理,惟条理所以生生。观于条理之秩然有序,可以言"礼"矣。失条理则生生之道绝。观于条理之截然不可乱,可以言"义"

矣。亦非别有其物，而谓之"礼"，谓之"义"。合而言之，举义可以赅礼，"立人之道，曰仁与义"是也。举礼亦可以赅义，而举仁贵全乎礼义。《论语》曰"克己复礼为仁"是也。若夫条理之得于心，为心之渊然而条理则名"智"。故智者，事物至乎前，无或失其条理；不智者异是。《中庸》言："修道以仁。"连举义又连举礼而不及智，言以达德行达道，举智仁勇而不及礼义，互文也。礼义有愆，由于不智。告子曰："食色性也。仁内也，非外也；义外也，非内也。"即其"生之谓性"之说，同人于犬牛，而不察其殊也。彼以自然者，为性使之然，以义为非自然，转制其自然，使之强而相从。老聃、庄周、告子及释氏皆不出乎以自然为宗。惑于其说者，以自然直与天地相似，更无容他求，遂谓为道之至高。宋之陆子静、明之王文成，及才质过人者，多蔽于此。孟子何尝以自然者非性使之然哉！以义亦出于自然也，故曰："恻隐之心，人皆有之；羞恶之心，人皆有之；恭敬之心，人皆有之；是非之心，人皆有之。"孟子之言乎自然，异于告子之言乎自然。盖自然而归于必然，必然者不易之则也，非制其自然，使之强而相从也。天下自然而无失者其惟圣人乎？孔子言："从心所欲不逾矩。"从心所欲者，自然也；不逾矩者，归于必然也。"必然"之与"自然"，非二事也。就其自然明之尽，而无几微之失焉，是其必然也；如是而后无憾，如是而后安，是乃古贤圣之所谓自然也。彼任其自然而失者无论矣。贵其自然，静以保之，而视问学为用心于外，及乎动应，如其材质所到，亦有自然不失之处，不过材质之美，偶中一二，若统计行事，差谬多矣。且一以自然为宗而废问学，其心之知觉有所止，不复日益，差谬之多。不求不思，以此终其身而自尊大，是以君子恶其害道也。老聃、庄周、告子、释氏之说，贵其自然，同人于禽兽者也。圣人之教，使人明于必然，所谓"考诸三王而不谬，建诸天地而不悖，质诸鬼神而无疑，百世以俟圣人而不惑"，斯为明之尽。人与物咸有知觉，而物之知觉不足与于此。人物以类区分，而人所禀受，其气清明，远于物之不可开通。礼义者，心之所通也，人以有礼义，异于禽兽，实人之智大远乎物。然则天地之气化，生生而条理，生生之德，鲜不得者，惟人性开通，能不失其条理，则生生之德，因之至盛。物循乎自然，人能明于必然，此人物之异。孟子以"人皆可以为尧、舜"，断其性善在是也。（以上卷二。）

问：荀子之所谓性，亦孟子之所谓性，孟子知性之全体，其余皆不知性之全体，故惟孟子与孔子合。然指为性者，实古今所同谓之性。至告子所谓性，朱子谓一似荀子言性恶，一似扬子言善恶混，一似释氏言作用是性。今以荀、扬不与释氏同，则告子不得与荀、扬同矣，岂独与释氏所谓性相似欤？

曰：然。老聃、庄周之书，其所贵焉者咸此也。杞柳、湍水之喻，胥是物也。其视仁义视善不善，归之有欲有为以后事，而其保此性也，主于无为自然，即释氏云"不思善，不思恶时，认本来面目"是也，实一说而非有三说。

问：告子、释氏指何者为性？

曰：神气形色，古贤圣一视之，修其身、期于言行无差谬而已矣。故孟子曰："形色天性也，惟圣人然后可以践形。"人物成性不同，故形色各殊。人之形，官器利用，大远乎物，然而几如物之蠢然，是不践形也；于人之道无憾无失，斯为践形耳。老聃、庄周、告子、释氏，其立说似参差，大致皆起于自私，皆以自然为宗。彼视一身之中，具形气以生，而神为之主宰，因贵此神，以为形气之本，究之神与气不可相离，故老子曰："一生二，二生三，三生万物，万物负阴而抱阳，冲气以为和。"其言乎天地间也，曰："有物混成，先天地生。"从此而分阴阳，一生二也；阴阳与此而三，二生三也。言乎人物，三者咸具，阴也阳也，冲气以为和，即主宰之者也。彼见于气可言有，神存乎其有而不可谓有，又不可谓无，然不离气者也，故曰"冲气"。上之原于"有物混成，先天地生"之道，不离气而别于气，故曰："道之为物，惟恍惟忽，忽兮恍兮，其中有象。恍兮忽兮，其中有物。"庄子言神之主宰于身，则曰："若有真宰，而特不得其朕。"曰："其有真君存焉，如求得其情与不得，无益损乎其真。"继之曰："一受其成形，不亡以待尽，与物相刃相靡，其行尽如驰，而莫之能止，不亦悲乎！"言此神受形而生，则不去以待，形化而有血气，乃有情欲，皆足以戕之，趋于速敝也。又曰："终身役役，而不见其成功，苶然疲役而不知其所归，可不哀邪！"言求诸外者，徒劳其神者也。又曰："人谓之不死，奚益？其形化，其心与之然，可不谓大哀乎！"言人寿有修短，虽不死之日，不知保此心，为形君之神，至与形俱敝也。释氏"人死为鬼，鬼复为人"之说，与庄子此条同。老氏言"长生久视"，释氏言"不生不灭"，语似异；而以死为返其真，视形体为假合，从而空之，不过恐害其神之自然，指归不异也。（告子同于释氏，以神识为性，释氏谓之曰"真空"，谓之曰"作用"。谓真空则能摄众有而应变，谓即此识情便是真空妙智，谓湛然常寂，应用无方；用而常空，空而常用；用而不有，即是真空；空而不无，即成妙有。故言"空是性"，又言"作用是性"。释氏书中，问如何是佛？曰："见性为佛。"如何是性？曰："作用为性。"如何是作用？曰："在目曰见，在耳曰闻，在鼻臭香，在口谈论，在手执捉，在足运奔，遍见俱该法界，收摄在一微尘，识者知是佛性，不识唤作精魂。"此皆"生之谓性"之说也。固无取乎善恶之分。其显然道破处，如云"不思善、不思恶时认本来面目"，即告子"性无善无不善"宗旨。后世禅家不云不思善而浑其语，如《传灯录》云："饥来吃饭困来眠。"即《老子》所云："上士闻道，勤而行之；中士闻道，若存若亡；下士闻道大笑之，不笑不足以为道。"彼饥食困眠，闻之即可大笑，此即"致虚极，守静笃"，即"勤而行之"也。致虚未极，守静未笃，乃"若存若亡"也。其说大都主于一切空之，便妙用无方。老聃、庄周、告子、释氏立言不同，而同出一辙如是。）**宋时如陆子静、杨敬仲，及明王文成诸人，其言论皆如此。**（子静之言曰："收拾精神，自作主宰，万物皆备于我，何有阙欠？当恻隐时，自然恻隐；当羞恶时，自然羞恶；当宽裕温柔时，自然宽裕温柔；当发强刚毅时，自然发强刚毅。"又曰："恶能害心，善亦能害心。"敬仲之言曰："目能视，所以能视者何物？耳能听，所以能听者何物？口能噬，鼻能臭，所以能噬、能臭者何物？手能运用，足能步趋，心能思虑，所以能运用、步趋、思虑者何物？"王文成之言曰："圣人致知之功，至诚无息，其良知之体，皦如明镜，妍媸之来，随物见形，而明镜曾无留染，所谓'情顺万事而无情'也。'无所住以生其心'。佛氏曾有是言，未为非也。明镜之应，妍者妍，媸者媸，一照而皆真，即是'生其心'处。妍者妍，媸者媸，一过而不留，即'无所住'处。"又曰："'本来面目'，即吾圣门所谓'良知'。随物而格，是致知之功，即佛氏之'常惺惺'，亦是常存他本来面目耳。体段工夫，大略相似。"文成释"格物"为"扞御外物"。）**在老聃、庄周、告子直据己见而已。**故告子言"无善无不善"，言"无分于善不善"，言"义外"者，后人因孟子尝辨之，则以此为善，已无可复加，为仁义礼智皆备，且所称者出《中庸》、《大学》、《孟子》之书，以饰其说，学者不可不辨别疑似也。

问：邵子云："神无方而性有质。"又云："性者道之形体，心者性之郛郭。"又云："人之神即天地之神。"合其言观之，所谓道者,指天地之神无方也。所谓性者,指人之神有质也。此老聃、庄周、告子、释氏之所谓道、所谓性,而邵子亦言之,何也?

曰:邵子之学,深得于老、庄,其书未尝自讳。以心为性之郭郭,谓人之神,宅此郭郭之中也。朱子于其指神为道、指神为性者,皆转而以理当之。邵子之书有曰:"道与一,神之强名也。"几以道为不足当神之称矣。其书又曰:"神统于心,气统于肾,形统于首,形气交而神主乎其中,三才之道也。"此以神周乎一身,而宅于心为之统会也。又曰:"气则养性,性则乘气,故气存则性存,性动则气动也。"此即导养之说,指神之炯炯而不昧者为性,性之絪缊而不息者为命,神乘乎气,而资气以养也。(王文成云:"夫良知一也,以其妙用而言谓之神,以其流行而言谓之气。"立说亦同。)

问:张子云:"由太虚有天之名,由气化有道之名;合虚与气,有性之名;合性与知觉,有心之名。"别性于知觉,其所谓性,似同于程子云"性即理也"。与邵子指神为性者有异。(陈器之云:"仁义礼智者,义理之性也;知觉运动者,气质之性也。有义理之性,而无气质之性,则义理必无附着;有气质之性,而无义理之性,则无异于枯死之物,故有义理以行乎血气之中,有血气以受义理之体,合虚与气而性全。")然以虚指理,古贤圣未尝有是称,不几犹释氏言"空是性"欤?

曰:释氏所谓"空是性"者,指神之本体。又言"作用是性",则指神在形质之中,而能知觉运动也。张子云:"神者太虚妙应之目。"是其所谓虚,亦未尝不以为神之本体。而又曰:"天之不测谓神,神而有常谓天。"然则"由太虚有天之名"者,以神而有常为言。释氏有见于自然,故以神为已足;张子有见于必然之为理,故不徒曰神,而曰神而有常。此其所见近于孔、孟,而异于释氏也。然分理、气为二，视理为如一物，故其言理也，求其物不得；就阴阳不测之神以言理，以是为性之本源，而目气化生人生物曰："游气纷扰，合而成质者，生人物之万殊。"则其言"合虚与气"，虚指神而有常，气指游气纷扰，乃杂乎老、释之见，未得性之实体也。惟"由气化有道之名"一语，合于《易》言"一阴一阳之谓道"。又曰："神天德，化天道。"道以化言是也，德以神言非也。彼释氏自贵其神，亦以为足乎天德矣。张子之书又有之曰："气有阴阳，推行有渐为化，合一不测为神。"圣人复起，不易斯言。邵子言："形可分，神不可分。"语可参观。以人物验之，耳目百体会归于心，心者，合一不测之神也。如耳目鼻口之官，是"形可分"也，而统摄于心，是"神不可分"也。夫天地间有阴阳，斯有人物。于其推行谓之化，于其合一谓之神，天道之自然也。于其分用为耳目百体，于其合一则为心，生物之自然也。是故就天地言，化其事也，神其能也，事、能俱无憾，天地之德也。人之血气本乎化，人之心知配乎神，血气心知无失，配乎天地之德无憾无失，夫是之谓理而已矣。由化以知神，由化与神以知德。天之生物也使之一本，而以性专属之神，则目形体为假合；以性专属之理，则谓"才说性时，已不是性"，皆二本故也。

问：宋儒言"禀理然后有性，禀气然后有形"，虽虚揣以为说，谓"理气浑沦，不害二物之各为一物"，实求其物，不得若老聃、庄周、告子、释氏之言。夫性则确有指实，不过区别于形气之中，言其主之者耳。曰形，曰气，曰神，三者求之一身，俨然如三物，凡血气之属，未有或阙者也。荀子谓"性者天之就"，虽专属形气之自然，固不遗夫神，而以为非天之就也。其称性也，兼以恶概之，而伸其重学崇礼义之说。何以论荀子，则曰"不知性之全体"而已；论告子、释氏，则断为异说，何也？

曰：性者分于阴阳五行，品物区以别焉，各为之本始，统其所有之事、所具之能、所全之德而名之，非以知觉运动者名之。《易》言"成之者性"是也。其一身中，分而为言曰形、曰气、曰神者，材也，《易》言"精气为物"是也。心为形君，耳目百体者，气融而灵。心者，气通而神。告子贵其神而不知性者也，其"不动心"，神定而一无责焉之为不动也。性可以根柢言，材可以纯驳清浊言，由其成性也殊，则其材亦殊。成是性，斯为是材。神可以主宰枢纽言，思可以敏钝得失言，知可以浅深精粗言，皆根于性而存乎材者也。理譬之中规中矩也，气通而神，是以能思，资于学以导其思，以极其知之量，古贤圣之教也。荀子不知性之全体，而其说至于重学崇礼义，犹不失为圣人之徒，特未闻道耳。老聃、庄周、告子、释氏，以自然为宗，不知性之区别，而徒贵其神，去其情欲之能害是者，即以为已足，与古贤圣立教，由博学审问慎思明辨以求无差谬者异。是故断之为异说，不得同于荀子也。

问：周子《通书》有云："圣可学乎？曰可。有要乎？曰有。请问焉？曰：一为要，一者，无欲也。无欲则静虚动直。静虚则明，明则通；动直则公，公则溥。明通公溥，庶矣哉！"此与老氏"为道日损"，释氏"六用不行，真空妙智"之说，及陆子静言"人心至灵，此理至明，人皆有此心，心皆具是理"，王文成言"圣人致知之功，至诚无息，其良知之体，皦如明镜"者，立言不殊。后儒于周子则以为切要之指，莫敢违议，于老、释、陆、王则非之，何也？

曰：周子之学，得于老、释者深，而其言浑然与孔、孟相比附，后儒莫能辨也。朱子以周子为二程子所师，故信之笃，考其实，固不然。程叔子撰《明道先生行状》，言："自十五、六时闻周茂叔论道，遂厌科举之业，慨然有求道之志，未知其要，泛滥于诸家，出入于老、释者几十年，返求诸六经然后得之。"其不得于周子明矣！且直字之曰周茂叔，其未尝师事亦明矣！见周茂叔后乃出入于老、释。张横渠亦访诸释、老之书累年，朱子年四十以前犹驰心空妙。宋儒求道，往往先以老、释为借阶，虽终能觉寤老、释之非，而受其蔽，习于先入之言不察者亦不少。周子论学圣人主于"无欲"，王文成论致知主于"良知"之体，皆以老、释废学之意论学，害之大者也。

问：程子、朱子以性为"足于己"，其语学则曰"复其初"，（程子云："圣贤论天德，盖自家元是天然完全自足之物，若无所污坏，即当直而行之；若小有污坏，即敬以治之，使复如旧。"朱子于《论语》首章、于《大学》"明明德"，皆以"复其初"为言。）"复其初"之云，出庄周书，（《庄子·缮性》篇曰："缮性于俗学，以求复其初，滑欲于俗知，以求致其明，谓之蔽蒙之民。"又曰："文灭质，博溺心，然后民始惑乱，无以返其性情，而复其初。"）无异释氏所谓"本来面目"。然孟子亦曰："大人者，不失其赤子之心者也。"岂彼以神言，此以理言，不嫌于语同而指归异欤？

曰：孟子言性善，非无等差之善，不以性为"足于己"也。主扩而充之，非"复其初"也。人之形体，与人之心性，比而论之，形体始乎幼小，终于长大。方其幼小，非自有生之始，即撄疾病小之也。今论心性而曰其初尽人而圣人，自有生之始即不污坏者鲜,岂其然哉！形体之长大,资于饮食之养,乃长日加益,非复其初;心性之资于问学,进而贤人圣人,非复其初明矣。形体无亏阙,故可以长大,而夭伤者失其可长大者也。赤子之心,皆有仁义礼智之端,可以扩充,而不充之者,失其能充之心者也。人物分于阴阳五行以成性,而人异于物者,其性开通,无不可以牖其昧而进于明,较其材质,等差凡几。古贤圣知人之得于天有等差,是以重问学,贵扩充。老聃、庄周、告子、释氏,谓得之以性皆同其神,与天地等量,是以守己自足,主于去情欲以勿害之,不必问学以充之。宋儒或出焉,或入焉,故习其说者不得所据,多流于老、释。读古人书,所慎尤在疑似,此亦当辨之大端也。

问:神为形气之主宰,庄子谓:"一受其成形,不亡以待尽。"释氏"人死为鬼,鬼复为人"之说同此。在古人制祭祀之礼,以人道事鬼神,而传称"鬼犹求食",及"伯有为厉";又宇宙间怪见不一,愚夫妇亦往往耳闻目见,不得不惑于释氏所云。而言仙者,又能盗气于天地间,使其神离血气之体以为有。故其言性也,即神之炯炯而不昧者;其言命也,即气之绵缊而不息者。有所指实也如是。老聃、庄周、告子、释氏静以会夫一身,见莫贵于此,莫先于此。今以形、气、神统归之材,而曰性可以根柢言,神可以主宰、枢纽言,理则譬之中规中矩,不以神先形气,不以理为主宰、枢纽、根柢。老、释之说,宋儒之说,指归不同而失同,何也?

曰:孔子言:"原始要终,故知死生之说,精气为物,游魂为变,是故知鬼神之情状。"人物分于阴阳五行以成性,成是性斯为是材以生,可以原始而知也。形敝气散而死,可以反终而知也。其生也，精气之融，以有形体。凡血气之属，有主则能运动，能运动则能知觉。知觉者，其精气之秀也。人之知觉，能通乎天地之德，因行其所知，底于无失，斯无往非仁，无往非礼义矣。《左氏春秋》曰："人生始化曰魄，既生魄，阳曰魂。"魂魄非他，其精气之能知觉运动也，是以又谓之神灵。曾子言"阳之精气曰神，阴之精气曰灵"是也。至于形敝而精气犹凝，是谓游魂，言乎离血气之体也。"精气为物"者，气之精而凝，品物流行之常也；"游魂为变"者，魂之游而存，其后之有敝有未敝也。变则不可穷诘矣。彼有见于游魂为变，而主其一偏，昧其大常，遂以其盗天地生生之机者为己之本体。彼之以神先形气，圣人所谓"游魂为变"中之一端耳。在老、释就一身分言之，有形气，有神识，而以神识为本。推而上之，以神为有天地之本，遂求诸无形无象者为实有，而视有形有象为幻。在宋儒以形气、神识同为己之私，而理得于天。推而上之，于理、气截之分明，以理当其无形无象之实有，而视有形有象为粗。天之生物也，使之一本，荀子以礼义与性为二本，宋儒以理与气质为二本，老聃、庄周、告子、释氏以神与形体为二本。然而荀子推崇礼义，宋儒推崇理，于圣人之教不害也，不知性耳。老聃、庄子、告子、释氏守己自足，不惟不知性而已，实害圣人之教者也。

问：程叔子撰《明道先生行状》云："泛滥于诸家，出入于老、释者几十年，返求诸六经，然后得之。"吕与叔撰《横渠先生行状》云："范文正公劝读《中庸》，先生读其书虽爱之，犹以为未足，于是又访诸释、老之书，累年尽究其说，知无所得，返而求之六经。"《朱子语类》廖德明录癸巳所闻云："先生言，二、三年前见得此事尚鹘突,为他佛说得相似,近年来方看得分晓。"(癸巳,朱子四十四岁。)朱子《答汪尚书书》云:"熹于释氏之说,盖尝师其人,尊其道,求之亦切至矣。然未能有得。其后以先生君子之教,校乎前后缓急之序,于是暂置其说而从事于吾学。其始盖未尝一日不往来于心也,以为俟卒究吾说,而后求之,未为甚晚。而一、二年来,心独有所自安,虽未能即有诸己,然欲复求之外学,以遂其初心,不可得矣。"考朱子慕禅学在十五、六时,年二十四见李愿中,教以看圣贤言语,而其后十余年有《答何京叔》二书,意见乃与释氏不殊,信彼为有实得,此为支离,反用圣贤言语指其所得于释氏者。及五十内外,所见渐定,不惑于释氏。合观程子、朱子、张子皆先入于老、释,究之能觉寤其非,何也?

曰:四君子皆志贤圣之志者也,其学本乎求是,故于此于彼,期在自得,不在虚名。考之六经,茫然不得性道之实体,则必求诸彼矣。求诸彼而其言道、言性确有指实,且言夫体用一致也似神,能靡不周。(如说性周法界,净智圆妙,体自空寂。)故朱子尝驰心空妙,冀得之以为衡鉴事物之本,极其致,所谓"明心见性",不过"六用不行",彼所以还其神之本体者,即本体得矣,以为如此,便混无欠阙矣。实动辄差谬。在彼以自然为宗本,不论差谬与否。而四君子求是之心,久之亦知其不可持以衡鉴事物,故终能觉寤其非也。夫人之异于物者,人能明于必然,百物之生遂其自然也。孔、孟之异于老聃、庄周、告子、释氏者,自"志学"以至"从心所欲不逾矩",皆见夫天地、人物、事为有不易之则之为必然,而博文约礼,以渐致其功。彼谓"致虚极,守静笃","为道日损,损之又损,以至于无",至于"道法自然",无以复加矣。孟子而后，惟荀子见于礼义为必然，见于不可徒任自然，而不知礼义即自然之极则。宋儒亦见于理为必然，而以理为"太极"，为"生阳生阴之本"，为"不离阴阳，仍不杂于阴阳"，指其在人物为性，为"不离气质，仍不杂于气质"。盖不知理者，自然之极则也。视理俨如一物，加以主宰、枢纽、根柢之说，一似理亦同乎老、释所指者之于人为"本来面目"。朱子之辨释氏也，曰："儒者以理为不生不灭，释氏以神识为不生不灭。"就彼言神识者，转之以言乎理，尊理而重学，远于老聃、庄周、告子、释氏矣。然以彼例此而不协乎此，故指孔、孟所谓道者非道，所谓性者非性，增一恍忽不可得而推究之主宰、枢纽、根柢，因视气曰"空气"，视心曰"性之郛郭"。是彼奉一自然者之神，居此空气之上、郛郭之中；此奉一必然之理，居此空气之上、郛郭之中也。苟知有物必有则，不以则与物二视之，庶几于孔、孟之言道、言性者始可通。物者指其实体实事之名，则者称其纯粹中正之名。实体实事，罔非自然而归于必然，天地、人物、事为之理得矣。自然之极则是谓理，宋儒借阶于释氏，是故失之也。凡习于先入之言，往往受其蔽而不觉，宋儒言道为气之主宰、枢纽，如彼以神为气之主宰、枢纽也；以理能生气，如彼以神能生气也；以理堕在形气之中，变化气质，则复其初，如彼以神受形气而生，不以形物欲累之，则复其初也。皆改其所指为神识者以指理。其终远于老、释，而近于孔、孟，则彼以"自然"为指归，此以"必然"为指归也。（以上卷三。）

读姜白岩《尊行日记》

清儒戴东原论宋、明理学,深斥程、朱,越后戴望为《颜氏学记》,尝谓其说本诸习斋。近人因疑东原思想渊源于清初之颜、李。余旧著《近三百年学术史》,疑其说无据,颇加驳论。然谓东原思想未必本之于颜、李,此一说也。谓东原生前,绝未闻颜、李绪论,此又一说也。余固谓东原思想,不必本诸颜、李,然亦未谓东原生前,绝未见颜、李书,绝未闻颜、李绪论。盖学者著书流传是一事,后人治其学,称引其书,阐述其遗说,则属另一事。近人因颜、李之学,稍后称引者少,遂谓其学不显,一若其书绝少流传,世无见者,遂疑东原之或可得闻颜、李之遗说于程绵庄。此则混并两事而一说之,实无证以见其必也。余近读清儒姜炳璋所著《尊行日记》手稿,有"乙亥乾隆二十年,三月十八日,于江西友人鲁絜非处,假得颜习斋《四存编》"一条,此下即摘要录述《四存》大意。下月又备记恕谷父洞初与习斋交游,及命其子恕谷从学事。是姜氏固亦曾见颜、李书,而不以治颜、李学名。鲁氏藏有颜、李书,亦不以治颜、李学名。两人与程绵庄同时,然则岂必绵庄乃为独见颜、李之书者?鲁氏交游于姚惜抱,姜氏与钱竹汀、纪晓岚同年成进士,姚、钱、纪三人,皆与东原熟稔,东原又何必独于绵庄所而获闻颜、李之说乎?又按:恕谷与方望溪交好,絜非治古文辞,亦可因《望溪集》而探讨及于颜、李。书籍之流布,学人之窥寻,如水银泻地,如猎犬逐兔,安知其所必循之涂辙哉?且是时颜、李书流传至江西,又何独于北京首善之区,人文荟萃,乃必不得接闻于颜、李之遗说,获见于颜、李之遗书乎?然则东原若见颜、李书,固不必定自绵庄也。

《尊行日记》又有为柴子亭石作书上鄞令宗公,推荐全谢山修《鄞志》,书中有曰:"谢山跅弛之才,英锋四出,固当事未甚许可者也。"又曰:"尊意未免慎重其间者,亦以谢山往往不理于口。生窃观其著《耆旧集》时,痛斥张东沙之偏徇、王一辰之秽赂。凡故家子弟,投金而欲附其祖父之诗文者,辄以为人不足取,诗不足传,悉麾去之,亦以此取怨于人。大抵平居影响之间,不无招谤。而著作传后之事,极其坚忍。"是谢山当日在乡里,似誉评亦不甚美。此亦博学奇才,时所难免。东原早年,被逐于宗党,遂襆被至京,此后绝不返故里。其事之详不可知。汪容甫在江都,亦极招乡里非议。戴、汪皆高才尚气,而少孤赤贫,其傲岸自树,借以自泄其内郁不平之气,而以招来里闾俗人之讥排,此自无伤于其治学立身之大节。戴氏之可议,在其成学立名之后,如"婺源老儒"之称,如《大典·水经注》之发现,此则固不当与早年乡评一例而论也。

偶读《尊行日记》,辄于有关讨论东原学行,而志其所感如此。

此稿刊载于一九六九年三月

《大陆杂志》三十八卷五期

钱竹汀学述

竹汀晚年著《十驾斋养新录》，同时阮元芸台为之序，有曰：

学术盛衰，当于百年前后论升降焉。元初学者，不能学唐、宋儒者之难，惟以空言高论易立名者为事，其流至于明初《五经大全》，易极矣。中叶以后，学者渐务于难，然能者尚少。我朝开国，鸿儒硕学，接踵而出。乾隆中学者，更习而精之，可谓难矣，可谓盛矣。国初以来诸儒，或言道德，或言经术，或言史学，或言天学，或言地理，或言文字音韵，或言金石诗文。专精者固多，兼擅者尚少。惟嘉定钱辛楣先生能兼其成。由今言之，盖有九难。先生讲学上书房，归里甚早。人伦师表，蹈履粹然，一也。深于道德性情之理，持论必执其中，实事必求其是，二也。潜研经学，传注疏义，无不洞彻原委，三也。正史杂史，无不讨寻，订千年未正之讹，四也。精通天算，三统上下，无不推而明之，五也。校正地志，于古今沿革分合，无不考而明之，六也。于六书音韵，观其会通,得古人声音文字之本,七也。于金石无不编录,于官制史事,考核尤精,八也。诗古文词,早岁久主坛坫,冠冕馆阁,九也。元尝服膺曾子十篇矣,曰:"难者弗辟,易者弗从。"若立一说,标一旨,即名为大儒,恐古圣贤,不若是之易也。

阮氏此序,实可为当时推重竹汀为学之代表。竹汀身后,《潜研堂集》刊行,段玉裁懋堂为之序,所言亦无以大异乎阮氏。在竹汀亦自言之曰:

> 宣尼之言曰:"君子博学于文。"颜子述夫子之善诱,则曰:"博我以文。"子思作《中庸》曰:"博学之,审问之。"《孟子》之书曰:"博学而详说之。"圣人删定六经,以垂教万世,未尝不虑学者之杂而多歧也,而必以博学为先。然则空疏之学,不可以传经也审矣。(《抱经楼记》,时年六十。)

则竹汀固自以博学标学的也。空疏之学,为竹汀之所斥。然博学尤贵有的。竹汀又曰:

> 知德性之当尊,于是有问学之功。岂有遗弃学问而别为尊德性之功者哉?(《策问》)

舍问学而言尊德性,固为竹汀所不许。然道问学正以为尊德性,则舍德性而言问学,更尤为竹汀所不许也。阮氏列举九难,首之曰"人伦师表,蹈履粹然",次之曰"深于道德性情之理"。以此为竹汀揄扬,可谓知先后之序矣。

在阮序中,尤可注意者,乃在无一辞涉及汉学、宋学之分野。竹汀论学,即不认有此分野也。故曰:

> 濂溪氏之言曰:"实胜,善也。文胜,耻也。"儒者读《易》、《诗》、《书》、《礼》、《春秋》之文,当立孝弟忠信之行。文与行兼修,故文为至文,行为善行。处为名儒,出为良辅。程、张、朱皆以文词登科,唯行足以副其文,乃无愧乎大儒之名。圣贤施教,未有不以崇实为先。(《崇实书院记》)

此以濂溪、二程、张、朱为能崇实学,故无愧乎大儒之名,则曷尝有菲薄宋儒道学之见存其心中乎?

惟竹汀极不喜《宋史》于《儒林》外别标《道学传》之名,特为文争辨,有曰:

> 自史迁以经师相授受者为《儒林传》,而史家因之。洎宋,洛、闽诸大儒讲明性道,自谓直接孔、孟之传。嗣后儒分为二,有说经之儒,有讲学之儒。《宋史》乃创为《道学传》,列于《儒林》之前,以尊周、二程、张、邵、朱六子,而程、朱之门人附见焉。去取予夺之例,可谓严矣。愚读之而不能无疑。以为周、程、张、朱五子,宜合为一传,而于论赞中著其直接圣贤之宗旨,不必别之曰道学也。自五子而外,则入之

275

《儒林》可矣。若是则五子之学尊，而五子之道乃愈尊。五子不必辞儒之名，而诸儒自不得并于五子。(《跋〈宋史〉》)

是竹汀特反对《宋史》之别标《道学传》以列于《儒林》之前，非反对周、程、张、朱之创为道学也，故曰："五子之学尊，而五子之道乃愈尊。"又曰："诸儒自不得并于五子。"其轩轾显然矣。学者固当寻五子之学以究其道，非谓此五子者，乃不得预于学问之门，不得列于道统之传也。竹汀又曰：

　　史家之例，以列传为重，其列于《儒林》、《文苑》者，皆其次焉者也。元人不通史法，乃特创《道学》之名，欲以尊异程、朱诸人。后来无可充《道学》者，而无识之辈，竟以《儒林》为荣。愚意当总题之曰"人物"，但以时代为次，不分优劣。既遵古式，又息争端。(《鄞县志局与同事书》，时年六十。)

此为与人论修志书，不仅欲废"道学"之名，并亦主去"儒林"之目。此皆论史法，非于道学、儒林争优劣，尤显然矣。而竹汀之于朱子，则尤致其佩仰之情。故曰：

　　孔、孟已远，吾将安归？卓哉紫阳，百世之师。主敬立诚，穷理致知。由博返约，大醇无疵。山高海深，日丽星垂。浩然元气，入人心脾。庆元党禁，守正靡移。立德不朽，斯文在兹。(《朱文公三世像赞》)

此文直以朱子为孔、孟后一人，而曰"斯文在兹"、"百世之师"，可谓是至高无上之赞辞矣。所以然者，岂不以朱子穷理致知由博返约之教，特于竹汀之为学有深契乎？故又曰：

> 文公穷理精而好学笃，故不为过高之论。若金溪诸子，则以为支离而不足学矣。(《十驾斋养新录》)

竹汀又特为此条标题曰"朱文公议论平实"，此又见其平日论学特所向慕之一端。又《竹汀日记钞》卷三《策问》有一条云：

> 孔、孟之书，儒者童而习之。孟子道性善，性之善，于亲亲敬长见之，所谓良知良能也。而宋儒乃谓"性中曷尝有孝弟来"，其似异而同之故，果何在欤？明儒主良知者，又与孟子之意异，果有当于圣学否？宣尼四教，不越文、行、忠、信。学问之后继以思辨。非徒思也。紫阳以穷理为致知，此为圣学真传。而或者转讥学问为支离，毋乃与孔、孟之旨相刺谬乎？

今按：竹汀长吴郡紫阳书院，始自乾隆五十三年戊申，上距雍正六年戊申竹汀生年，适花甲一周，竹汀年已逾六十。其长紫阳凡十六年，此条《策问》不知在何年，要之已在竹汀之晚岁，而以朱子为圣学真传，则与前引两条无异趣。其不满于陆、王，亦与上引《养新录》一条相发。此皆竹汀晚年之见也。《潜研堂集》又特为王白田作传，是竹汀之心香一瓣所在可知矣。

然竹汀论学，特戒诋毁之争，又不喜门户之见。故曰：

> 论学术不为非圣悖道之言，评人物不为党同丑正之心。
（《养新录》）

又曰：

> 欧罗巴之俗，能尊其古学；而中土之儒，往往轻议古人。
（《赠谈阶平序》，年五十二。）

斯可谓情见乎辞矣。又曰：

> 今之学者，读古人书，多訾古人之失。与今人居，亦乐称人失。人固不能无失，然试易地以处，平心而度之，吾果无一失乎？吾求吾失且不暇，何暇论人哉？理之所在，各是其所是，各非其所非，世无孔子，谁能定是非之真？（《奕喻》）

又曰：

> 大抵好诋毁人者，必非忠信笃敬之士。于古人且不能容，况能容同时之善士乎？（《养新录》）

又其评《论衡》有曰：

其书殆所谓小人而无忌惮者。《问孔》之篇，掎摭至圣；《自纪》之作，訾毁先人。(《跋〈论衡〉》)

又曰：

安石心术不正，即在好非议古人。(《养新录》)

又曰：

今海内文人学士，穷年累月，肆力于铅椠，孰不欲托以不朽，而每若有不敢必者。予谓可以两言决之，曰"多读书"、"善读书"而已矣。胸无万卷书，臆决唱声，自夸心得，纵其笔锋，亦足取快一时。而沟浍之盈，涸可立待。此固难以入作者之林矣。亦有涉猎今古，闻见奥博，而性情偏僻，喜与前哲相龃龉。说经必诋郑、服，论学先薄程、朱。虽一孔之明非无可取，而其强词以求胜者，特出于门户之私，未可谓之善读书也。(《严久能"娱亲雅言"序》)

不读书而凿空师心，既为竹汀所深斥；而好立门户，竹汀又谓之不善读书。必祛此二弊，而后竹汀论学之渊旨乃可见。故又曰：

圣人议论公而度量大。王者知此，可无乏才之叹；儒者知此，必无门户之争。(《养新录》)

又曰：

> 与今人争名，命之曰"躁"，人其嫉之；与古人争名，命之曰"妄"，天其忌之。（《名箴》）

其与人论《史记》有曰：

> 自王子师诋子长为谤史，宋、元、明儒者訾议尤多，仆从未敢随声附和。盖读古人书，诚爱古人，而欲寻其用意之所在，不肯执单词以周内文致也。（《与梁耀北论〈史记〉书》）

又其论吴廷珍《新唐书纠谬》有曰：

> 《新史》舛谬固多，廷珍所纠，非无可采。但其沾沾自喜，祗欲快其胸臆，则非忠厚长者之道。（《跋〈新唐书纠谬〉》，时年四十七。）

观于上引，竹汀为学，主于持论执中，实事求是，决不愿见学术界有轻肆诋毁菲薄前人之风，更不愿有门户出入主奴之私争。此在当时学术界中，洵可谓一特立独出之人物。

余读《十驾斋养新录》，有一条云：

> 朱文公《与陈同甫书》云：欲贤者百尺竿头，进取一步，不作三代以下人物，省得气力为汉、唐分疏，即更脱洒磊落。

此条仅录朱子语,更不自下一辞。窃意在当时,汉、宋门户意气已一时垒起,竹汀孤怀独抱,明照炯然,既不愿与时人竞肆辨诘,亦不愿为古人一一分疏,诚所谓"省得气力","脱洒磊落"。朱子此言,在竹汀必极有所感慨,故备录之,而更不自著一语,则尤值后人读其书者之神往也。此条在《余录》,已在竹汀七十六后之晚年,其对当时学术异同上之情怀,亦大可想见矣。

然竹汀论学,虽不喜立门户,启诋争,亦非为乡愿无所是非之谓。故曰:

> 学问乃千秋事,订讹规过,非以訾毁前人,实以嘉惠后学。

又曰:

> 去其一非,成其百是,古人可作,当乐有诤友。(《答王西庄书》)

其为《答问》,《论语》之部,申古注、辨朱子《集注》者不少。又其《读大学》篇,并有"信先儒不如信经之愈"之说。又曰:

> 《礼记》出于汉儒,而后世尊之为经。子思之学出于曾子,曾子书亦不传。曾子、子思之微言所以不终坠者,实赖汉儒会萃之力。后之人诋诹汉儒,摘其小失,屏斥之。得鱼、兔而忘筌、蹄,其亦弗思甚矣。(《论子思子》)

得鱼、兔,忘筌、蹄,竹汀谓之"弗思"。则宝筌、蹄而忘鱼、兔,更非竹汀所许可知。又曰:

> 后之儒者,废训诂而谈名理,目记诵为俗生,诃多闻为丧志,其持论甚高,而实便于束书不观、游谈无根之辈。有明三百年学者,往往蹈此失。圣朝文教日兴,好古之士始知以通经博物相尚。若崑山顾氏、吴江陈氏、长洲惠氏父子、婺源江氏,皆精研古训,不徒以空言说经。其立论有本,未尝师心自用,而亦不为一人一家之说所圈。故尝论宋、元以来言经学者,未有如我朝之盛者也。(《与晦之论〈尔雅〉书》)

此书所主,则曰"通经博物";所斥,则曰"束书不观、游谈无根"。既不许"师心自用",亦不欲"为一人一家所圈"。其所轻则为有明三百年学者,而所重则在清初以下诸儒。谓其直接宋、元以来,此颇与顾亭林之说为近。阮氏序《养新录》特举《五经大全》为说,似与竹汀所自言者有辨。竹汀论学辨虚、实,阮氏又以难、易说之。博学实学自为难,意气空言则自为易,然竹汀似未有讥斥元儒之意也。竹汀所举清儒,首亭林,此必有会于亭林"经学即理学"之说,而措辞尤为持平。其曰吴江陈氏,乃陈启源长发,作为《毛诗稽古》三十卷,亦清初一经儒也。其特可注意者,即竹汀论经学,亦与清儒一般言经学者有不同。其言曰:

> 《易》、《书》、《诗》、《礼》、《春秋》,圣人所以经纬天地者也。上之可以淑世,次之可以治身。于道无所不通,于义

无所不该。而守残专己者，辄奉一先生之言以为依归，虽心知其不然，而必强为之辞。又有甚者，吐弃一切，自夸心得，笑训诂为俗儒，诃博闻为玩物。于是有不读书而号为治经者，并有不读经而号为讲学者。(《抱经楼记》)

此所谓经纬天地，上以淑世，次以治身，此始为治经宗旨，非必以学汉儒说经为治经宗旨也。

又曰：

自宋、元以经义取士，守一先生之说，敷衍傅会，并为一谈，而空疏不学者，皆得自名经师。间有读汉、唐注疏者，不以为俗，即以为异，其弊至明季而极。(《臧玉林〈经义杂识〉序》)

此亦与亭林之见相同，乃指陈宋、元以下之学弊，固不以宋、元儒之言性理道学为学弊。亦固不谓经学经师则即以能读汉、唐注疏为能事已毕也。

又曰：

三礼之有郑注，所谓县诸日月不刊之书也。宋儒说经，好为新说，弃古注如土苴，独《仪礼》为朴学，空谈义理者无从措辞。而朱晦庵、黄勉斋、杨信斋诸大儒又崇信之。故郑氏专门之学，未为异义所汩。至元吴兴敖君善出，乃诋以疵多醇少。其所撰《集说》，虽云采先儒之言，其实自注疏外，皆自逞私意，非有所依据也。然自敖氏之说兴，缀学者厌注

疏之繁而乐其易晓，往往舍古训而从之。（《仪礼管见·序》）

此文指出经学上有尊古注与空谈义理好为新说之两途。然如朱子，后人奉以为宋儒言义理之大宗，亦崇信郑注。言《礼》不能屏理不谈，言理亦不能舍《礼》不问。余为《朱子新学案》，备著其说于《朱子之礼学》篇。清儒如焦循里堂，乃谓"汉儒言《礼》不言理，宋儒言理不言《礼》"，此乃门户之见，非学术之真。竹汀所分辨，可谓明晰。阮氏序竹汀《养新录》，特举难、易之辨，而不分汉、宋，特指其流弊始于元儒，殆即据竹汀之斥敖氏以为言也。又竹汀言汉儒专家之学，仅举郑氏，至于上推西京，与一宗《公羊》，盛推今文，皆是此下推波助澜之言，当非竹汀所许。

竹汀又特论郑玄之为人，有曰：

> 读古人之书，必知其人而论其世。郑君兼通六艺，集诸家之大成，厥功伟矣。荀慈明委蛇台司，未有匡时之效，视北海之确乎不拔者，相去远矣。有济世之略，而审时藏器，合于无道则隐之正，此大儒出处，所由异乎逸民者流与！（《郑康成年谱·序》）

竹汀以此推尊康成，较之并时汉学家专尊家法，相去诚不可以道里计。

竹汀又举宋儒孙明复而阐论其治经之意，有曰：

> 予谓先生立言，主乎明道。当宋盛时，谈经者墨守注疏，有记诵而无心得。有志之士，若欧阳氏、二苏氏、王氏、

二程氏,各出新意解经,蕲以矫学究专己守残之陋,而先生实倡之。观其《上范天章书》,欲召天下鸿儒硕老,识见出王、韩、左、谷、公、杜、何、毛、范、郑、孔之右者,重为注解。俾六经廓然莹然,如揭日月,以复虞、夏、商、周之治,其意气可谓壮哉!元、明以来学者,空谈名理,不复从事训诂,制度象数,张口茫如,则又以能习注疏者为通儒矣。夫训诂、名理二者,不可得兼,然能为于举世不为之日者,其人必豪杰之士也。(《重刻孙明复小集·序》)

是则以能习注疏为通儒,亦特是元、明学弊后始然。而通经贵在明道,贵在能复三古之治,贵在能自有心得,不仅凭于注疏之墨守。其所赞叹于宋儒治经之意趣者又如何乎?此又何尝有丝毫尊汉抑宋之意存其胸中?其《送俞楠园教授苏州序》,极称宋儒胡安定之教法,又引朱子之言以为阐说。又其《跋〈四书纂疏〉》,辨白赵润孙未仕元代,谓:"关系格庵名节,恐为攻道学者借口,故不可不辨。"此尤足为竹汀并不赞许当时学术界攻击宋儒道学之风一明证。此跋成于竹汀六十八之年,尤见其为晚年思想也。

竹汀又直陈当时言经学者之失,有曰:

近代言经术者,守一先生之言,无所可否,其失也俗。穿凿傅会,自出新意,而不衷于古,其失也妄。唯好学则不妄,唯深思则不俗,可以言道。(《赠邵冶南序》,时年四十四。)

是则治经求以明道,而通经明道,则既贵有学,尤贵能思。岂仅暖暖姝姝于汉儒一家之言，所谓家法师承者所能膺此好学深思之名，以任此道之寄乎？

竹汀又言之，曰：

> 儒者之学，在乎明体以致用。《诗》、《书》、执礼，皆经世之言也。《论语》二十篇，《孟子》七篇，论政者居其半。当时师弟子所讲求者，无非持身处世、辞受取与之节。而性与天道，虽大贤犹不得而闻。儒者之务实用而不尚空谈如此。今读先生是书，指陈利病，洞达古今，其言要而不烦，其道简而易行，盖贾谊《新书》、崔寔《政论》、仲长统《昌言》之亚也。若夫剿圣贤之格言，著语录以惑世，而经史不讲，先生于《距伪》篇中，业大声疾呼之矣。（《世讳·序》，时年五十七。）

此文直斥宋儒以下之语录，主张经世实用，经史实学，而不满于宋以下语录之多言性与天道，其意略似顾亭林。与空言经学者不同，与分汉、宋疆界以言经学者尤不同。竹汀极慕亭林，其为《养新录》，亦效亭林之《日知录》，惟博学多闻为相似，而经世实用若为微逊。然此乃时代限之，亦殆才性有辨。竹汀要为有此意，与同时之尊汉抑宋，专在注疏与家法争是非短长者绝不类，此当为之抉发也。

竹汀又论《易》学有曰：

> 古之圣贤，求《易》于人事，故多忧患戒惧之词；后之儒者，求《易》于空虚，故多高深窈妙之论。（《与程秀才书》）

此又竹汀论学,一本之于人事与义理,不以汉、宋为疆界,不以注疏为终极也。

当竹汀之世,论学者已树汉、宋之壁垒,而又为经、史分门庭。若论史学,则必群推竹汀为巨擘。然竹汀论学,固常盛推经术,其言已如上引。而竹汀之论史,亦与时风众趋有不同。其《与邱草心书》,论征诛与禅让,而谓"儒者立言,当为万世生民虑"。其自为《廿二史考异》作序则曰:

> 予弱冠时,好读乙部书。通籍以后,尤专斯业。史非一家之书,实千载之书。祛其疑,乃能坚其信;指其瑕,益以见其美。拾遗规过,匪为齮龁前人,实以开导后学。而世之考古者,拾班、范之一言,摘沈、萧之数简,兼有竹素烂脱,豕虎传讹,易"斗分"作"升分",更"日及"为"白芨",乃出校书之陋,本非作者之瞽。而皆文致小疵,目为大创。驰骋笔墨,夸耀凡庸,予所不能效也。更有空疏措大,辄以褒贬自任。强作聪明,妄生疣痈。不问年代,不揆时势。强人以所难行,责人以所难受。陈义甚高,居心过刻。予尤不敢效也。惟有实事求是,护惜古人之苦心,可与海内共白。(《廿二史考异·序》,时年五十三。)

是竹汀实一本其平日所揭橥之论学宗旨以治史,在其心中,并不见有经学、史经之鸿沟,更亦绝无以史学名家,求与当时经学相抗衡也。尝称方正学有曰:

予独爱其论人之患，"莫过于自高，莫甚于自狭，莫难于不得其源"三语。先生之学，正以未尝自高，而所得益深。世徒见其舍生取义，浩然与日星河岳争光，而不知至大至刚之气，直养无害，如水之有源，自在流出。非有所矫强愤激而为之，斯为圣贤素位之学。（《跋方正学〈溪喻草稿〉摹本》）

窃谓竹汀之论学，亦一如其论人。勿自高，勿自狭，而贵乎得其源。凡沾沾以一业自名专家，以为人莫之尚者，此皆自高又自狭，而不得其源之为患也。其评班史《古今人表》曰：

此表为后人诟病久矣。予独爱其表章正学，有功名教，识见夐非寻常所能及。观其列孔子于上圣，颜、闵、子思、孟、荀于大贤，孔氏弟子列上等者三十余人。而老、墨、庄、列诸家降居中等。《论语》篇中人物，悉著于表，而他书则有去取。后儒尊信《论语》，其端实启于此。古贤具此特识，故能卓然为史家之宗。徒以文章雄跨百代推之，犹浅之为丈夫矣。（《跋〈汉书·古今人表〉》）

此即著史学之本源也。曰正学，曰名教，古今以史学名家而能识此意者复有几人？又曰：

太史公修《史记》以继《春秋》，成一家言。其述作依乎经，其议论兼乎子。班氏父子因其例而损益之，遂为史家之宗。(《史记志疑·序》,时年六十。)

此其推奉《史记》以为史学宗主,而曰"述作依乎经,议论兼乎子","继《春秋》,成一家言"。言不烦而意无穷,所谓得其本源而弗自狭者,俱在是矣。然固不见有自高之意存乎其间也。又曰:

> 做官时少,做人时多。做人时少,做鬼时多。徐健庵《通鉴》,多采善言。(《养新录》)

以如此意态读史,以如此意态评人史书,可谓迥不犹人。试问古今以史学名家而能具此胸襟、抱此意态者复有几人?窃谓竹汀之为学,固不限于史。其成学之所至,亦不得仅以史学名。其学浩博无涯涘,不得已而必为之名,则不如直承清初诸大儒如亭林之俦而名之曰"经史实学",庶乎近是。此犹是清儒学风未大变时之所有也。江藩著《汉学师承记》,亦以竹汀列名其间,不知竹汀固未尝以汉学自居。当时以汉学自负,以汉学相号召者,复有竹汀胸襟意趣之仿佛否?江氏之称竹汀又曰:"尝谓自惠、戴之学盛行于世,天下学者但治古经,略涉三史。三史以下茫然不知,得谓之通儒乎?所著《廿二史考异》,盖有为而作。"此言亦无征。谓竹汀乃通儒之学,则然矣;谓其治史乃有为而作,此则仍是经学、史学分门别户之见为之作祟,断无当于竹汀为学之意趣也。同时章学诚,欲标史学与戴震经学相代兴,而贻书竹汀,极陈其义,谓:"天壤之大,岂绝知音?针芥之投,宁无暗合?"(《章氏遗书·上辛楣宫詹书》)此亦未免门户之见,好启争诋。今

《潜研堂集》中不见有复书，是竹汀固不以实斋为知音也。

竹汀于经史外，又注意文章之学，尝为秦蕙田《味经窝稿》作序，有曰：

> 锡山秦公，以通经砥行为东南多士倡。锡山自高、顾诸君子讲学东林，遗风未坠。尊甫给谏公，潜心性理，学养尤邃。公目濡耳染，闻道最早，顾不欲居讲学之名。尝曰："先圣之蕴，具于六经，舍六经安有学哉？"及其出而为文，光明洞达，浩乎沛乎，一如其意之所欲言而止。譬之堂堂之陈，正正之旗，所向无敌，而不为佻巧诡遇之计。昔人称昌黎以六经之文为诸儒倡，今公之文，非六经之法言不陈，非六经之疑义不决，折衷百家，有功后学，所谓"吐词为经，而薪至于古之立言者"，唯公有焉。尝慨秦、汉以下，经与道分，文又与经分，史家至区"道学"、"儒林"、"文苑"而三之。夫道之显者谓之文，六经子史，皆至文也。后世传"文苑"，徒取工于词翰者列之；而或不加察，辄嗤文章为小技，以为壮夫不为。是耻鞶帨之绣，而忘布帛之利天下；执糠秕之细，而訾菽粟之活万世也。（《味经窝类稿·序》）

此其论学，实欲汇道学、儒林、文苑而一之。经术、性理、文章，皆通儒实学所宜备，又岂当时争门户，分汉、宋，别经、史者之所与知乎？故曰：

> 读孔、孟之书，修程、朱之行，而学韩、欧之文，能自树立

不因循。(《饶阳县新建文昌阁记》)

竹汀之论文，在当时亦为特出。尝曰：

> 为文之旨有四：曰明道，曰经世，曰阐幽，曰正俗。有是四者，而后以法律约之，夫然后可以羽翼经史，而传之天下后世。(《与友人书》)

此书乃与友人论桐城方氏所称"古文义法"。竹汀极不喜方氏，谓方所得者，古文之糟粕，非古文之神理。又有《跋方望溪文》一篇，讥望溪以时文为古文。然竹汀虽不喜方氏，于方氏所推尊之归有光，则亦所佩服。尝谓：

> 震川归先生之文，近代之韩、欧阳也。(《归震川先生年谱·序》，时年六十。)

此其持论执中，实事求是之意，于此亦见一斑。较之因薄唐、宋经学，遂并韩、欧阳之文章而忽之者，意量相去，逖乎远矣。又曰：

> 读书谈道之士，以经史为畜畜，以义理为溉灌，胸次洒然，天机浩然，有不能已于言者，而后假于笔以传。多或千言，少或寸幅，其言不越日用之恒，其理不违圣贤之旨，词虽今，犹古也。文之古，不古于袭古人之面目，而古于得古人之性情。性情之不古若，微独貌为秦、汉者非古文，即貌为

欧、曾，亦非古文也。(《半树斋文稿·序》，时年六十九。)

论文本义理性情，最为名通。其论诗，亦如其论文。有曰：

> 诗有四长：曰才，曰学，曰识，曰情。放笔千言，挥洒自
> 如，诗之才也。含经咀史，无一字无来历，诗之学也。转益
> 多师，涤淫哇而远鄙俗，诗之识也。境往神留，语近意深，诗
> 之情也。人心有感，天籁自鸣，虽村谣里谚，非无一篇一句
> 之可传，而不登大雅之堂者，无学识以济之也。胸罗万卷，
> 采色富赡，而外强中干，读未终篇，索然意尽者，无情以宰之
> 也。有才而无情，不可谓之真才；有才情而无学识，不可谓
> 之大才。尚稽千古，兼斯四者，代难其人。(《春星草堂诗集·
> 序》，时年五十八。)

又曰：

> 得古人之性情，而不袭其面目；兼古人之门径，而不局
> 于方隅。此真才人、大才人也。(同上)

又曰：

> 予不喜作诗，尤不喜序人之诗。以为诗者志也。非意
> 所欲言而强而为之，妄也；不知其人志趣所在，而强为之辞，
> 赘也。韩子之言曰："物不得其平则鸣。"吾谓鸣者出于天

性之自然。金石丝竹匏土革木,鸣之善者,非有所不平也。欧阳子之言曰:"诗穷者而后工。"吾谓诗之最工者,周文王、召康公、尹吉甫、卫武公,皆未尝穷。晋之陶渊明,穷矣,而诗不常自言其穷,乃其所以愈工也。(《李南涧诗集·序》)

又曰:

> 昔严沧浪之论诗,谓:"诗有别材,非关乎学;诗有别趣,非关乎理。"秀水朱氏讥之云:"诗虽小技,其原本经史,必也万卷储,始足供驱使。"二家之论,几乎枘凿不相入。予谓皆知其一而未知其二者也。沧浪比诗于禅,沾沾于流派,较其异同,诗家门户之别,实启于此。究其所谓别材、别趣者,只是依墙傍壁,初非真性情所寓,而转蹈于空疏不学之习。一篇一联,时复斐然,及取其全集读之,则索然尽矣。秀水谓诗必原本经史,固合于子美"读书万卷,下笔有神"之旨。然使无真材、逸趣以驱使之,则藻采虽繁,臭味不属,又何以解祭鱼、点鬼、疥骆驼、掉书袋之诮乎?夫唯有绝人之才,有过人之趣,有兼人之学,乃能奄有古人之长,而不袭古人之貌,然后可以自成为一大家。(《瓯北集·序》,时年六十三。)

竹汀论诗文,率具如是。当时经学汉学家,能知玩情肆意于诗歌文章之林囿者,固已少矣。然竹汀之论诗文,即必源本于性情,植根于经史,而尤关心于教化。乃特不喜于自明以下之小说。

其言曰：

> 古有儒、释、道三教，自明以来，又多一教曰小说。小说
> 演义之书，未尝自以为教也，而士大夫农工商贾，无不习闻
> 之。以至儿童妇女不识字者，亦皆闻而如见之。是其教，较
> 之儒、释、道而更广也。释、道犹劝人以善，小说专导人以
> 恶。奸邪淫盗之事，儒、释、道书所不忍斥言者，彼必尽相穷
> 形，津津乐道。以杀人为好汉，以渔色为风流。丧心病狂，
> 无所忌惮。子弟之逸居无教者多矣，又有此等书以诱之，曷
> 怪其近于禽兽乎！世人习而不察，辄怪刑狱之日繁，盗贼之
> 日炽，岂知小说之中于人心风俗者，已非一朝一夕之故也。
> （《正俗》）

此一理论，实可见竹汀论文之又一面，此其所以为通儒实学也。
今若谓清儒治汉学，皆是故纸堆中学问，则竹汀固不尔。平心论
之，当时所奉汉学魁杰，其实亦不尽尔。如惠栋定宇，其所著述，
自诸经外，别有《后汉书补注》十五卷，此关史学；又有《王渔洋
精华录训纂》二十四卷，此关文学。竹汀比之任渊之注山谷，李
壁之注荆公。又有《太上感应篇注》二卷，竹汀亦称之，谓其"笺
注古雅，自成一子，于吾儒明善寡过、敬身畏天之学，岂小补
哉。"（《重刊太上感应篇笺注·序》，时年七十。）又曰："今士大夫多尊崇
汉学，实出先生绪论"。（《古文尚书考·序》）此乃推称惠氏，非即尊
崇汉学，辨文理者必能知之。又如王鸣盛西庄，与竹汀科第同
年，又有婚姻之好，竹汀称之曰：

古三不朽，立言其一。言非一端，所重经术。汉儒治经，各有师承。后儒凿空，师心自矜。堂堂光禄，朴学自好。祖述后郑，升堂睹奥。(《西沚先生墓志铭》)

此谓立言非一，所重经术者，乃竹汀自为言。谓汉人说经必守家法者，乃称述西庄言。而又曰：

经明史通，诗癖文雄。(同上)

是西庄之学，亦经、史、文章三者兼擅。纵谓治经必守汉人家法，非谓学问即尽于是也。其他一时学人，兼擅经、史、文章者，尚亦不乏，而竹汀尤为之冠冕。阮氏《养新录》一序，言之备矣。顾当时戴震东原乃曰："当代学者，吾以晓征为第二人。"此语引于江藩《汉学师承记》。江氏又曰："盖东原毅然以第一人自居。然东原之学，以肄经为宗，不读汉以后书。若先生学究天人，博采群籍，自开国以来，蔚然一代儒宗也。以汉儒拟之，在高密之下，即贾逵、服虔，亦瞠乎后矣，况不及贾、服者哉？"是江氏为竹汀抱不平。然东原初至京师，困于逆旅，竹汀为之延誉，称曰"天下奇才"，举世始知有东原。及东原卒，竹汀为之传，首举其"训诂明而后义理明"(《戴先生震传》)之论，而于此一义，竹汀乃终身称道。如曰：

穷经者必通训诂，训诂明，而后知义理之趣。(《左氏传古注辑存·序》，时年六十。)

又曰：

> 六经者圣人之言，因其言以求其义，则必自诂训始。谓诂训之外别有义理，如桑门以不立文字为最上乘者，非吾儒之学也。诂训必依汉儒，以其去古未远，家法相承，七十子之大义，犹有存者。(《臧玉林〈经义杂识〉序》，时年六十六。)

类此之言犹屡见，而畅发于所为《经籍纂诂·序》。其言曰：

> 有文字而后有诂训，有诂训而后有义理。训诂者，义理之所由出，非别有义理出乎训诂之外者也。汉儒说经，遵守家法，诂训传笺，不失先民之旨。自晋代尚空虚，宋贤喜顿悟，笑问学为支离，弃注疏为糟粕。谈经之家，师心自用。古训之不讲，其贻害于圣经甚矣。仪征阮公，以经术为多士倡，谓治经必通训诂，而未有会最成一编者。往岁休宁戴东原实创此议。此书出而穷经之彦焯然有所遵循，学术正而士习端，其必由是矣。小学云乎哉？(《经籍纂诂·序》，时年七十二。)

谓"治经必通训诂"，此固然矣。谓"有诂训而后有义理"，"非别有义理出乎训诂之外"，此则大不然之甚者。若谓治学必以训诂为主，训诂必以汉儒为归，如此则学必昧其本源，而门户之已狭。学问只在故纸堆中，而所见之已小。实不与竹汀平日论学素旨相合。竹汀论学之渊懿，余既备引其说矣，唯此一义，实堪疵病，而实袭自东原。既奉以为治学之最要途辙，则无怪乎东原之毅然以第一人自居，而以竹汀为第二人也。竹汀以一代通儒，而袭此谬论，迄于晚年，曾不悟其非可与向所持论之凤旨相融洽！由此推衍，则孔、孟义理无其原，而汉、宋门户不可泯。余诵《潜研》一集，每不禁于此而为竹汀致惋惜也。

此稿刊载于一九七一年三月
《故宫文献季刊》二卷二期

读段懋堂《经韵楼集》

段玉裁懋堂于乾隆二十八年癸未从戴东原讲学,投札称弟子。时年二十九。东原以非宋訾朱自负,懋堂则以小学名家。然考《经韵楼集》卷八有《博陵尹师所赐〈朱子小学〉恭跋》其文成于嘉庆十四年己巳,懋堂年七十五。跋中有曰:

> 癸亥,先君子见背,今又七年所矣。归里后所读书,喜言训诂考核,寻其枝叶,略其本根,老大无成,追悔已晚。盖自乡无善俗,世乏良材,利欲纷挈,异言喧豗。而朱子集旧闻,觉来裔,本之以立教,实之以明伦敬身,广之以嘉言善行。二千年贤圣之可法者,胥于是在。或谓汉人之言小学,谓六书耳,非朱子所云也。此言尤悖。汉人之小学,一艺也。朱子之《小学》,蒙养之全功也。子曰:"弟子入则孝,出则弟,谨而信,泛爱众,而亲仁。行有余力,则以学文。"朱子之教童蒙,本末兼赅,未尝异孔子教弟子之法也。

东原言"训诂明而后义理明",一时风气,群以治六书训诂为学问唯一大门径,懋堂尤毕生萃精许叔重《说文》一书。其所为《说文解字注》之付梓,在嘉庆十八年癸酉,仅在此后四年,乃谓"老大无成,追悔已晚",是其内心愤悱之情,实有大堪注意者。

懋堂跋《朱子小学》文,在己巳之三月,而同年正月,又有为严久能作《娱亲雅言·序》,亦在《经韵楼集》卷八。其文有曰:

> 余以谓考核者,学问之全体。学者所以学为人也。故考核在身心性命伦理族类之间,而以读书之考核辅之。今之言学者,身心伦理不之务,谓宋之理学不足言,谓汉之气节不足尚。别为异说,簧鼓后生,此又吾辈所当大为之防者。

东原举义理、考据、辞章为学问三大纲,而以独能言义理自务。懋堂承其师说而变之,谓学问当首重考核。考核当在身心性命伦理族类之间,而以读书之考核辅之,其意首发于为其师《东原集》作序,而及是又发之。与其师所言,意趣有异,盖其心犹不忘宋儒之理学也。

同年,又有《答顾千里书》,见《经韵楼集》卷十一,书中有曰:

> 《颜氏家训》曰:"今有读数十卷书,便自高大,陵忽长者,轻慢同列,如此以学,求益反自损,不如无学。"子朱子《小学》取之。顾泾阳诲钱牧翁曰:"汝自谓读书多,我有书

二本，汝却未读，乃《小学》也。"未有无人品而能工文章者。
足下姑读《小学》，何必一再言！

是即考核身心伦理而以读书之考核辅之之意。既曰"学者所以
学为人"，又曰"未有无人品而能工文章"者，斯诚宋学宗旨所
在。其跋《朱子小学》，必曰"恭跋"。其称朱子，又必曰"子朱
子"，斯其一瓣心香之深入骨髓可知矣。

又按：懋堂为《戴东原集·序》有曰：

> 玉裁闻先生之绪论矣。其言曰："有义理之学，有文章
> 之学，有考核之学。义理者，文章、考核之源也。熟乎义理，
> 而后能考核，能文章。"玉裁窃以谓义理、文章，未有不由考
> 核而得者。自古圣人制作之大，皆精审乎天地民物之理，得
> 其情实，综其始终，举其纲以俟其目，与其利以防其弊，故能
> 奠安万世。虽有奸暴，不敢自外。《中庸》曰："君子之道，
> 本诸身，征诸庶民，考诸三王而不缪，建诸天地而不悖，质诸
> 鬼神而无疑，百世以俟圣人而不惑。"此非考核之极致乎？
> 圣人心通义理，而必劳劳如此者；不如是，不足以尽天地民
> 物之理也。

懋堂编《东原集》而为之序，事在乾隆五十七年壬子，懋堂五十
八岁，尚在为严久能作序前十八年。是懋堂虽深佩其师之学，而
于其师之说，必重有引伸，加以发挥，而又反复言之。此非有意
于背师，乃其幼年濡染于理学，尤其于朱子之言，至老而不能忘。

其谓"尽天地民物之理"者,即朱子之格物精神也。故曰"考核在身心性命伦理族类之间,而以读书之考核辅之"也。此亦犹朱子言"读书即格物之一端"也,而岂仅经籍训诂之务乎?

懋堂又与刘端临为好友,曾为《刘端临先生家传》,有曰:

> 君生有至性,六岁,母朱宜人卒,哀毁如成人。入家塾,终日端坐,未尝离几席,终其身如是。少颖悟,九岁作《颜子赞》,长老无所点定。十余岁,潜心理学,于其室设宋五子位,朝夕祀之。入里巷,目不旁视,时人有"小朱子"之目。年十六,补县学生员。院试前夕,漏数刻不寐,家人疑其温习经义,就视之,《朱子语类》也。

懋堂与端临为友,在其四十七岁时。其对东原正式定师弟子礼在三十五岁。东原为《孟子字义疏证》尚在前,而与懋堂通函称述此书,则在懋堂之四十三岁。懋堂编《东原集》作序,在五十八岁。可证懋堂虽师事东原,然其崇重朱子之意,则至是终未变。懋堂特认东原言义理,于宋儒外别有发明而已,固未以东原言易宋儒,亦显未以当时之经学与有宋理学作对抗也。至刘端临卒,则在懋堂之七十一岁。其为《端临家传》,应即在此年或稍后不久。而是年有《与王石臞书》,云:"弟落魄无似,时观理学之书。"又谓:"《说文注》近日可成。"则懋堂虽萃精许氏《说文》,而其崇理学尊朱子之意,则固未变。其为《博陵尹师所赐〈朱子小学〉恭跋》,及为严久能作《娱亲雅言·序》,则在懋堂之七十五岁,尚在此后。会合而观,则懋堂之学术途径与其思想向背，自始以来，显不以经学、理学相对抗意。而其同门如王石臞，至好如刘端临，亦皆绝不作此想，此可知当时之学风也。懋堂《与刘端临书》有云：

> 《孟子字义疏证》所言，实能发明孔、孟之旨，而非宋人所能见到，足下以为然否？

是懋堂亦疑东原所言与宋儒有背，疑未能定，乃以询之于端临也。又一书云：

> 《白田先生集》及已刻之书，能为致之否？竹汀著有《白田传》一篇。

是懋堂一面称道其师之《字义疏证》，一面仍留心王白田，即是仍不忘朱子宋学也。盖懋堂心存依违，而终无定见有如是。

其《与王怀祖书》则曰：

> 东原师曾与弟书云："仆生平著述，以《孟子字义疏证》为第一，所以正人心也。"今详味其书，实实见得宋儒说理学，其流弊甚大，阁下可曾熟之覆之？

懋堂此书，自言年七十有六。在其恭跋《朱子小学》之后一年。是懋堂为《朱子小学·跋》以后，心终不安，又再熟覆东原之《疏证》，乃终觉宋儒说理学之流弊。与其以前《与刘端临书》，仅谓东原所言,"非宋人所能见到"者,语意又不同。窃疑懋堂思想转变专主东原殆始于是。虽未明白畅论,而迹象已不可掩失。

又按:《经韵楼集》卷三有《在明明德在亲民说》一篇,有曰:

> 经之不明,由失其义理。义理所由失者,或失其句度,或失其故训,或失其音读。三者失,而义理能得,未之有也。朱子云:"明德者,人之所得乎天,而虚灵不昧,以具众理而应万事者也。""虚灵不昧",语近佛氏"本来面目"之云,特以"理"字易"心"字,谓吾儒本天,释氏本心耳。"复初"之云,始见于《庄子》,《大学》言"充积",非言"复初"。失古经句度故训,以私定之句度故训释经,非《大学》之旨也。至于程子之读"亲民"为"新民",则又失其音读者也。往者东原师作《大学补注》,为予言开宗二句之义,而其书未得见,因述以诒后之人。

此文明据东原驳程、朱。谓经中义理,必由句度、故训、音读而得,此正东原意,与懋堂向所言"求尽天地民物之理"者有不同。其说明明德,谓"明明"犹煌煌、赫赫之类,以"明"其"明德"为非。此终为谁失其句度、故训乎?惜此文著作年岁不可考。其下一篇《大学此之谓自谦郑注释》,亦驳朱子《章句》,题注庚午三月,在嘉庆十五年,正是懋堂七十六岁时。此两篇当系同年所作。则懋堂意见确于此年始有转变也。

又《经韵楼集》卷九有《十经斋记》一篇,作于嘉庆十七年壬申,懋堂年七十八,文中有曰:

　　余耄矣，近者亦闭户一室中，以二十一经及吾师《原
善》、《孟子字义疏证》恭安几上，手披口读，务欲训诂、制度
名物、民情物理稍有所见，不敢以老自懈。

是懋堂老而益尊其师也。其谓二十一经，乃于十三经外，欲广之
以《大戴礼》、《国语》、《史记》、《汉书》、《资治通鉴》、《说文解
字》、《九章算经》、《周髀算经》八种，谓：

　　学者诵习佩服既久，于训诂、名物制度之显题，民情物
理之隐微，无不憭然。无道学之名而有其实。

此于十三经外又增八种，首《大戴礼》，末尾《算经》两种，皆其师
东原所曾亲校也。至朱子《四书集注》，乃当时人人必读书，顾
摈不得预。又懋堂常用"理学"字，至是乃改称"道学"，而曰"无
道学之名而有其实"。是懋堂至是年，乃始一遵其师东原之意，
至谓可以有经学，无理学，并道学之名亦可无。而懋堂之《说文
解字注》，亦于是年授梓，殆可谓至此年而懋堂意见之定于一是
者益显也。

　　又《经韵楼集》卷七《东原先生札册跋》有曰：

　　哲人其萎，失声之哭，于兹三十有八年矣。思先生而不
可见，于是修先生《年谱》一卷付刻，又哀先生札得十四，付
装潢。

是年,懋堂八十岁。其为《东原年谱》,乃迟至东原卒后之三十八年,其于《年谱》与装潢之札,尤拳拳于《字义疏证》一书,则知懋堂意见之确然独奉东原一家言以为定论者,乃自其七十六至八十之年而大定也。而翌年,懋堂年八十一,五月,《说文解字注》全部刊成,九月亦溘然逝世矣。

又按:《东原年谱》载,先生与朱文正公善,乾隆三十四年己丑,文正为山西布政司使,先生偕玉裁往。朱文正公尝曰:"汝二人竟如古之师弟子,得孔门汉代之家法。"朱石君卒,在嘉庆十一年丙寅。《经韵楼集》卷七,有阙文两篇,一《戴东原先生配享朱子祠议》,又一为《上大兴朱中堂书》。考《经韵楼集》始刻于道光元年辛巳,距懋堂卒已六年,疑此两文不为懋堂身后刻其集者所删,殆懋堂生前自删之也。盖懋堂官卑,配享之议不获亲上,乃贻书石君,恳其上之。石君于嘉庆七年为协办大学士,十年,拜体仁阁大学士,以至其卒。懋堂上书称"中堂",即在此数年间。尚在其跋《朱子小学》前,殆石君却之,议未获上,事既不成,懋堂临老,又改变初见,一意尊东原,遂没其稿。又懋堂《东原集·序》,及为《东原年谱》时,已不再提及此意。今《经韵楼集》亦不收此序,此必懋堂自删之。而于恭跋《朱子小学》,则犹存其文;于请东原配享朱子,则犹存其题,此以志往年之心迹,皆见懋堂禀性之敦厚也。

皮锡瑞《经学历史》,据"议配享"及"跋小学"两文,乃谓江、戴、段之学,未尝薄宋儒。又谓:"惠、江、戴、段为汉学帜志,皆不敢将宋儒抹摋。"不知慎修在前,恪遵朱子矩矱,与东原自不同。懋堂幼年受程、朱影响,至老依违两者间,及七十六之后至于八十之年，乃始一尊东原；细读其集，可以推知。石臞乃其同门，然出理学家庭。其父于石臞幼年，馆东原于家，命之受学，乃终其生专心小学训诂，绝不一语及义理及经学、理学异同；其识解明通，似过懋堂。及懋堂之卒，乃曰："若膺死，天下遂无读书人矣。"以读书人称重懋堂，可谓恰切。盖石臞亦敦厚人，其父、其师为学途径不同，故语有分寸。皮氏所言，粗疏已甚，特附辨于此。

又按：王石臞《叙端临遗书》有曰：

> 端临邃于古学，其于汉、宋诸儒之说，不专一家，而惟是之求。精思所到，如与古作者晤言一室，而知其意旨所在。比之征君阎百诗、先师戴庶常、亡友程易畴，学识盖相伯仲。以视凿空之谈，株守之见，犹黄鹄之于壤虫也。

石臞之赞端临，正取其兼采汉、宋。百诗尊朱，东原反朱，而石臞并列齐称之。易畴与东原，同师于婺源江氏，其学亦汉、宋兼采，途辙近于师门，与东原之呼"婺源老儒"者异矣。石臞亲受业于东原，尊之曰"先师"，而特以与"亡友"程易畴合引，又增之以百诗，岂石臞不了于此三人论学之意见？又谓端临学识于此三人可相伯仲，是石臞深赏端临，而于其师东原转若未为特加重视。又岂如懋堂自谓于端临为至好，与石臞为同门，而特尊其师东原，以为超出有宋程朱理学之上？即此一端，亦可觇端临、石臞、懋堂三人之学识深浅矣。

又石臞《叙懋堂〈说文解字注〉》有曰：

> 训诂声音明而小学明，小学明而经学明，盖千七百年来无此作矣。

此曰"小学明而经学明"，乃承其师东原之说，然不曰经学明而理学可废，则与懋堂之尊其师者为有间矣。

又《石臞行状》称：其子伯申年十岁，石臞即以朱子《童蒙须知》命手录，置案头省览。暇则讲解《朱子小学》，佐以吕新吾《小儿语》，俾知寡过之方。是则石臞之教其子，正犹懋堂七十五岁恭跋《朱子小学》时之心情也。然石臞似未尝如懋堂之必明辨《朱子小学》为真小学，而声音训诂为不得称小学也。

又懋堂甥龚定庵为《王伯申墓表》，有曰：

> 士珍平日所闻于公者，曰："吾之学，于百家未暇治，独治经。吾治经，于大道不敢承，独好小学。"

是伯申明承其家教，以小学非即大道，不作训诂明而义理明之说。而石臞、伯申父子，亦岂诚于所谓大道者绝不理会，而又懵无所知乎？

又刘宝楠，字楚桢，端临从子。为《论语正义》，时人称其"搜集汉儒旧说，益以宋儒长义，及近世诸家"。成孺《宝楠传》有曰：

> 楚桢虽从事汉学，然推崇朱子，绝不蹈非毁宋儒之习。

是楚桢殆能确守其从父端临之教者。其子刘恭冕叔俛,续成其父所为之《正义》,作为《后序》,亦曰:

> 不为专已之学,亦不欲分汉、宋门户。

是宝应刘氏自端临、楚桢、叔俛三世,家教相传,正犹如高邮王氏,自安国、石臞、伯申三世之家教相传,治经学而不蔑理学也。陈硕甫谓:

> 高邮王氏三代经学,庋架无唐以后书。

其然,岂其然乎? 硕甫受学于懋堂,虽登王氏之门,似未甚稔于王氏之家风也。

又端临弟子苗之铤,字剑铦。《宝应儒林传》称其:

> 少时读乡先进刘练江、王白田、朱止泉遗书,即慨然慕其为人,而于端临尤所亲炙。尝举《朱子小学》、《近思录》及刘蕺山《人谱》示生徒,曰:"此最切要。舍此则无以为人。"

又朱彬,字武曹,宝应人,有《礼记训纂》。林少穆序之曰:

> 先生承其乡先进王氏懋竑经法,又与刘端临台拱、王石臞念孙、伯申引之父子,切劘有年。故编中采此四家之说

最多。

白田亦宝应人,其《朱子年谱》,石臞父安国为之序。高邮、宝应两邑,有此学风。懋堂与石臞为同门,与端临为至好,然及其晚年,终以尊其师过甚,似与端临、石臞之为学,有不甚相契者矣。后人并称戴、段、二王,不知戴、段与二王之间,有此分歧,因为附识于此。

此稿刊载于一九七六年六月

台北《幼狮月刊》四十三卷六期

记《钞本章氏遗书》

书肆挟《钞本章氏遗书》来国立北京大学求售，余携归灯下检读，疑是实斋子华绂所录副本也。何以言之？道光壬辰，华绂初刻《文史通义》，跋云"先君子易箦时，以全稿付萧山王毅塍，乞为校定，时嘉庆辛酉。及道光丙戌，长兄杼思自南中寄出原草，并毅塍先生订定目录一卷，查阅所遗尚多，亦有与先人原编篇次互异者，自应更正，以复旧观，先录成副本十六册。庚寅、辛卯，得交洪洞刘子敬、华亭姚春木二先生，将副本乞为覆勘。今勘定《文史通义》内篇五卷、外篇三卷，《校雠通义》三卷，先后付梓"云云。今《钞本》适装十六册，与华绂言合，一也。初刻《文史通义·外篇三》，有《答甄秀才论修志》两书、《与甄秀才论文选义例》二书、《修志十议》、《天门县志艺文考》、《五行考》、《学校考》三序，查刘刻本知为王氏原目所无，而此《钞本》皆有之。（与甄四书在卷十《通义·外篇四》，《修志十议》以下四篇在卷十八《方志略·例三》。）华绂所谓王目录"所遗尚多"，其合二也。又《钞本》偶有夹附别纸评识，字迹皆出一手，不知何人所评。惟《史注篇》原注

"义详《叙例篇》",《附录》云:"《叙例篇》《内篇》未见,《外篇》亦无其名,岂见他篇耶？似当注明。"旁附别一手字迹云:"正文已云太史《叙例》之作,是《叙例》乃太史公篇名,然《史记》有《自叙》无《叙例》,或是'自叙'之误。师陆记。"师陆即洪洞刘子敬,时为大梁书院山长,与姚春木同定《通义》篇目者。则其他评识,是否系姚春木笔,虽不可知,而此书曾为刘子敬过目,其合三矣。本此三证,故疑此本当系华绂所录副本也。

此本文字,有王本有目无文,刘刻于他处搜访得之,而此本明有其文者,如《评沈梅村古文》之类是也。有王本有目无文,刘刻亦搜访未得,而此本有之者,如《与孙渊如论学十规》之类是也。有王目所无,刘刻有之,此本亦有者,如《说文字原课本书后》之类是也。亦有王目、刘刻有之,而此本转缺者,如此本卷一《文史通义·内篇一》目录最后一篇为《礼教》,有目无文。刘刻《遗书》附录王宗炎《复实斋书》,有"《礼教》已著成否"之语,是实斋当时先已拟有《礼教》篇目,而文则后成。或华绂副本乃从其兄枋思所寄原草写录,故此文亦未补入也。(此本所见,亦有目无文。)亦有王目、刘刻皆无之,而独见此本者,如《史考摘录》、《清漳书院留别条训》诸文是也。有可以校补刘刻之误者,如《论课蒙学文法》一篇,刘刻采自汪如澜《小方壶汇刻》,乃自"故初学借以为资"下脱去原刻一页,凡六、七百字,径以隔页之首字直接上页之末字,遂使文理不通。读此本始见其全文之真相。凡此之类,若汇而刊之,近有二十篇,诚可为爱读章氏文者一极可喜之发现矣。

章氏《通义》,生前曾刻其一部分。余前读燕大图书馆所藏

《章氏遗书》钞本，篇目均附小注，载列年月，亦有注"已刻"者，即指实斋生前所刻也。此本凡遇已刻，即分页散订，不再钞写，遂可得章氏生前所刻文字之全目及其书样，亦此本一贡献也。今写其目如下：

　　易教　　上中下

　　书教　　上中下

　　诗教　　上下

　　言公　　上中下

　　说林

　　知难

　　评沈梅村古文

　　论课蒙学文法

　　与邵二云论文

　　评周永清书其妇孙孺人事

　　与史余村论文

　　又与史余村

　　答陈鉴亭

　　方志立三书议

　　州县请立志科议

凡二十二篇。王本自《评沈梅村古文》下至《又与史余村》凡六篇皆有目无文，《答陈鉴亭》则并目失之。殆因文已前刻，故未写录乎？（刘刻据双藤花馆所藏《文史通义》钞本补入，亦由未见章氏生前《通义》刻本也。）

　　然颇有极有关系之文，而王本失之，刘刻遂亦不知有此文，未能搜访补入者,如此本卷九《与史余村》"文章经世之业"一篇,又《答邵二云》"来书于戴东原"一篇,皆评戴东原学行及自道为学制行本末,为考论戴、章两人学术异同极可贵之材料,而王本并目无之。疑当时学人不知实斋论学深意,嫌其贬戴太过,恐召戴门后学之哄争,故遂讳之。即实斋原文,亦谓:"此时未可举以示人,恐惊一时之耳目。"又曰:"辨戴诸说,不欲遽为今人所知。"(上引《与史余村》。)又曰:"藏其稿不敢示人,恐惊曹好曹恶之耳目。"(上引《答邵二云书》。)今《大典》本《水经注》行世,戴氏偷窃赵东潜书假托欺世之事大白,则实斋论戴氏专从其心术隐微处着眼者,其意庶亦可以取谅于人也。

即如《与孙渊如论学十规》,刘刻本附录臧镛堂《丙辰山中草跋》,谓"《论学十规》、《古文十弊》、《淮南子洪保辨》、《祠堂神主辨》诸篇,伟论闳议,又复精细入神,切中文学之病,不朽之作也。穀塍先生以此册惠读(按:即指《丙辰山中草》),即以鄙见质之"云云,则王穀塍处固明明有此诸文,不应此后独失《十规》一稿,殆亦讳而灭之耳。此本《论学十规》,不知由何人贴去十规二字,将原文第十项批评袁简斋一节,墨笔钩去。是此人之意,亦欲改十规为九规。盖原书第八本规孙氏攻摘古人太甚,并谓:"请于辨正文字,但明其理,而亦不必过责其人。"且云:"鄙著亦染此病,特未如尊著之甚,今已知悔,多所删改。"而第十规即丑诋简斋,目之为"名教中之罪人,不诛为幸"。所以规人与所以自悔者,乃一篇之中,不逾数百言而即自犯之。故疑今王本无其文,乃由王氏径为删去,非如《酒诰》之俄空也。

此本《妇学篇书后》,"近日无行文人",又"彼浮薄文人",

又"人首畜鸣,创为风趣之说",又"今淫邪之人",皆旁笔改
"不学之徒"字样;又"非圣无法"下,本有"罪不容于死"五字,
亦加笔抹去;末句"其视浮薄文人直秽豕尔",旁笔改"视不学
之徒直妄人尔",此亦皆后人所为,而章氏之评诋逾量,盖尚有
虽悔之而未尽改者。(华绂刻其父书亦多删削,即如《诗话篇》"诗话论诗非
论貌也"以下全灭去不刻,是也。《士习篇》王有目无文,此本并目无之,岂亦砭世有
太甚耶?)

此本《言公篇》,系已刻本散页订入,篇首有一行云:"道听
途说,争名趋诡,腑械心窬,斯文如毁,著《言公》上中下篇。"黏
纸云:"此行宜删。"今华绂刻本无之,刘刻本亦无之,此亦后人
之意。今考实斋《与邵二云论学》,有云:"鄙性浅率,生平所得,
无不见于言谈,至笔之于书,亦多新奇可喜。其间游士袭其谈
锋,经生资为策括,足下亦既知之,斯其浅焉者也。近则遨游南
北,目见耳闻,自命专门著述者,率多阴用其言,阳更其貌,且有
明翻其说,暗剿其意。几于李义山之敝缊,身无完肤;杜子美之
残膏,人多沾丐。才非先哲,而涉境略同,言之可惭,亦可慨也。
鄙昔著《言公篇》,久有谢名之意。"此函所言,正可与原刻《言公
篇》首行互相发明,使读者知其当时下笔之动机。然苟诚意谢
名,则篇首一行固可删去。惟居今而论,则留此一行文字,亦未
始不足为知人论世之一助也。

此本又有《又与朱少白》一书,谓:"鄙著《通义》之书,诸知
己者,许其可与论文,不知中多有为之言,不尽为文史计者。关
于身世有所枨触,发愤而笔于书。尝谓百年而后,有能许《通
义》文辞与老杜歌诗同其沉郁,是仆身后之桓谭也。"此文收入

《文史通义》卷九,王目、刘刻,乃并篇目而失之,岂亦以中论《史考》一案,牵涉及于当时胜流名士种种实相,遂亦有所讳而灭之耶? 余为《近三百年学术史》,于实斋《文史通义》渊旨,颇多抉发,时风众势之慨,身世隐微之感,赏弦外之音于声尘寂寞之后。惜乎子云不作,身后桓谭,竟不知其亦见许否尔。读此文,自比其著作于老杜之歌诗,不禁深喟长吁,若想见乎其人。余以其生前刻本流传,皆非著作深意所寄;及身后爱重其学者,为之搜刻全书,而此等关系文字,仍多湮灭不彰。爰呕写录其轶文不传者,汇为一卷,而记其涯略如此。

附补抄篇目:

与孙渊如观察论学十规(《钞本》卷九)

又与朱少白论文(同上)

又与朱少白(同上)

与史余村(同上)

答邵二云书(同上)

与史氏诸表侄论策对书(《钞本》卷十)

史考摘录(《钞本》卷十五)

"书宋孝女"附录案牍(卷二十二)

书李孝妇事(同上)

书李节妇事(同上)

家石亭封君七十初度屏风题辞(《钞本》卷二十六)

许可型七十初度幢子题辞(同上)

清漳书院留别条训(《钞本》卷二十七)

定武书院教诸生识字训约(同上)

定武书院教诸生集经传文字异同凡例(同上)

寇难(《钞本》卷三十二《通志稿》)

熊倩(同上《孝友传》)

此稿刊载于一九三六年十二月

北平国立图书馆《图书季刊》三卷四期

　　附记　余早孤家贫，年未冠，即为乡村小学教师。一日，偶见报载北京大学招生，有投考者须先读章学诚《文史通义》一条，因向书肆购读，始知其时有章、戴之争，明遗有顾、黄之异，为学有经、史之别。读而好之，每存余心。忽一年，梦登一楼。楼南向，三面皆有廊，惟背北一面为楼梯。东西北三面倚壁皆书柜。中放一长桌，玻璃面，下亦放书。浏览皆章著，乃有人间未见者。醒后常记其事。越后读书渐多，章氏书几无不过目。民国二十五年，授教北京大学。一日，图书馆主持人携《钞本章氏遗书》一大箧来询余此书值购否。因北平书肆，亦时有此书钞本出售，定价四十元，不为贵。余曾见燕京大学亦藏此一钞本，目录附注有年岁，为刊本所无。因嘱送余家，细阅之。念此书有《与孙渊如观察论学十规》一篇，有目无文。刘翰怡重刊此书，登报征求，亦无获。乃此《钞本》赫然有之。大喜二十年前所梦不虚。又检书中夹一大红名片，不识其人姓名，然题洪洞，知必与助校此书者洪洞刘子敬有关。乃彻底细校，得未见文凡十许篇，又刊本一文中缺六、七百字。翌晨，穷日夜力钞录，乃以《钞本》还北大图书馆，嘱速购珍藏。是时，余《近三百年学术史》方付印,乃补入《孙渊如》一文,又增补《学术史》多条。又别为一短记。是年冬,登之《图书季刊》三卷四期。越年,抗战起,余携所钞各篇离北平,辗转滇、蜀,由成都四川省立图书馆出版两百册分赠友好及学校图书馆。后至香港,乃见大陆已翻印此本,而没去余之名字及所钞来历。嗣又见大陆印《文史通义》,已将此所钞散入。然余闻此《钞本》实未藏北大图书馆,乃由图书馆主持人购赠之胡适之,今已不审其所在。余所钞撮,穷日竟夜,出之仓促,或尚有遗漏,则待得此书者重加校核,故特识其经过于此。(一九七七年九月)

《崔东壁遗书》序

　　距今一百四十四年以前，大名老儒崔东壁应礼部试至京师，有云南举人陈履和遇之逆旅，读其所著书《上古》、《洙泗考信录》而大服，北面请师事，相欢游如父子然。如是者两月余而别去，自此不复相见。越二十有五年，履和重来省其师于彰德之里第，则东壁已先五月卒，无子嗣。家人闻叩门声，曰："是云南陈举人乎？"出遗嘱哭授。遗嘱曰："吾生平著书三十四种，八十八卷，俟滇南陈履和来亲授之。"履和再拜柩前，捧全书去如京师，遂次第付梓焉。当是时，世稍稍知有大名崔东壁也。呜呼，学术之精微，其相契于心髓，相要以生死，有如是哉！

　　然东壁之学传矣而不广，存矣而不著，浮沉淹没于书海之底者又百年，乃迄于今而始大显。初，胡君适之自海外归，倡为新文化运动，举世奔走响应惟恐后。胡君于古今人多评骘，少所许，多所否，顾于东壁加推敬，为作长传，曰《科学的古史家崔述》，流布仅半篇，未完稿，然举世想见其人，争以先睹《遗书》为快。胡君友钱君玄同，主废汉字为罗马拼音，读东壁书，自去其姓而姓疑古，天下学人无不知疑古玄同也。而最以疑古著者曰顾君颉刚。顾君为胡君弟子，亦交游于钱君，深契东壁之治史而益有进，为《古史辨》，不胫走天下；疑禹为虫，信与不信，交相传述。三君者，或仰之如日星之悬中天，或畏之如洪水猛兽之泛滥纵横于四野，要之凡识字人几于无不知三君名。"推倒一世豪杰，开拓万古心胸。"于三君乎见之。而东壁以百年前一老儒，声名暗淡，乃留遗此数十种书，得身后百年如三君者之推挹，一旦大显于天下。其遇合之奇，较之当日陈举人之叩门拜枢，抱遗书而去者，其为度越又何如耶？

顾君于东壁书，谋为标点行世，顾郑重其事，不欲仓卒溃于成，积十年乃卒业，而所收遗稿视前益丰。本约胡君、钱君同为之序，值钱君病脑，不能构思，胡君牵于事，顾君亦冗忙，均自恨不能尽其意。一日，告余曰："东壁书标点久定，方脱版，子试有以序其端。"余于三君无当为仆役，惶惭不敢遽诺。他日，顾君又敦促。余念亦闻三君者之风而始读东壁书，并稍稍识其涯略，义不当固辞。而是时华北之风云骤紧，日处危城，震荡摇撼，奇诼蜂起，所见所闻，疑非人境，则亦何意于为之！及事稍定，而北平各大学青年爱国运动骤起，牢狱之呻呼，刀刃之血滴，触于目，刺于耳，而伤于心，一室徘徊，胸沸脉竭。而顾君之限期既届，则我又将何以序崔氏之书而应顾君之命乎？

无已，请舍崔氏书而言时事；时事之坏无足言，请言其所以坏。夫时事之所以坏，其来有渐，非一日也。为穷源探本之论者，乃研讨及于吾中华民族文化之真价。此其事若明若昧，反复萦绕于吾学人之胸海，自晚清以迄今兹，亦既数十年。独至胡君乃始大声疾呼，戒国人勿以已往之文化自傲自安，而钱君、顾君承之。古史者，吾民族自谓四千年光明灿烂文化所托始，又群认以为黄金时代所在也。我民族之光荣何在？曰：在古史。我民族文化之真价何在？曰：在古史。唐、虞、三代、孔、孟几于为后世想慕追求之极规，而三君者起而疑之。其为辨伪考信，夫亦曰将告人以我民族文化渊源真相乃不过若是而已；其有取于崔书，夫亦曰辨伪考信之事昔人已为之，不徒以为解嘲，亦将以资起信而已。方其时，三君之立说固已深虑夫国难之无日，而思大为之申儆；则今日者国难虽殷，崔氏之《遗书》，顾君之深意，固犹当有待于洗发也。

主于尊经而为之考信，以尧、舜、禹、汤、文、武、周公、孔、孟为古史之骨干，此崔书之要旨也。然古史果若是乎？曰：不然。尧、舜、禹、汤、文、武、周公、孔、孟之传统载于六经，传之儒家，而六经之结集，儒家之独尊，其事始于汉，中衰于魏、晋，复于唐而定于宋，未必遽为古史之真也。汉武立五经博士，罢黜百家，两汉四百年利禄之途在是，而学术亦在是；宋人以经义试进士，迄元、明、清勿革，千年来之利禄在是，而学术亦在是。合乎是者谓之正学，背乎是者谓之邪说。虽有一二大儒杂出乎其间，未尝以学问牟禄利，而其所以为学者卒亦无以大异乎朝廷之功令。崔氏之书，盖亦是也。

顾君之辨古史则异是。疑乎尊经者之为见，蔑乎尧、舜、禹、汤、文、武、周公、孔、孟之为统而辨之者也。是其立说果何若？曰：此在古已多有，先秦如庄周、韩非，下及魏、晋之际，凡异乎儒说者皆然。称道尧、舜，固非自今而始开怀疑之口也。二家之辨,易辞言之,一则考诸经以信史,一则求于史以疑经。其对于经学之见解不同,斯其对于古史之观点亦异尔。

然则儒家之所传,六籍之所载,固于古史为若是其不可信欤?曰:又不然。儒家亦古学一大宗,六经亦古籍一大类,儒家之与六经,其自身即为古史一大部,谓必舍此二者而后可以求古史之真相,我未见其有当也。治东周不能无取于《春秋》与《左氏》,治西周不能无取于《诗》、《书》,此皆儒家所传,六籍所统,可信多于可疑,司马迁所谓"载籍极博犹必考信于是"也。唐、虞不敢言,请论三代。孔子曰:"殷因夏礼,周因殷礼,所损益可知。"又曰:"夏礼我能言,杞不足征;殷礼我能言,宋不足征,文献不足故也。"此孔子以夏、殷、周为三代之说也。此西周之君臣已言之,其在《周书》之《召诰》有之,曰:"乌呼,皇天上帝改厥元子,兹大国殷之命;惟王受命。相古先民有夏,今时既坠厥命;今相有殷,今时既坠厥命;我不可不监于有夏,亦不可不监于有殷。有夏不敬厥德,乃早坠厥命;有殷受天命,惟不敬厥德,乃早坠厥命;今王嗣受厥命,我亦惟兹二国命。"则三代受命之说其来甚早,非孔子之创说也。司马迁为《殷本纪》序列自契至汤十四世,今安阳出土甲骨颇多为之互证者;马迁《夏本纪》又载自禹至桀十四世,年世略与自契至汤相当。马迁论殷事可信,何以论夏事不可信?马迁记殷事有据,何以记夏事独无据?马迁之所睹记,其不复传于后者夥矣。若必后世有他据乃为可信,则是马迁者独为殷商一代信史以掩其于夏、周之大为欺伪者耶?曰"桀、纣之恶不如是之甚",此孔门已疑之;曰"伊尹五就桀,五就汤",则孟子又称之;然而曰"汤、武革命",则历古相传,初不以称述于儒家，记载于六籍，遂遽失其可信之价值也。然则上古虽未能如嬴秦以来之一统，而君臣大小上下之分，不惟周文王之于殷纣有之，即商汤之于夏桀已早有之矣。此三代之说所由来也。

何以言周文王与殷纣有君臣大小上下之分也？曰：此周人自言之，著于《诗》、《书》，历有其征。《诗·大雅》："挚仲氏任，自彼殷商，来嫁于周，曰嫔于京。乃及王季，维德之行。"此殷、周早相闻接之证也。《书·召诰》曰："大国殷。"此召公言之也；《多士》曰："天邑商。"此周公言之也；《顾命》曰："大邦殷。"此康王言之也；《大诰》曰："小邦周。"此成王言之也。以此合之于三代受命之说，当时殷、周国际往还，其为有君臣大小上下之分显然矣。今出土甲文乃有"命周侯"一片，不足证《诗》、《书》之非无稽乎？

夫殷、周之为国，既非绝不相闻接，而复有君臣大小上下之分，历有年数，则《纪年》所传文丁杀季历，诸书所载商纣囚文王，其说亦与季历娶于商挚，文王受命为西伯等耳，乌见彼可信而此必不可信？若谓《诗》、《书》不言，此或周人之自讳。此如建州入关，往日告天七大恨，避而不述，努尔哈赤宁远之创，讳而不布，自谓"念累世之宿好，弃近日之小嫌，义切同仇，用申吊伐"也。以后例昔，岂必建州知之而周人不知！今既谓见于六经，传于儒家，其说未必绝不信，亦岂得谓六经不载，儒书不传，即尽为无稽不根之说耶！

崔氏之于古史，有信之太深者，亦有疑之太勇者。崔氏因不信文丁杀季历，文王囚羑里，而遂谓周之立国与商无涉。又谓："今日修贡，明日扰边，弱则受封，强则为寇，曾谓圣人而有是？

盖所以如是说者有二:一则误以汉、唐之情形例商、周之时势,一则惑于诸子百家之言而不求之经传。"彼不知三代之与汉、唐固不如天壤之悬绝,百家之与经传亦并非即是非之分限。以"曾谓圣人而有是"之见治史,此所以终不免于信之深而疑之勇也。

崔氏深信经传,常以"曾谓圣人而有是"之见遇之,此我所谓其信古太深也;而结果所至,遂不得不并经传而疑之,此我所谓其疑古太勇也。崔氏先横一后世君臣之伦理于胸中,遂谓文王必不立纣之朝而为纣臣;因不肯信纣囚文王之事,因亦不信有文王见幽演《周易》之说。然《易》之《彖传》有之,曰:"内文明而外柔顺,以蒙大难,文王以之。"(引此非以证《周易》演于文王,特证纣囚文王之说,儒者亦言之也。)崔氏则曰:"《易传》本非孔子作。"然文王见幽不仅见于《易传》,即《左氏》亦有之。崔氏则曰:"余宁从经而缺之,不敢从传而妄言也。"然《周书》之《无逸》明言之,曰:"文王受命惟中身,厥享国五十年。"《诗·大雅》亦言之,曰:"文王受命。"曰:"有命自天,命此文王。"而崔氏转引欧阳氏之说以为辨,曰:"孔子曰:'三分天下有其二以服事商'。使西伯不称臣而称王,安能服事于商乎!且谓西伯称王者起于何说?而孔子之言,万世之信也。"然崔氏又曰:"《论语》所谓'服事',乃汤事葛、文王事獯鬻之类,与称臣不同。"夫文王于纣不称臣,既可自称西伯,又何独不可以自称王?凡此之类,皆转展矛盾,无法相通。崔氏乃据此生信,据此献疑,进退失守,两无可立。是则崔氏之病在于所信之过狭,其弊遂陷于所疑之过多也。

"尽信书不如无书。"孟子已言之。然轻立一例以判往古之真伪，则其所谓真伪者固得古人之真乎？殷鉴不远，即如崔氏之辨纣与文王之事者是已。夫崔氏所疑未必是，即古说之相传未必非。周之为周，自太王、王季、文王、武王四世相传垂百年，虽僻处丰镐、岐周之地，而国际交接乃远逾其东至于千里之外，有国于淇、洹之间者，其相与往还，略相当于后世天子之与方伯焉。而此为当时所推"天邑"、"大邦"、"受命为元子"之共主，则自盘庚以来迄于帝辛，已历七世十二帝，垂三百年，一线相承，继绳不绝，此自最近出土甲文证之当时经传诸子百家之书而可信者。则纵谓文、武、周公之为大圣乃《诗》、《书》六经之夸词，儒家孔、孟之饰说，而当时我先民之立国于大河两岸，上自渭，下及淇，东西广土，其规模之恢宏，垂世之永恒，必别有其相当之文化。固不得谓抹去尧、舜、禹、汤、文、武、周公圣君贤相之传说，中国古史即全是一段草昧，其见之文字、传之载籍者全属自古之虚谣也。（尧、舜、禹、汤、文、武、周公一系非古史真相，然亦古代一学派即儒学理想之所寄，治古人学术思想者仍不能不讲究。）

言古代哲学者每据《易》谓"《易》经四圣，时历三古"，此其说今人已无信者。谓《十翼》非孔子作，则崔氏已辨之。然姑舍《十翼》，就《周易》上下篇六十四卦言之，纵谓《易》是卜筮书，然卜筮之判吉凶，孰为吉而孰则凶，其事有出于卜筮之外矣。乾之初九何以当为"潜龙"之"勿用"？九二何以"在田"而"利见大人"？九三何以必"终日乾乾夕惕若"？九四何以"或跃在渊"而"无咎"？九五何以"在天"而亦"利见大人"？上九何以"亢龙有悔"？循是推之，《周易》六十四卦各有其教训，即各有其义趣,宁得不谓是古代关于人生哲学一部甚有价值之经典乎？今苟不能确定《周易》上下篇亦战国人所伪造,则治古代哲学思想者乌得不援引及之耶！

故谓六经不尽出于孔、孟可也,谓尧、舜、禹、汤、文、武、周公之圣统无当于古史之真相亦可也,然苟将从事于古史,儒家要为古学一大宗,六经要为古籍一大类,儒家之与六经要为占古文中主要一大部。拘拘乎是二者,而以定古史之真相,其观点为已狭;若将排摈乎是而求以窥古史之全体,其必无当又断可识也。

且岂仅于古为然哉！儒家之与六经,自秦以来迄于今兹,历二千年,盖无往而不占我国史最要之一页矣。故将有志于治国史而探讨我民族已往二千年文化之积累,使不通乎儒家之说,不究乎六经之旨,是犹登山未跻其巅,涉海未达其岸,终必将晻黯而有所不睹,茫洋而有所未逮矣。

当汉之初兴,君相在上以黄、老清净主无为,百官小吏奉行于下,则因循苟简,一遵亡秦之成法。不安于野而思骋其智力者,则奔走诸侯王国,师战国之纵横;或侍从饮宴游猎,惟迎导其主之侈心奢欲为容悦,而习为辞赋。当是时,有倡礼乐教化之为治,一反乎因循苟简,跨越亡秦而上希三代,以开一世人之心思才力而进之历史文化之域,探天人之大原,立仁义之正轨,而使策士纵横、文人辞赋,皆有以自见其操术之卑下,此则贾、董、公孙之功也。故博士惟限于经术,而后方技、神仙、旁门杂流始不得预学官之选;博士有弟子员,郡国守相岁得察举,而朝廷始彬彬有文学,代军功、任荫、赀选而进仕。两汉文治之隆,不得谓非儒术之明效也。今人率谓汉武表章六经,窒思想文化进展之途,是未明当时之情实矣。

迄乎汉季，儒术衰熄，法家之名检激而为老、庄之放荡。然名士风流，一时眉目，既尽随典午而南渡，衣冠之留北方者大率犹守晚汉之经术。五胡云扰，一线未绝，东及辽、燕，西暨秦、凉，下迄元魏，而儒学卒于复兴。建周、隋之规模，启唐室之盛运。北朝儒统虽不能媲美炎汉，而其守先待后，以自完于乱世，使民生未尽涂炭，生机待之萌发，其间线索，治史者固犹可按指也。

唐人以科第取士，门荫渐衰，家教亦落，进身之资决于词华，稍事学问则皈依佛氏，风俗日偷，弊害日显。天宝以往，内乱外忧纷起迭乘，陷极于五季，宛转于北宋，而乃有大谋所以振起之者，于是而为北宋中叶以下之学术。（宋代种种积病，上起唐玄宗时，下迄宋真宗，久已根深柢固。宋学起天圣以下，乃欲拯拔而无力。后世谓当时情势全由学术，误也。）其始也，范仲淹、欧阳修之徒振于上，胡瑗、李觏之伦应于下；其继也，乃所谓"为天地立心，为生民立命，为往圣继绝学，为万世开太平"。士以此为抱负，亦以此为学业，精究之于伊、洛，大成之于南宋。挽近世之学术、人才、政事，胥于是焉奠之基。或者谓近世之中国乃程、朱之中国，其言殆非尽诬。故不通儒术，不明经义，终无以见国史之精神，亦无以彻悟我先民文化之真态也。

盖尝论之，中国二千年来之人才几于皆儒教之人才，故二千年来之历史亦不啻儒术之历史，二千年来之文化亦不啻儒术之文化也。而儒家之所诵习则曰六经，所称道则曰尧、舜、禹、汤、文、武、周公、孔、孟，故中国之古史遂为学者所必治，而尧、舜、禹、汤、文、武、周公、孔、孟遂永为古史之骨干，为后世所讴歌而梦想。(古史之真相为一事,某一时代人对古史之想像为又一事。当知某一时代人一种活泼之想像,亦为研究某一时代之历史者一极端重要之事项也。)迄乎今,以国运之日颓,忧时之士途穷思变,而儒术遂为众矢的。而崔氏之书固一本乎儒家六经,尧、舜、禹、汤、文、武、周公、孔、孟之见以为之者,乃未显于当身而忽行于今日,此又遇合之奇之不为崔氏所逆料者也。

曰怀疑,曰辨伪,曰考信,此顾君之深有取于崔书者也;曰儒术,曰六经,曰尧、舜、禹、汤、文、武、周公、孔、孟,此顾君之未必有取于崔书者也。然尝试取顾君书而读之,凡其所辨,大要仍是儒术之与六经,尧、舜、禹、汤、文、武、周公之与孔、孟焉。故疑,可也;信,可也;考而辨之,无不可也。要之治古史不能不通儒术,不能不知经义,不能不牵连而及于尧、舜、禹、汤、文、武、周公、孔、孟,则固顾君之所不能大异于崔书者也。数年以来,有闻于辨伪疑古之风而起者,或几于枝之猎而忘其本,细之搜而遗其巨,离本益远,歧出益迷。彼以为儒术之与经义,此我之所吐弃不屑道者;然"不入虎穴,不得虎子",琐琐之疑,节节之辨,岂所谓能疑辨者耶!

夫一民族之文化,有其长不能无其短,有其利亦不能无其病;故一民族之历史,有其盛即不能无其衰,有其涨即不能无其落。当此民族历史入于盛涨之期,即此民族能善运其文化之长处优点而发扬光大之征也;不幸而陷入衰落之期,即其民族不能善用其文化之长处利点而遂发露其弱征病态之候也。(东汉博士章句诚为经学之末路,然不得并西汉董、刘诸儒之学术而一例讥之。明人八股为中国近代之病害者深矣,然与程、朱学术不能混为一谈。西汉立五经博士,宋人以经义取士，皆利害互见，不能一概论。要之利病一源，得失同体，不明此意，终搔不到国史痛痒也。）苟此民族而尽丧其固有之文化，即尽忘其已往之历史，而民族精神亦日萎枯以尽，而前途之生命亦竭。此如人之罹大病，病在其身，而所以为健复之资者亦即在其身；舍身而求健复，身之既死，健复何由！良医治病，亦曰治其所以病，不能曰病在其身，必去身乃可以去病也。今日者，我诚大病且死之候矣，然有良医，必求其病之源；病源何在，必在其受病之日，不能谓在其有身之辰也。

然则我民族今日之病源何在？曰：在吾当躬。推而上之，曰：在我父若我祖之世。求之于近百年近数十年之际则得，远索之数千年之上而轻曰其病在我民族整个之文化，是不啻曰：病在吾身，始于吾有生之辰也。或曰："我民族笃古情深，遂窒自新之机。"此亦未尽然。夫思古之情，亦怀生之伦所同具耳；惟他族之有史不能如我之绵历久远，继绳不绝，遂若我为于古独殷焉。然希腊、罗马、埃及、巴比伦之于欧西英、法诸邦，孰与唐、虞、夏、商、周之在我？不闻彼邦学者蔑古不谈，亦不闻彼邦学者以研古窒其自新。我不能深识我今日之所由病，虽绝口不道古，无益也；我能深识我今日之所由病，而痛洗涤之，民族自有其向上之机，不必先遗弃忘失其民族之古史于不闻不问之境而后可也。若曰："我族之有古与彼不同，凡我之不能自新向上皆古人遗毒浸沉，必奋迅脱去而后可。"是不啻曰：我之有身与彼不同，苦我之病，羡彼之强，乃忽然欲脱身以为快也。夫文化之演进时时有其创新，即时时有其转变，远古遗骸何足以遥制历史命运于数千载之下！以古拟古，我未见绌；以今准今，我乃实逊。我不自负责而巧卸其罪于古人，古人宁受之耶！然则尊古固失之，谴古亦乌得为是哉！

一民族之复兴，必将于其民族文化自身为内力之新生；而求其文化自身有内力之新生者又必于其已往之历史有清明之别择。崔氏之书止仅于古代，不足以穷国史之演变；继自今沿流寻脉，自秦以下盖莫不有待于国人之阐发。必使我民族文化演进之真态昭然豁然，重显露于国人之前，如宿醒之乍醒，如久矇之忽视，而后奋跃踊兴，洒然不知沉疴之既去。及是而反视己身，乃将怳然失笑于往日之求脱此躯以为快者之无当也。

然则我国史之重光，文化之更新，国运之转步，胥将于顾君之郑重介绍此书于国人者发之端。谨述此意，以请教于顾君，并质之国难深重下之读是书者。

一九三五年十二月廿八日，钱穆谨序于北平

读《古微堂集》

晚清今文学骤起，以树异于乾、嘉经学，其主要人物，群推魏默深与龚定庵。余著《近三百年学术史》，详龚略魏，斯篇乃以补其缺。已见于旧著者，此不复详，读者其兼观焉可也。

乾、嘉经学考据之业，盛于吴、皖，而默深崛起湖湘，故其最先治学，受吴、皖之濡染者少。姚永朴为《魏默深传》，谓其年十五，补诸生，乃究心阳明学，尤好读史。嘉庆十九年，以拔贡入都，从胡承珙问汉儒学，从姚学塽问宋儒学，又别受《公羊》学于刘逢禄。诗古文词则与董桂敷、龚自珍相切劘。然其最先著作，如《大学古本》、《孝经集传》及《曾子章句》诸书，皆带宋学气息。似受姚学塽影响更大，亦与其先所从入者有关也。及道光十一年，代贺长龄编《皇朝经世文编》，由此留心时务，志在用世。此亦湘学影响，与吴、皖有异。及屡游京都与江、浙，交游日广，濡染既深，乃始从事经学考据。其首先一书为《诗古微》，自述受朱子以下迄于王船山诸人之影响，则其泯除汉、宋门户，显仍与吴、皖经学异趣。其次一著作，当为《董子春秋发微》。《古微堂

外集》卷一载其序,有曰:

> 《汉书·儒林传》言,董生与胡母生同业治《春秋》,而何氏《注》但依胡母生《条例》,于董生无一言及。近日曲阜孔氏、武进刘氏,皆《公羊》专家,亦止为何氏拾遗补缺,而董生之书莫之详焉。若谓董生疏通大诣,不列经文,不足颉颃何氏,则其书三科九旨,灿然大备。且宏通精淼,内圣而外王,蟠天而际地,远在胡母生、何邵公《章句》之上。盖彼犹泥文,此优柔而餍饫矣;彼专析例,此则曲畅而旁通矣。故挟圣之心,执圣之权,冒天下之道者,莫如董生。

吴、皖囿于古经籍,以训诂考据为主。默深则治经必通之史,又不忽视古人之专家著述,其意实欲会经史子三者而一之,故能重视董仲舒尤过于何休。与乾、嘉诸儒之姁姁于经学一观念之下者宜异其趣也。

《古微堂外集》卷一又有《两汉经师今古文家法考序》,其言曰:

> 余读《后汉书·儒林传》,卫、杜、马、贾诸君子,承刘歆之绪论,创立费、孔、毛、左古文之宗,土苴西京十四博士今文之学,谓之俗儒,废书而喟。夫西汉经师,承七十子微言大义,《易》则施、孟、梁丘,皆能以占变知来;《书》则大小夏侯、欧阳、儿宽,皆能以《洪范》匡世主;《诗》则申公、辕固生、韩婴、王吉、韦孟、匡衡,皆以三百五篇当谏书;《春秋》

则董仲舒、隽不疑之决狱；《礼》则鲁诸生、贾谊、韦元成之议制度；而萧望之等皆以《孝经》、《论语》保傅辅道。求之东京，未或有闻焉。其文章述作，则陆贾《新语》以《诗》、《书》说高祖，贾谊《新书》为汉定制作，《春秋繁露》、《尚书大传》、《韩诗外传》、刘向《五行》、扬雄《太元》，皆以其自得之学，范阴阳，矩圣学，规皇极，斐然与三代同风，而东京亦未有闻焉。今世言学，则必曰东汉之学胜西汉，东汉郑、许之学综六经。呜呼二君，惟六书三《礼》，并视诸经为闳深。故多用今文家法。及郑氏旁释《易》、《诗》、《春秋》，皆创异门户，左今右古。其后郑学大行，驳淫遂至《易》亡施、孟、梁丘，《书》亡夏侯、欧阳，《诗》亡齐、鲁、韩，《春秋》邹、夹。《公羊》、《穀梁》，半亡半存，亦成绝学。谶纬盛，经术卑，儒用绌。晏、肃、预、谧、颐之徒，始得以清言名理并起持其后。东晋梅赜伪《古文书》遂乘机窜入，并马、郑亦归于沦佚。西京微言大义之学坠于东京。东京典章制度之学绝于隋、唐。两汉故训声音之学熄于魏、晋。其道果孰隆孰替哉？

默深长于史，其言经，亦以史证。斯篇分别两汉经师今古文家学，皆援据班、范，事实具在。所谓"微言大义"者，即前汉诸儒之通经致用。其研穷遗经之功虽尚疏，然其在实际政治上之发挥应用，所谓"为汉制法"之精神，则后汉诸儒，远非其匹。默深尝谓："能使壅情之人，皆为达情之人，则天下无不起之疾苦。"（《治篇》十一）默深生值乾、嘉以后，满清异族政权之高压已臻极端,经学考据仅资逃避,此皆壅情之人也,默深有意于使之皆为达情之人,其寄怀于前汉之微言大义,以求一变乾、嘉训诂考据之风者,亦其情若揭矣。

又《书古微·例言中》有曰:

《艺文志》曰:"古之学者耕且养,三年而通一经,故用力少而畜德多,三十而五经立也。后世经传既已乖离,说者不思多闻阙疑之谊,而务碎义逃难,便辞巧说,破坏形体,说'尧典'二字之文至十余万言,说'若稽古'三万余言。后进弥以驰逐。故幼童守一艺,白首而后能言。安其所习,毁所不见,此学者大患也。"而后知今文之敝,非尽东汉古文家敝之,乃今文家先自敝也。夫"尧典"、"若稽古",有何奥难,而漫衍至是,三万言、十万言之多,盖犹后世之制艺讲章也。宋儒表章四子书教士,望其学圣有涂辙,不歧于异端俗学。岂知功令既颁之后,至明而《蒙引》、《存疑》、《浅说》、《达说》、《说约》之讲章,乡会之程墨,乡社之房稿,定待闲在之选本,皆至于汗牛充栋而不可极。其敝于利禄,亦何异汉士说"尧典"、"稽古"者乎? 故以马融之贪肆,而公诋欧阳生为俗儒。犹今之淹博词章者,诋业科举之士为俗儒也。以彼今文家皆利禄之徒,而古文家为高材博学之徒矣。夫欧阳、夏侯不敝,而诸生习其支叶,甘为利禄者敝之。马、郑斥利禄之辈为俗儒可也,并斥欧阳、大小夏侯之师授渊源于七十子者亦为俗儒可乎? 并畔伏生《大传》而不问,而臆造矫诬,使微言大谊尽变为肤浅可乎? 斯则又东汉马、郑古文家之失也。

斯篇亦根据史实，发为持平之论。不仅为两汉今古文经学作平议，亦为汉、宋之学作平议。不当以说"尧典"、"稽古"兼弃伏生《大传》，亦不当以《蒙引》、《存疑》而兼斥朱子之四书。是则晚明王学空疏，正可与乾、嘉博雅同讥。而功令禄利之引导俗学，则古今皆然。章实斋惩于乾、嘉经学流弊，主张"六经皆史"，谓六经皆古代之官书，虽亦以纠挽乾、嘉诸儒之埋首故纸堆中以逃避现实，然乾、嘉诸儒亦尚能违功令，轻禄利，以媚古自安。今求其通经致用，而不陷于功令禄利之牢笼，则仍待于此下新学风之继起。默深之学，兼采汉、宋，并重古今，诚已杰出于当时，然终亦留情考核，不脱乾、嘉遗躅。默深又曾谓："更有国家之大利大害，上下非有心壅之，而实亦无人深悉之者。"（《治篇》十一）此则必待有高瞻远瞩、深识达观之新学术、新思想之兴起，而默深于此，亦实无能补其憾。

《外集》卷四《武进李申耆先生传》有云：

> 自乾隆中叶后，海内士大夫兴汉学，而大江南北尤盛。苏州惠氏、江氏，常州臧氏、孙氏，嘉定钱氏，金坛段氏，高邮王氏，徽州戴氏、程氏，争治诂训音声，瓜剖钒析；视国初崑山、常熟二顾，及四明黄南雷、万季野、全谢山诸公，即皆摈为史学，非经学。或谓宋学，非汉学。锢天下聪明知慧，使尽出于无用之一途。武进李申耆先生，其论学无汉、宋，而恶夫以饾饤为汉、空腐为宋也。以《通鉴》、《通考》二书为

学之门户，弟子蒋彤彔其平生绪论为《暨阳答问》，与陆桴亭《思辨录》可相表里。近代通儒，一人而已。

是见默深论学，主要并不在辨两汉经学之今古文，而尤要在辨乾、嘉经学之无用。故主融经、史，会汉、宋，求为一有用之通儒，而谓当时惟李申耆当其选，并以与陆桴亭相提并举，此诚在当时一稀遘之独见也。

《外集》卷一有《论语孟子类编序》，其言曰：

> 经有奥义，有大义。研奥者，必以传注分究而始精；玩大者，止以经文汇观而自足。况《论语》、《孟子》显白之文，奚必待传注而后明哉？自明以来，学者争朱、陆。自本朝以来，学者争汉、宋。今不令学朱、学陆，而但令学孔、孟焉，夫何诤？然近日治汉学者，专务记丑，屏斥躬行，即论洙泗渊源，亦止云定、哀间儒者之学如是，在子思、孟子以前，其意欲托尊《论语》以排思、孟。甚至训一贯为壹行，以诂经为生安之学，而以践履为困勉之学。今即以孔、孟、曾、思之书条贯示之，其肯相从于邹、鲁否，尚未可知也。

如默深意，乾、嘉经学固无当于西汉诸儒之通经致用，更亦无当于宋、明儒深研孔、孟四书之大义，而主要之病，则尤在其屏斥躬行。默深主张经世，此亦躬行之一端。而宋儒所言之"尊德性"，此亦躬行之一端也。默深继是又曰：

孔子教人，专主博文约礼，而仁在其中。故不言心而心自存。此合德性、问学为一者。孟子直指人心，体验扩充存养。孔子动言礼乐，孟子则不但无一言及乐，亦从无琴瑟弦歌之事，陶冶礼乐之化。即博学详说之语，七篇中亦仅一偶及焉。不必下学而自能上达，此尊德性多于道问学者也。然圣门中四科七十子，狂简斐然，极一时之盛。孟子则一生所造就，仅乐正子一人。遂使后世有"轲死不得其传"之叹。正犹陆、王之学，皆不再传而决裂，远不及程、朱源流之久远。又何说也？谨质所疑，俟知德君子折衷焉。

是默深论学，主"尊德性"必兼"道问学"，此皆所谓"大义"，非"奥义"也。默深上溯之于孔、孟，又于孔、孟两人间作分别，又为程朱、陆王作分别，此等意境，乾、嘉诸儒固不能有，即如章实斋、龚定庵以下之新学风，亦所未有。故若专以今文学家目默深，实不免乎浅视默深矣。然观其著作，如《诗古微》、《书古微》、《董子春秋发微》之类，皆确然为古文学破其部，为今文学树其帜，则此下今文学之起，固于默深有深赖焉。而默深之为学所志，则实不尽于此。

《外集》卷四《张铁甫墓志铭》有曰：

> 君子之学，太上明诸心，次尊见，下徇习。以本为渊，以用为权。匪胶乎一，惟是之全，浑浑以圆，卒符人所群然，此明诸心之事也。以己为樊，以性所近为沿。虽不轨乎大同，自信甚专，能使物靡然从焉，此尊见之事也。以众为鹄，以

耳为目，以时地所迩为属，易以自足，此徇习者之事。

如此言学，乾、嘉盖无其例。

《外集》卷三《皇朝经世文编叙》有曰：

> 事必本夫心，心必验于事。法必本于人，人必资于法。
> 今必本于古，古必验于今。

此言兼通之心与事，人与法，古与今，岂乾、嘉诸儒之所预闻乎？

《外集》卷一《庸易通义》有曰：

> "君子敬以直内，义以方外，敬义立而德不孤。"岂非主
> 敬即尊德性之事，精义、集义即道问学之事乎？"致广大而
> 尽精微。"此敬以致知，而精义之学备焉。"极高明而道中
> 庸。"此敬以笃行，而集义之事全焉。"温故而知新。"此专
> 言道问学中之致知。"敦厚以崇礼。"此专言道问学中之
> 笃行。

乾、嘉言"训诂明而后义理明"，实则尊德性、道问学皆不在训
诂，而义理则不可外此而明，乾、嘉诸儒能知此者又谁欤？故曰
默深之学，固不止在以今文争乾、嘉之古文也。

《古微堂内集》三卷曰《默觚》，分上中下，中卷《学篇》十三，
下卷《治篇》十六，上篇不别标题，盖通"学"与"治"，而尤以
"人"为之主。其书为体略似濂溪之《通书》，此盖魏氏有意自成

一家言，故编之为《内集》。其他文字皆入《外集》。其遗稿虽经后人整理，非默深生前所定。然疑其盖本之默深之己意也。其《默觚》上有曰：

> 学之言觉也，以先觉觉后觉，故莘野以畎亩乐尧、舜君民之道。学之言效也，以后人师前人，故傅严以稽古陈恭默思道之君。觉伊尹之所觉，是为尊德性。学傅说之所学，是为道问学。自周以前言学者，莫先于伊、傅二圣，君子观其会通焉。

乾、嘉学尚经，默深则必由经通史。故其言学，兼"觉"与"效"，即兼"尊德性"与"道问学"。如此言之，经必成为史，史必上承经。即所谓"心必验于事，事必本于心；人必资于法，法必本于人；今必本于古，古必验于今"之旨也。是其言史，亦异乎如章实斋之言矣。实斋必分亭林、梨洲而两言之，默深极尊亭林，然不谓亭林之学偏于经，实则乾、嘉经学，依默深意，亦决不许其能上承亭林。凡外乎史而言经，皆无当于默深之意，此默深之所以为卓也。

《默觚》中为《学篇》，下为《治篇》，兹姑杂引数则以概其余。卷二《学篇》十一有曰：

> 气质之性，其犹药性乎？各有所宜，即各有所偏。非煅制不能入品，非剂和众味，君臣佐使，互相生克，不能调其过不及。故气质之性，君子有不性者焉。仁义礼智，孤行偏

发，皆足以偾事。贤智之过，有时与愚不肖相去唯阿。况以利欲济其气质，但有不及，无太过乎？今夫迂、厚、刚、介、宽、审，贤智之过也。今世之士，患迂、患厚、患刚、患介、患宽、患审者几何人？患俗、患薄、患柔、患滥、患隘、患粗疏者则滔滔皆是。求如贤智之过且不可得，矧望其纯德性之用，而无气质之偏耶？非学胡匡，非学胡成！

此条非甚深于理学者不能言。默深论学如此，求诸乾、嘉，洵如空谷之足音矣。

卷二《学篇》十二有曰：

> 宁学圣人而未至，不欲以一善成名，君子之立志也有然。宁以一善成名，毋学圣人而未至，君子之下学也有然。故未能为"言不必信，行不必果"之大人，未可轻硁硁信果之小人；与貌为"言不顾行，行不顾言"之狂士，宁为糙糙笃实之君子。

《内集》卷三《治篇》一又曰：

> 自古有不王道之富强，无不富强之王道。王、伯之分，在其心，不在其迹。后儒特因孟子义利、王伯之辩，遂以兵食归之五伯，讳而不言。曾亦思足民治赋，皆圣门之事，农桑树畜，即孟子之言乎？

又曰：

> 工骚墨之士，以农桑为俗务，而不知俗学之病人，更甚
> 于俗吏。托元虚之理，以政事为粗才，而不知腐儒之无用，
> 亦同于异端。彼钱谷簿书，不可言学问矣；浮藻饾饤，可为
> 圣学乎？ 释、老不可治天下国家矣，心性迂谈可治天下乎？

《治篇》三又曰：

> 立能行之法，禁能革之事，而求治太速，疾恶太严，革敝
> 太尽，亦有激而反之者矣。用人太骤，听言太轻，处己太峻，
> 亦有能发不能收之者矣。兼黄、老、申、韩之所长，而去其所
> 短，斯治国之庖丁乎？

又《内集》卷三《治篇》四有曰：

> 《郡县》、《生员》二论，顾亭林之少作，《日知录》成而自
> 删之。《限田》三篇，魏叔子三年而后成，友朋诘难而卒毁
> 之。君子不轻为变法之议，而惟去法外之弊，弊去而法仍复
> 其初矣。不汲汲求立法，而惟求用法之人；得其人，自能立
> 法矣。

晚清诸儒，竞以今文学言立法、变法，若知默深此义，为祸亦不若
是其亟。

又《治篇》五有曰：

庄生喜言上古，徒使晋人糠秕礼法而祸世教；宋儒专言三代，徒使功利之徒以迂疏病儒术。君子之为治也，无三代以上之心则必俗，不知三代以下之情势则必迂。无他，亲历诸身而已。读黄、农之书，用以杀人，谓之庸医；读周、孔之书，用以误天下，得不谓之庸儒乎？又使天下之人不信圣人之道。

《治篇》七又曰：

有才臣，有能臣。世人动以能为才，非也。小事不糊涂之谓能，大事不糊涂之谓才。才臣疏节阔目，往往不可小知。能臣又近烛有余，远猷不足，可以佐承平，不可以胜大变。欲求救时之相，非才臣不可。

《治篇》十一又曰：

三代以上之人材，由乎教化；三代以下之人材，乘乎气运。乘气运而生者，运尽则息。惟教化出之无穷。

又曰：

鄙夫之害治，犹乡愿之害德。圣人不恶小人，而恶鄙

　　夫、乡愿，岂不深哉？

此外不具引。即上列诸条，义旨深允，而包蕴宏达，不仅乾、嘉诸儒不能言，即此下今文学家，亦鲜能窥及。盖因前后所争皆在经，惟默深通之史；前后所重惟在圣言，默深会之于当前之世事。此其不同也。所惜者，默深为学，殆可谓有其志未竟其业，引其端未伸其绪，树其门墙而尚未备其百官宫庭之美富。而时变已亟，群震于其《海国图志》之类，方竞于通洋务。又如河漕海运，鹾政银制，凡默深所用心者，后人驰逐其小节，而茫昧其大体。是亦气运所乘，而教化之功有所不遑。晚清一代之学运，读默深《古微集》，诚使人感慨于无既也。

　　今当一探《默觚》三卷之著作年代。窃谓默深之学，前后可分三大变：最先乃由宋学入，而有志于经世，如上举《皇朝经世文编》以前诸著作皆是。此亦湘学自有渊源，至默深而始见为彰明较著也。此可谓之是"儒学"，而尚未臻于深入。其次屡游京都，获闻吴、皖考据训诂之风，如《诗古微》、《董子春秋发微》诸书，皆其中年著作，可谓自"儒学"转入于"经学"。而默深于原先从人之途，并未放弃，其《默觚》三卷，则其中年有志益进所学之蕲向。余观其《默觚》中下两卷，每条下必引"《诗》曰"云云，疑其模效《韩诗外传》，或是《诗古微》成书以后所为。其《外集》又有《孔孟年表》，有周、程、朱、陆、杨慈湖、王文成、高、刘诸人赞，疑皆为中年著作，即其治经学后未尝或忘儒学之证。惟其不忘儒学，斯必志切经世，其《海国图志》之类，皆其中年作品也。然学风之变，其事不易，新学术之开创，断非一人一时之所能完成。默深所志，乃在通经、史，融汉、宋，会古今，而又情切于当前之致用。凡其获得当时交游间之欣赏赞誉者，终限于经学考据与经世实用之两途。其闳识孤抱之较深入者，急切未得他人之共解，而默深亦未能沉潜以求，退默以成，内心不免于郁闷摇惑，乃移情于老、释，而卒为"杂学"之归。是为默深之晚年期，当于此下再详之。

默深晚年，曾辑《净土四经》，每经作一序，又作一总序，教人禅、净兼修，自称"菩萨戒弟子"。又贻书友人，嘱刊《四经》，谓"利益非小"。盖默深于三十五岁时，曾游杭州西湖，得闻禅理。及是年六十，太平军占镇江、扬州，皖北又捻乱大起，默深知高邮州，遭革职示惩儆，乃始研求释典。《净土四经》，乃其六十一岁时所辑。六十三岁游杭州，又寄居僧舍，以参禅为事，翌年即卒。此乃其晚年佞佛之证。惟其序、其书，皆不刊入《古微堂集》。要其平生之学，主张融会经史、汉宋，通古今而济世用者，至是乃见其无归宿，而卒陷入空门，良可惜也。但《书古微》一书完成于六十二岁，《元史新编》则在翌年成编。是则默深逮其晚年，终不能摆脱乾、嘉考核之余绪。回视其为《默觚》时意境，终使人有精神不能贯彻之憾也。

又按：默深有《老子本义》，其序收《外集》卷三。据袁昶跋，其书在默深生前似无刻本，袁氏刻之于光绪己亥，上距默深卒当已四十年。亦不知默深此书成于何时，然观其书首《论老子》之二有云：

圣人经世之书，而《老子》救世书也。

之四有云：

> 老子与佛合乎？曰：否否。窈冥恍惚中，有精有物，即所谓雌与母。在佛家谓之玩弄光景，不离识神，未得归于真寂海。何则？老明生而释明死也，老用世而佛出世也。老，中国上古之道；而佛，六合以外之教也。宋以来禅悦之士，类多援老入佛。尊老诬老，援佛谤佛，合之两伤，何如离之两美乎？

玩其语气，默深当时，尚有意于用世，惟圣人六经，虽为经世大典，而急切未获张施，乃转而注意及于《老子》救世之书。其序文大意，力辨庄、老之相异，又援引史实，历证黄、老无为可以治天下，乃注此书，以为养心治事之助。故曰老之与佛，"合之两伤，离之两美。"盖默深此时，已认佛可养心，但不可以治事；而《老子》书则可以治事，可以救世。似默深之《老子注》，当在其《默觚》三卷之后。《默觚·治篇》之一明曰："释、老不可治天下国家。"及其注《老》，乃其思想之一变。又转而辑印佛经，则其思想之第二变。此皆有关其治学之根本纲宗者。而后人言默深，惟主其追随乾、嘉经学，而目之为今文家言；与其论运漕、水利、盐政、海防、外务、夷情，而目之为经世之学。此皆在晚清学术思想界发生影响作用，而不知尚有佛学盛行，亦与默深有关。如康有为依据佛学为《大同书》，为其治国平天下之大典。章太炎亦从佛学入，而以《菿汉微言》为之殿。是清末民初，不论主今文或古文，除经学外惟佛学，端可见矣。如默深中年以前想像之通儒境界，则音沉响寂，终无嗣韵。及胡、陈新文化运动起，主张全盘西化，则佛学、经学，亦一扫皆空，更不论儒学矣。然自龚、魏下迄胡、陈，其意皆主经世，则经世之学，又岂易言哉？默深没，迄今已一百二十岁，国运日替，民生日瘁，使默深复起于地下，又不知将何以为怀也！

罗罗山学述

　　清代经学考据,盛于吴、皖,而湘学犹知重义理,尚经世。罗山罗泽南,当推巨擘。惜其在军旅中,年五十而卒,其能潜心于学者,乃四十以前事。其学宗紫阳,黜姚江。兹钩稽其语,以见梗概。

　　罗山论学最有贡献者,当推其阐申气质之性。其言曰:

　　告子论性诸说,后世言性之失者,皆不出其窠臼。杞柳,性恶之说也。湍水,扬子性善恶混之说也。"生之谓性",佛氏"作用是性"之说也。"性无善无不善",苏氏、胡氏之说也。孟子辨明其谬,以未言气质之性,无以解诸子之惑。宋儒发明气质之性,而阳明复谓:"心之体无善无恶。"佛氏曰:"不思善不思恶时认本来面目。"阳明之言,固释氏之邪说,亦告子之真派也。

　　人性皆善,何以人之善、不善若是之不同?曰:性善者,天命之本然也。有善有不善者,气禀之各异也。气禀拘于生初,物欲蔽于后起,物与人分明暗,圣与凡分通塞,变化之道,在乎人为。尽性则人事皆天,好学则气质无权。

以上两节,录自其《读孟子劄记》。又曰:

　　宋儒分言义理之性、气质之性,虽曰天命之理不离乎气之中,要之理自理,气自气,实有不相蒙者。阳明曰:"性即气,气即性。"又曰:"气者理之运用,理者气之条理。"是告子"生之谓性",佛氏之"作用是性"矣。《孟子》之书,其言性与气者亦多矣。"夜气不足以存",谓夜气不足以存仁义也。"其为气也配义与道",谓养其浩然之气,足以配道义而行之也。王子之"居移气",孟施舍之"守气",气与理是一是二,不待辨而明矣。"血气未定"、"血气方刚"、"血气既衰",君子之戒色、戒斗、戒得,亦甚觉其不顺乎理也。孔、孟之言理与气,早已判然。且夫理至一,气不一。气运有古今,道不以古今而殊。风气有南北,理不以南北而异。气数有寿夭穷通,理不以寿夭穷通而增减。气禀有智愚贤否,理不以智愚贤否而加损。阳明言理即是气,则人有躁气、暴气、乖气、戾气、惰慢之气、嚣张之气、邪靡之气、噍杀之气,皆不得谓之为非理。匪特主持风气,挽回气运,与自立乎气数之学,可以不必;即变化气质之功,亦可以不用矣。尚得成其为人乎哉! 明儒中亦有诋阳明为禅为佛者,而于理气合一之说,终不敢以为非,抑亦未之思耶?

上一节录自其《姚江学辨》。罗山《文集》又有《性理篇》，以朱子言理气分异者，又推本之于濂溪之《太极图说》，其言曰：

> 太极者理也，阴阳者气也。人得阴阳之气以成形，即得太极之理以成性。但性有天命之性，有气质之性。天命之性者，维皇降衷，厥有恒性，全体浑然，初无偏倚，此溯源于太极者也。气质之性者，天以此理赋之人，必随是气以与之。气有互阴互阳之不同，故质有或昏或明之不同。然人之所以禀乎气者不同，人之所得是理者未尝或异。有人其性急躁，一日自知其非，勉自振作，其人则为刚健之人也。自古至今，得气之极清而为圣人者少，得气之极浊而为下愚者亦少，其余，奋其力皆可以为圣贤，纵其欲皆可以为庸昏。盖从容中道者，浑然太极也。修身体道者，复反此太极也。困知勉行，百倍其功，以至于明、至于强者，仍不失此太极者也。圣学不明，人性日失，牛山之木，徒供伐牧，可胜惜哉！

罗山言气质之性，大意如是。其先湘人王船山言性，分“日生之性”与“日成之性”言。日生之性属先天，日成之性属后天。日生之性，自今言之，可谓是自然之性；日成之性，自今言之，可谓是人文之性。人文之性，不可背于自然之性。然自然之性，非即人文之性。贵能化之育之，本乎天之命以自成其人之文，此则大圣人为民立极之功也。故宋儒言气质之性，乃指自然言。其谓天命之性，则乃人文化成之性也。若以理、气分言，气属自然，理则寓诸人文。人文原于自然，亦不得违离自然，而仍须回归于自然。但人文与自然终有别，不得谓可一任自然，而自成人文。则此人文，非理想所存之人文。率性亦将以违性。故气质之性，即性之自然也。义理之性，则寓有人文理想，必待化育而成。然不得谓人文理想即背其自然之性，即谓理义决不在气质中。故朱子言理、气，既分言之，又合言之。明儒以下，即尊朱者，亦有主理、气合一，而不明理、气之必有所分异。故罗山之说，可谓于朱学有甚大之贡献也。

既辨理气，乃可进而辨心性。罗山在此方面，乃力辨阳明之非是。其言曰：

> 良知二字本之孟子，阳明所言之良知，非孟子之所谓也。人之为人，有心、有性、有情。仁义性也。爱敬情也。知爱知敬者心也。人得天地之理以成性，即得天地精英之气而为心。心之为物，虚灵不昧，性之具于中者，能烛照而不差。事物之来，心即运此理以应之。能知者，气之灵也。所知者，心之理也。孟子言良知，随明之曰："知爱其亲，知敬其长。"又曰："亲亲仁也，敬长义也。"欲人即此知之自然者，以见仁义为吾性之固有，非谓良知即天理也。四子书言知德、知道、知礼、知止、知性、知天，道、德、礼、止、性、天指理言，未有以知为理者。阳明谓良知即天理、即本体，盖误认气为理，误认心为性矣。

上一节亦录《姚江学辨》。阳明混理气、心性而一言之，不仅不合于朱子，抑亦不合于孟子，罗山分疏极明晰。心有能知，有所知，罗山谓："能知者气，所知者理。"理固在气之中，然不得谓气即是理。罗山又谓："圣学不明，人性日失。"反而言之，人性之得有待圣学。荀子主性恶，谓圣学非人性。阳明主良知即天理，乃谓能知即圣，不待有学。若知气质之性，圣凡有通塞之辨，百两之金知之通，一两之金知之塞，岂可不论分量，但论成色，谓孩提之良知，即圣学之知性知天，而更无区别乎？孩提之成圣在乎学。孔子曰：十室之邑，必有忠信如丘者焉，不如丘之好学也。象山、阳明论学，必提孟子，却不知其违于《论语》，则甚矣其不学之过也。

罗山既辨理气与心性，乃又本此以辨朱子与阳明。其言曰：

阳明之所以异于朱子，其本体异，其大用异。朱子以性为有善无恶，阳明以性为无善无恶。朱子以性为理，心不可谓之性。阳明以心为性，吾心之灵觉即天理也。朱子以仁义礼智为性之本然，阳明以仁义礼智为心之表德也。此本体之所以异也。若夫善念之发，朱子以为率性，阳明则谓"心体上著不得些子善念"也。好善恶恶，朱子以为皆务决去而求必得之，阳明则谓"心之本体本无一物，著意去好善恶恶，又是多了这分意思"也。万事万物，朱子以其理皆具于心，日用伦常，各有当然之则；阳明则以事物为外来之感应，与心体无涉，以事事物物各有定理，是为揣摩测度于其外也。此大用之所以异也。盖惟性善则实，实则万事无不实，故必下学上达，而后能优入于圣域，此格物致知所以为明善之要也。性无善则虚，虚则万事无不虚，故一悟本体，

即是工夫,此即物穷理,阳明所以视之为外也。两家意旨如
冰炭之不相入,此是则彼非,此非则彼是,势有不可两立者。

上一节,亦录自其《姚江学辨》。从来辨朱、王者,多从格物致知
上立论,无有如罗山此条之扼要而透彻者。今试再略申之。朱
子认人心中有性有理,性与理始是天地万物之本体所在。故朱
子谓不得已而必为理、气分先后,则当曰理先而气后。依其言申
之,若必为心、性分先后,亦当曰性先而心后。故除却气与心,若
理与性无可见,然理与性实有其真实不虚之存在也。故言气质
之性之上尚有义理之性。义理之性,乃属先天存在,此层虽王船
山似亦不认真辨认。以船山最后信奉横渠《正蒙》以气为太虚,
与濂溪《太极图说》气上复有太极之说异也。然濂溪又谓"太极
即无极",与朱子谓离气即理无存在之说,皆似玄而实实。非细
索之,不易明其立意之所在。阳明以心为性,以心为理,而心实
只是一虚灵之体。有心无性,则天地万物无不虚。于是我心之
工夫所在,不啻即天地万物之本体所在矣。此非狂禅之意态
而何?

于是罗山继此而又作虚实、有无之辨。其言曰:

天地万物,皆实理之所为也。理至虚也,而有至实者
存;理至无也,而有至有者在。天地日月风雷山川民物,得
此理以成。圣人顺此真实之理以达其用于天下。今阳明
曰:"仙家说到虚,圣人岂能虚上加得一毫实?佛家说到
无,圣人岂能无上加得一毫有?"阳明自幼酷好二氏,五十

岁居南昌，始揭良知之学教人，自谓"千圣相传一点骨血"。圣贤实有之旨，尽从而变乱之。人苟不深格致之功，确见圣道之所在，不为邪说所乱者几希。

上一节，亦录自其《姚江学辨》。常识皆认天地为实有，以心知为功用，亦因此而长陷于惟功利之为见。故有以天地为虚无、以一心为本体者，则人尽高之矣。如罗山之意，不深得于朱子格致之功者，无不惑于其说。此格致之所以为圣学也。

罗山又曰：

> 阳明之学，佛氏之学也。阳明之良知，即佛氏之本觉。佛者觉也。觉有始觉，有本觉。本觉者，常住不动，真性如如者也。始觉者，由悟而入者也。佛经多言慧、言智，曰真识，曰善知识，曰藏识海，曰平等智慧，曰不生不灭等是智，曰如来清净智，曰识宅，皆指其本体而言。盖佛氏以知觉为性，故以智慧言本体也。阳明奉此邪说，自以为绝大神通。曰："良知即天理，即本体。"真性如如之本觉也。曰："觉得良知诀窍，随他多少邪思妄念，都自消融。"由悟而入之始觉也。达摩不立语言文字，即心即佛；阳明扫除学问，主良知以立教，是为谨守孟子之言乎？抑亦入达摩之室乎？

上节亦录自《姚江学辨》。自来攻击阳明，未有如罗山之严正明快者。然阳明不仅以良知为即性与理，并认草木瓦石亦有良知，天地无人的良知，亦不可为天地。儒家传统自来无此说，即庄、老道家亦无此说,象山并亦无此说,只杨慈湖始有之。在中国思想史上,惟佛家始主张是,则不得不谓阳明之说同于释氏也。罗山又谓:

> 草木犹有生机,瓦砾则无生机矣。顽质蠢块,冥然罔觉,碎之则痛痒无关,存之亦情意胥绝,阳明固何从见瓦石之亦有良知乎?阳明以天下无心外之物,此《楞严经》所谓"山河大地,咸是妙明真心中物"也。不知性属于理,知属乎气,气既不同,灵顽各别,固无害乎此气此理之同。草木瓦石虽无知,亦无害于此气此理之一。阳明矜言万物一体,实不明乎万物一体之道,故其言遂如是之牵强耳。

万物一体,可从气上言,亦可从理上言。但不当心上言。心知万物之气之理之一体,仍是万物理气之一体,非心知之一体也。阳明又言仪、秦亦窥见得良知妙用。罗山曰:

> 良知,本乎天理之自然而出者也。机械变诈,不循乎理之当然,良知之贼也。古之人,性道精明,义理昭著,阴谋诡谲,概不敢用。临事而惧,好谋而成,诈与不信,亦自能先觉。揣摩人情,无一些不中肯綮,妾妇中之慧而黠者也。三代而还,正学不行,事变之来,人多师其故智,以侥幸成功。是以礼义日见其丧亡,人心日见其偷薄,所以锢蔽其良知者甚非浅鲜。阳明于仪、秦之智,称之为圣人之资,为窥见良知妙用。盖阳明以虚为性,不肯讲求义理,惟凭此心良知,

矜为妙用，自阖自辟，自舒自卷，自以为绝大神通。是以于
仪、秦之故智，津津乐道之。孰知其所以揣摩人情者，正所
以戕贼其天理哉？

阳明《传习录》仪、秦一条，当时其门弟子亦多非之，不敢信据。
攻击阳明者，亦以非大义所关而略之。不知阳明之病，正在其认
性为虚，认心即理，于是此心之用，遂若无往而不是。故阳明虽
亦谓仪、秦用之于不善，而终认其为窥见了良知之妙用。不知良
知妙用，应无不善。圣人之资，可谓在良知，不可谓在仪、秦之妙
用也。故罗山又曰：

> 孔、孟之精微，非朱子无以发；濂、洛之蕴奥，非朱子无
> 以明。扫功利，排佛、老，摧陷肃清，义精仁熟，此功直在
> 万世。

以上诸条，皆采自其《姚江学辨》。盖罗山谨守朱子驳阳明，严
斥阳明卫朱子。言理学而主张门户，则其所窥于理学者必浅，然
固不得以此疑罗山也。盖罗山之辨王申朱，皆确然有见，非拘拘
于门户之为见也。

故罗山虽力辨阳明，然罗山亦深知心之为用。其言曰：

> 立一身之主宰，而提万事之纲者，其维心乎？心者，理
> 之奥也。事物未至，理具于心。事物既至，即运此理以应
> 之。其静也，动之理所由存；其动也，静之理所由发。心之

为物,灵变不测。出入无定时,因应无定在。放而纵之,茫
然莫知所至;苦以拘之,又急迫而不能久。御之以理,而居
之以敬,动静交修,内外夹持,庶能保之而不失耳。孟子曰:
学问之道无他,求其放心而已矣。谓学问之道,皆所以求放
心也。后人误会此旨,遂谓不必讲学读书,只要存得本心。
吾不知学问之功不深,此心何由而存,几何而不流于异
端哉?

上节录自其《读孟子劄记》。孟子主由学问求心,故道性善则
"言必称尧、舜",又曰"乃我所愿则学孔子",又曰"圣人先得吾
心之同然"。若曰吾心与尧、舜、孔子同,明吾心即可以为尧、
舜、孔子,此乃主于心而不烦学,所以为异端也。

又曰:

　　天、地、人同一太极也,理之一也;天、地、人各一太极
也,分之殊也。其分殊,其理一。分之有畛,合之无间也。
太极之在天地,远而难明;太极之在吾身,近而易见。明乎
吾身之太极,天地之太极不外是矣。周子曰:圣人定之以中
正仁义,而主静,立人极焉。

上节录自其《人极衍义》。又曰:

　　《西铭》之理一不难知,分殊难知。分殊不难知,分殊
之中,各有其处之之道难知。然岂知之而遂已哉? 古之君

　　子，亲亲而仁民，仁民而爱物，必皆有以尽其当然之则。向
　　使于分殊之处一毫有所未善，则此一理之浑然者，遂有所亏
　　而莫周。义之不尽，又以为仁之至哉？

上节录自其《西铭讲义·序》。凡罗山之学，上自孔、孟，下至
周、张，非有新论奇说，而止以程、朱之说说之。罗山之学尽此
矣。罗山以四十后始补廪，此下乃以醇儒为名将，一时部曲，多
其讲学门徒。而卒于军中，功业未毕，亦可谓其学业亦未竟也。
祸乱既平，世变日亟，西学东渐，罗山之著述，遂在若存若亡间，
竟亦无大影响于后世。钩稽斯篇，感慨何极！

朱九江学述

晚清之儒，有广东南海朱稚圭次琦，人称九江先生。亦知确尊朱子，惜其著书无传，今据其弟子简朝亮所为《九江年谱》，略撮其论学语，以觇一斑，以为余《研朱馀沈》一书之殿。其言曰：

孔子殁而微言绝，七十子终而大谊乖，岂不然哉？天下学术之变久矣。今日之变，则变之变者也。秦人灭学，幸犹未坠。汉之学，郑康成集之。宋之学，朱子集之。朱子又即汉学而稽之者也。会同六经，权衡四书，使孔子之道大著于天下。宋末以来，杀身成仁之士，远轶前古，皆朱子力也。朱子，百世之师也。然而攻之者互起。有明姚江之学，以致良知为宗，则攻朱子之格物。乾隆中叶至于今日，天下之学，皆尊汉而退宋，以考据为宗，则攻朱子为空疏。一朱子也，而攻之者乃相矛盾。呜呼！古之言异学者，畔之于道外，而孔子之道隐。今之言汉学、宋学者，咻之于道中，而孔子之道歧。彼考据者，猎琐文，蠹大谊，丛脞无用，汉学之长有如是哉？吾今为二三子告，蕲至于古之实学而已矣。学孔子之学，无汉学、无宋学也。修身读书，此其实也。

清儒汉、宋门户之见，自嘉、道以下，已渐知于康成外尚当有朱子，然其视朱子，实尚在康成下。稚圭始谓"朱子又即汉学而稽之"，又谓其"使孔子之道大著于天下"，其视朱子，已在康成上。又曰"治孔子之学，无汉学、无宋学"，尤为大见解。非深识儒学大统者，不易语此也。

又曰：

> 读书之实五，曰经学、史学、掌故之学、性理之学、辞章之学。经明其理，史证其事。以经通经则经解正，以史通经则经术行。掌故者，古今之成法也。本经史之用以参成法，则用法而得法外意矣。性理非空言也。性理者，所以明吾学之大皆吾分也。用之无所骄，不用无所歉。古来才大而器小，或矜伐自用，若管仲、姚崇、李德裕、张居正者犹讥焉。吾以为性理之书谊如《懿戒》，足以自箴矣。欧阳氏曰："文章止于润身，政事可以及物。"夫文章非及物者乎？君子之学，以告当世，以传来者，书以明之，诗以歌之，非文章不达也，皆及物者也。南宋而后，古文之道浸衰，天下必当有兴者，二三子其志于斯乎！

乾、嘉专经而不能通之以史，所以致于丛脞而无用。章实斋、魏默深皆已微窥其意，至稚圭乃始明白昌言之。稚圭曰："史之于经,犹医案也。故治史必通经。"又分史与掌故为二,盖史明事变,掌故以通制度,即李申耆以下,以《通鉴》、《通考》为"二通"之说也。章实斋"六经皆史",皆谓王官之所掌,此则偏掌故言。又谓"浙东史学皆本心性",此史指事变言。稚圭分而二之,则更明显矣。稚圭言理学,义旨更宏达。理学中本应包经、史、掌故。凡以经世致用之学,皆吾分内事。若管、姚、李、张诸人,非无功业,而滋诟病,以其不知理学也。故务功业者不能不通理学,而理学中自应有功业,非可排除功业以自成其为理学也。理学家忽视文章,特为一病。稚圭于经、史、掌故、性理之外,又特增辞章一门,更为宏达之见。其前如戴东原、姚惜抱,言学皆分义理、考据、辞章,曾涤生又加经济一项,以稚圭意绳之,皆为未当。乾、嘉诸儒意欲以汉学摈宋学,遂言考据。考据乃治学中所有事,岂能自成为学?稚圭言五学,独不及考据,其识卓矣。抑且五学实一学也,如戴、姚之割裂而三分之,决无当于孔子论学之道,亦无当于朱子论学之道也。

又曰:

读书者,格物之事也。王姚江讲学,讥朱子读书,曰致良知可也。学者行之,流弊三百余年。夫良知良能,皆原孟子。今举所知而遗所能乎?既不读书,何以致良知也?不读书而致良知,宜姚江不以佛氏明心为非也。此心学之弊也。子路佞于孔子,曰:何必读书然后为学?则孔子之读书为学其常也。姚江谪龙场驿,忆其所读书而皆有得。姚江之学,由读书始也。故其知且知兵,其能且能御乱。

阳明知兵能御乱,才能、功业,皆非理学所拒。阳明言致良知,亦从读书来。苟不读孟子书,何知"良知"一言?书亦天地间一物也,岂一草一木庭前竹子为一物,五经四书独不得为一物乎?草木中皆有理可格,岂圣经贤传中独无理可格乎?不读书,不格物,知又何从而致?于是阳明乃转有取于佛氏明心之说。盖佛氏明心在菩提树下,本不在书中、物中也。阳明因格庭前竹子不通,遂亦不以读书为格物。稚圭谓阳明心学流弊三百年,盖乾、嘉诸儒亦不以读书为格物,乃以训诂、考据为读书,其言曰"训诂明而义理明",分训诂、考据与读书为二。乾、嘉诸儒之读书,已非孔子、朱子之读书矣。要之不知读书为学,故稚圭亦归纳之为心学之流弊耶!姑志吾说于此。

又曰:

> 陈文恭之学,非不尊朱子也。文恭自谓于古圣贤之书,无所不读。其诗曰:吾道有宗主,千秋朱紫阳。此其所以入德也。文恭之学,读书而静养,朱子所法乎孔子者也。文恭之教,使学者端坐澄心,未读书而静养,则所养者,未必端倪之正也,非朱子所法乎孔子者也。

稚圭以白沙不赴景帝时之礼闱,许其知出处之大谊。知修身,即是知读书矣。乃分其学与教而两言之,则自来论白沙者所未有也。

又曰:

　　六经者,古人已然之迹也。六经之学,所以践迹也。践
迹而入于室,善人之道也。所谓"深造之以道,欲其自得
之"也。子张问善人之道,子曰:不践迹,亦不入于室。陆
子静,善人也。未尝不学,然始事于心,不始事于学,而曰:
"六经注我,我注六经。"虽善人乎,其非善人之道也。

经学所以践迹,象山不主读书,不主践迹;乾、嘉诸儒之训诂、考
据,以为治经要端在此,亦不知践迹也。虽乾、嘉诸儒中亦有善
人,惟亦同非善人之道。故陆王、乾嘉同反朱子,稚圭乃亦同反
之矣。

　　又曰:

　　　　顾亭林读书亡明之际,抗节西山。《日知录》遗书,由
体及用,简其大法,当可行于天下,而先王之道必不衰。

稚圭于明遗老独尊亭林,亭林有言:经学即理学也,舍经学安所
得理学哉?亭林于稚圭所分经、史、掌故、辞章诸学,皆所囊括,
而经学其主脑也。自稚圭言之,此四学者,"皆吾分也",此可谓
是理学之积极面。亭林又言:博学于文,行己有耻。其抗节西
山,可谓有耻矣。自稚圭言之,"性理之书谊如《懿戒》",此可谓
是理学之消极面。朱子以后,尊朱子而能超越理学家格套者,稚
圭以前端推亭林,此外朱舜水亦近之,惜乎舜水羁旅海外,不能
如亭林之终老祖国以成其学。此外又有陆桴亭亦近似,惟仍带
理学格套,故皆不为稚圭所称。

又曰：

> 纪文达，汉学之前茅也；阮文达，汉学之后劲也。百年
> 以来，聪明魁异之士，多锢于斯矣。呜呼！此天下所以罕人
> 才也。

以阮元、纪昀同等律之，尤见稚圭论人论学之特识。

又曰：

> 小学非六书而已也。纪文达必从《汉志》，非也。朱子
> 《小学》，小学之道也。《大戴礼》曰：古者年八岁而出就小
> 学，学小艺焉，履小节焉。束发就大学，学大艺焉，履大节
> 焉。(《尚书大传》略同。)是故小学养大学。

稚圭上采《大戴礼》、《尚书大传》以证朱子之《小学》，较之纪昀
及其他乾、嘉诸儒之仅从《汉志》，以六书为小学者，远胜矣。是
稚圭之尊朱，可谓亦"即汉学而稽之"也。

又曰：

> 《皇清经解》，阮文达之所诒也。殆裨于经矣。虽然，
> 何偏之甚也！顾亭林之学，不分于汉、宋也，今采其说尊宋
> 者芟焉。如《日知录》于《易》谓"不有《程传》，大谊何由而
> 明乎"之类，今不采。书以国朝为目，当时之儒，非尽汉学
> 也。若方灵皋者流，乃一言之不录也。

稚圭驳斥纪、阮，亦皆考据家言。故知考据仅为奴，为工具，不得
预于稚圭所举五学之类。

又曰：

> 宋儒言去欲，汉学者以为非，曰："所欲与之聚之，孟子
> 谊也。"彼汉学者，东视不见西墙矣。人欲有公而有私。
> 《乐记》所谓"灭天理而穷人欲"者也。其宜去乎？抑不
> 去乎？

当时汉学者驳宋学，莫过乎理、欲之辨。稚圭引《乐记》明白分
天理、人欲，则不烦多言而判矣。是亦所谓"即汉学而稽
之"也。

又曰：

> 经谊所以治事也，分斋者歧矣。邱文庄《大学衍义补》
> 尝辨分斋之非。经学所以名儒也，分门者窒矣。近人著书，
> 有以经学、名儒分门者。

明经谊不能治事，治经学不能名儒，皆非真经谊、真经学也。乾、
嘉之治经，其不能治事、不得名儒者多矣。乃当时学者，误认其
施于经之训诂、考据，即为儒者所当治之事，失之远矣。

又曰：

> 儒有君子小人。然《儒林传》外立《道学传》，则《宋史》

之失所尊也。

因于《儒林》、《道学》之分，遂启汉学、宋学之分，故为稚圭所不取。不能外于儒而自成为道学，此则稚圭意也。

又曰：

> 韩子云："士不通经，果不足用。"然则通经将以致用也。董云："《诗》无达诂，《易》无达占，《春秋》无达辞。"此董子之能通经也。孟子言《诗》皆无达诂。班氏云："后世经传既已乖离，博学者又不思多闻阙疑之谊，而务碎谊逃难，便辞巧说，破坏形体，说五字之文至于二、三万言。后进弥以驰逐。故幼童而守一艺，白首而后能言。安其所习，毁所不见，终以自蔽。此学者之大患也。"今之汉学，其免班氏之讥否也？

乾、嘉诸儒自号汉学，乃其所治不免如班氏所讥，是亦治经而不通之史，自号汉学，不能"即汉学而稽之"也。

又曰：

> 朱子师程子者也。朱子释经，不或匡程子之失乎？志逊而辨，辞恭而直。朱子事师之谊也。今之汉学，喜攻朱子。蜩沸者无讥矣。将或中焉，惜其不如朱子之事师也。

稚圭尊朱子为百世师，乾、嘉诸儒固不能然。然苟能志逊而辨，

辞恭而直，是亦可矣。何必效孟子之拒杨、墨耶？此皆门户之见
害之耳。

又曰：

> 《书》与《春秋》，经之史、史之经也。百王史法，其流
> 也。正史纪传，《书》也。《通鉴》编年，《春秋》也。以此见
> 治经、治史，不可以或偏。

以此较章实斋"六经皆史"，"浙西治经、浙东治史"之说，遥为深
允矣。

又曰：

> 九通，掌故之都市也，士不读九通，是谓不通。

乾、嘉以下，亦有知读司马氏《通鉴》与马氏《文献通考》者，然其
治史，治古而不治今，是不通何足以致用？稚圭治史主其近，引
《史记·六国表序》，以其近己而俗变相类，此与乾、嘉诸儒不敢
言近必引而远之者大异。

又曰：

> 掌故之学至赜也，由今观之，地利、军谋，斯其亟矣。

咸丰二年，洪杨军破武昌、安庆、金陵，北至扬州，时稚圭年四十
六，其卒在光绪七年，年七十五，洪杨已平。胡林翼、曾涤生之业

绩，稚圭盖有深感焉。

又曰：

> 知掌故而不知经、史，胥吏之才也。

章实斋谓六经乃古代王官之学，若不明稚圭此条之义，则六经亦古者胥吏之学也。

又曰：

> "古无所谓理学，经学即理学也。"顾氏之言是矣。虽然，性理诸书，删其繁枝，固经学之佐也。

乾、嘉诸儒，治经学不治理学，犹治史有二通不治五史、九通之类也。五史详后。

又曰：

> 经、史之谊，通掌故而服性理焉，如是则辞章之发也，非犹乎文人无足观者矣。

仅文无足观，仅掌故为胥吏，仅性理为陆、王心学，仅经为乾、嘉考证，仅史是亦吏矣。凡稚圭论学大旨要如此。稚圭著述有七：曰《国朝名臣言行录》，法朱子。曰《国朝逸民传》。曰《性学源流》。曰《五史实征》，录宋、辽、金、元、明以资今。曰《晋乘》，如程大昌《雍录》。尚有论清代儒宗者，不分汉、宋。有记蒙古者。

临卒前，尽自焚之。即观其书目，其学盖本性理以通之史，而尤要在人物。即其所标修身读书之实也。

然稚圭论学，在当时要为孤掌之鸣，从学有简朝亮最著，然似未能承其学，仍是乾、嘉经学余绪耳。康有为则登其门而未能受业，转主今文经学，又旁骛于佛典，其去稚圭论学之意益远矣。继此新文化运动起，辞章则曰"白话文"，掌故则曰"二千年专制政治"，性理则曰"礼教吃人"而倡非孝。其曰"以科学方法整理国故"，则持袭乾、嘉考据以治史。乾、嘉以反宋，而今之考据则以反中国。遂循至于不读书，不修身。则稚圭有意提倡一种新学，实乃为旧学之殿也。余之为斯篇，诚不胜感慨系之矣。

读康南海《欧洲十一国游记》

　　余十年前,草《中国近三百年学术史》,于南海康氏,详著其思想先后之激变,顾未称引及其《欧洲游记》。抑南海思想之激变,实亦欧游有以启之也。今年夏,避暑灌县灵严寺,偶于友人家携得此书,翻阅既竟,重加摘录,以补《学术史》之未备焉。

　　南海第一次游欧,以行箧无书,未详其在何年,其再赴欧则在光绪三十年甲辰之二月,以五月至意大利,由是转瑞士、奥、匈、德、法、丹、瑞、比、荷,而至英。(此据《十一国游记·总目》推之。)是年冬至南海在美洲,有《十一国游记·序》。翌年七月又自德转法,有《法兰西游记》。再翌年,光绪三十二年丙午,十一月自瑞典至柏林,十二月渡来因河,有《来因观垒记》。复有《西痕故都记》。再翌年丁未,十月自巴黎入德,有《蔑士记》、《士遮士卜记》、《渡颠湖记》、《刊士但丁记》诸篇。是年冬《补德国游记序》,自谓游德久,且多,九至柏林而四极其联邦也。再翌年,光绪三十四年戊申,四月有《波士淡旧京记》,五月自北冰海还,六月自瑞典束装赴南欧,游塞尔维亚、布加利亚,复自罗马尼亚乘船泛黑海至突厥,七月自突厥往雅典。是年冬,有《突厥游记序》。至《塞、布两国游记序》则成于民国二年癸丑之二月。凡南海欧游踪迹可考者如此。

其《十一国游记》,自序在光绪三十年冬至,时居美洲北太平洋城多利之文岛也。其第一编刊成于三十二年二月,为《意大利游记》,编首有《海程道经记》共二篇。据其总目录,尚有瑞士、奥大利、匈牙利、德意志、法兰西、丹墨、瑞典、比利时、荷兰、英吉利各编,并附录《欧土政俗总论》、《中西比较论》、《物质救国论》三篇,则皆未刊。其《十一国游记》之第二编为《法兰西游记》,据原目当为第六篇,其开端即云"光绪三十一年七月二十二夜自德之克虏伯炮厂往法国",则此卷乃成于乙已,文中亦并无再游之说。然则三十年甲辰草《十一国游记·序目》时,实未尝有诸编游记之成稿,逮其再游法京,而草此记,笔墨文字间又实似初游乍到者,洵可怪也。其丁未《补德国游记》,自谓甲辰游德,曾草游记,失落数卷,然今可考者,如《来因观垒记》,亦在丙午,其他各篇尚在后。然则甲辰游记真可考者,亦惟《意大利》一篇而已。其《补德国游记》及《突厥游记》、《欧东五国游记》各篇皆刊于《不忍杂志》中。

南海早年,实为欧洲文明之讴歌崇拜者,其转而为批评鄙薄,则实由其亲游欧土始。故曰:

> 吾昔尝游欧、美,至英伦,已觉所见远不若平日读书时之梦想神游,为之失望。今来意甫登岸,而更爽然。

又曰：

吾昔闻罗马文明,尤闻其建筑妙丽,倾仰甚至。及此游,亲至罗马而遍观之,乃见其土木之恶劣,仅知用灰泥与版筑而已。其最甚者,不知开户牖以导光,以王宫之伟壮,以尼罗之穷奢,而其拙蠢若此。不独无建章之万户千门,直深类于古公之陶复陶穴。

又曰：

往闻巴黎繁丽冠天下,顷亲履之,乃无所睹。宫室未见瓌诡,道路未见奇丽,河水未见清洁。比伦敦之湫隘,则略过之,且不及柏林之广洁,更不及纽约之瓌丽远甚。

又曰：

吾居游巴黎之市十余日,日在车中,无所不游,穷极其胜,若渺无所睹闻而可生于吾心、触于吾怀者。厌极而去,乃叹凤昔所闻之大谬而相思之太殷。

又曰：

雅典区区片土,实为大地文明诞育之场,吾向往久之,故裹十日粮而来。而遍游两小时,吞雅典者八九,则意兴与游观萧然而尽，即决归矣。天下凡有盛名之事，盖莫不类此也。

凡此皆可见南海亲游欧土后之观感，故曰南海思想之激变，实以欧游为转纽也。今根据《游记》而分析南海之思想，其所以对于欧洲文明开始敢萌其批评与鄙薄之意者，厥有数端：一则见欧洲各地文物高下至不同，未必一一尽胜于我也。其初至意，即知意人至贫，多诈，而盗贼尤多，既见其褴褛之情，颠连之状，乃曰：

> 未游欧洲者，想其地皆琼楼玉宇，视其人皆神仙才贤，岂知其垢秽不治、诈盗遍野若此哉？故谓百闻不如一见也。

一则知欧洲之治平康乐，乃最近百年以内事，而以前则不然也。故曰：

> 遍览欧土大进化，皆在此百年内，百年前屋多低小，亦与中国同，则亦无可深愧者。

又曰：

> 以巴黎之盛，当我宋、明，尚如弹丸；即路易十四雄霸，在吾国初，亦不及今巴黎二十之一，何雄丽之云？故时民居多丈许茅屋，学者耳食巴黎之盛，切勿以今日之法比例百余

年之法也。柏林六十年前，仅七万人，今逾三百万，新世进化，古无可比，吾亦惊叹。但当知彼百年前，不如吾中国远甚耳。

又曰：

> 遍观欧洲各国博物院，皆于十二、三世纪后乃有精巧之物，可以观欧人进化之序，故曰吾国人不可不读中国书，不可不游外国地，以互证而两较之，当不至为人所恐吓而自退处于野蛮也。

南海所谓读中国书，游外国地，互证相校，而为其所注意留连者，大率不外于两端：一则在于宗教艺术、古建筑、古器物方面者，又其一则欧洲政治风俗、历史文化演变之迹乃至其所以然之故是也。欧洲古建筑、古器物之瓌奇精美，南海倾倒称羡再三而勿置；然论及欧洲政俗文化之根源，则殊为南海所不满。南海既鄙薄于其后者，乃更转而批评其前者，乃曰：

> 凡迷信神道者，宗庙必极壮丽，自埃及、巴比伦、希腊、印度皆然；而缅甸之野蛮，尚有黄金庙数所，大者一塔至高三百尺，为全球所无，岂得以缅甸为文明耶？

又曰：

凡迷信神道者，宫室伟丽；凡多立贵族者，器物精奇。我之宗庙不丽，器物不精，益以见我无神道之迷信，无侯国之压制，尚道德而贵廉让耳。比之欧土之旧，不益见进化之高乎？

又曰：

德意志本甚野蛮，今其金宝刻划，精工珍异，岂不近于文明？然蒙古王珍器，亦复金珠灿烂，达赖、班禅与西藏诸大僧宝器皆精工。以王者、教主之力，虽极野蛮，自能致其精异，与全国之文明无预。统观其政俗，金甲石垒，与蒙古无异，未能以区区金珠之物、殿宇之精而称之也。

南海既抱若是之见解，故其《游记》中所着意者，乃不在其对于各地所见古建筑、古器物之描写，而实在其推阐各邦古今政俗推演进展之所以然而衡量其是非得失之所在。故南海此书，虽属游记，而其精心结撰处，则实为对欧洲文化史之阐述与批评。综其大者，厥有数义：一者评论古罗马文明之得失以与中国秦、汉时代相比较，一者评论欧洲之中世纪，三则评论法国大革命，四则阐述英国宪政之由来。

南海谓罗马与中国之比较，罗马不如中国者有五：

一曰治化之广狭。终罗马之朝，皆以意大利境为内国，其余高卢、西班牙、不列颠、西西里岛、迦太基等，为藩属地，遣都护治之，如我伊藜、蒙古、西藏、东三省之将军、都统、领队大臣然，故皆纵恣暴虐，而民得自行其旧俗，实与未开化等。若埃及、亚西里亚、亚美尼亚诸国，则以虚名职贡，如安南、高丽之比。其将相吏士之所自出，文人学士之所发生，政事礼俗之所盛行，图书戏乐之所开发，繁华盛大之集会，实只有罗马一城之内，并不能远及于意大利之封域。罗马极盛时，学者号称六、七万，亦不过罗马城中人士耳。意大利全域仅当今云南一省。而当罗马时尚杂蛮族未开化者，则正云南之比。我汉时禹域百郡皆为内国，人民平等，不限奴隶。郡国皆有学校，皆立大学掌故，县乡皆有三老以掌教化。特设科举，郡国皆岁举孝廉、茂才，学术遍于全国之乡野。此一也。二曰平等自由之多少。罗马开国千三百年，而贵族、平民之争历数百年，其后乃得少予权利而通婚姻，设护民官。然此乃同城之拉丁人得之，其意大利人仍数百年为奴，终罗马之朝，意大利半岛奴隶百余万。其他藩属人民，则如英之待印度。至末世乃稍予权利，而罗马之纽亦解矣。若我汉世，内国人民，人人平等自由，既无世爵，人人得徒步而至卿相执政权。罗马限于一城数十万人之内，我汉扩之百郡万里五千万人之远。此二也。三曰乱杀之多寡。罗马内政无纪，先则有豪族、平民之争，次则有三头政治之争，又次则有百年内乱，即号称罗马盛世，自恺撒被弑，其开国诸帝自奥古士多外无一能自保者。其后军队拥立之帝二十五，仅四人考终，而大乱亦频数，于是有三十暴君之代而入于末世之乱。统观罗马一统八百年中，当国有位号者以百数，能保全者不及十主。而争乱分离以数十计。其女后之乱政弑君亦复无数。比之我十六国、五季尚不如。每读《晋书》及《五代史》，哀其时君臣人民之惨杀酷戮，为之掩卷，而罗马一京世载乱离，乃视为朝餐夕饭，岂不哀哉？此其三。四曰伦理之治乱。罗马以家族为治与中国同，而其俗淫乱，则不及我国远甚。观邦淖家人屋壁图书多写淫具，则鸟兽之乱甚矣。此其四。五曰文明之自产与借贷。罗马实为武功之国，不得为文明之国，文明本非其自产，乃借贷于希腊而稍用之，与北魏、金、元之入中国稍同。岂与汉世，上承三代，儒、墨诸子，皆本国所发生，百郡人士，生来已习，濡浴已深，无烦假借！此其五。

南海又曰：

来因河畔多罗马古迹，罗马非不刻意经营，而一败不振，并本国而永远沉沦焉。若我国则拓外之力，暗寓于无穷。足知罗马政理不如中国，而今罗马律则有间接而入于我者，此我子孙之不克振拔也。

南海之论欧洲中世，尤为慨乎言之，而畅发其意于《来因观垒记》。记曰：

未游欧土者，想像而推测之，以为善见之天，妙音之国，极乐之土，金堂玉宇，而神仙圣贤也。以吾遍游欧洲，熟观其博物院及王宫之珍储,则举目所见者,金铁之甲胄戈盾也。游于其国内山野之间,则接目而睹者,巍巍之战垒也。其垒突兀于云表,纵横于江边,凭险据隘,式制诡奇,诚吾国人所未睹。

又曰:

游欧者,徒观其大都会,文物之殷赈阗溢,宫室之奇丽闳敞,则震而惊之,曰文明哉! 文明哉! 然此其最新之迹耳。试与游奥国帝罗之阿尔频山,奥、匈间之多脑河上,又与游德国汉那诸州,乃若苏格兰、阿尔兰山野中,则屹然苍然于山间云际者,皆垒也。然遗迹疏落,尚未能恻然动游者之心。至于循来因河边数百里河道中,波浪泱泱,崇冈截嶭,夹河对岸三数里间凭险相见者,果何物哉? 则皆垒也。垒也者,故侯之宫,而争战之场,欧人之白骨所筑、赤血所染而成之者也。若其垒制奇诡,凭山颠而俯绝壁,峻耸入云,处处断而续以桥,面面壁而隔以城。高下方圆,可通可绝,可降可升,不知几经战争乃得此式。故皆有一夫当关、万夫莫开之势。以区区小国寡民,凭险守隘,虽有谋臣如云,猛将如雨,莫之谁何。故德意志千年帝王,自路多父平九十垒以外,无有能定之者。自非中国创火药、火炮自蒙古、突厥而西渐,则封建之争至今存可也。伤心哉! 吾国之古战场可吊者有几,而来因河畔,则接目皆古战垒。五十年前之欧民,何罪何辜而二千年蒙此惨酷,吾至今犹为欧民哀之。

南海既历历描绘欧洲中世纪故垒之遗迹，而想像其千年战斗之惨酷，于是又进而述当时各国侯封之数字，以推论其政理之破碎与民生之憔悴焉。故曰：

> 当时全欧皆封建贵族，法十万，英一万五千，奥二万，普及日耳曼各国三十万，除此四十三万五千贵族及数十万大僧外，其余数千万人皆佃民奴隶，无立锥之地。政不逮下，学亦不逮下，一切人权不逮下。内事压制，民不聊生；外事战争，杀人盈野。此三百年中，欧洲始如破蒙昧也。

而南海于此，其叙述法国者尤详，盖此即大革命之所由爆发也。南海曰：

> 法地仅二十万英里，视吾四川一省，仅较大四万英里耳。此四万英里作国王自领，而全法国有贵族十万，是犹吾四川百县，每县有一千封建小国也。法民当时二千五百万，是每封建国平计不过男女二百五十人而已。及近革命时，侯封尚四万，则每县尚有四百小侯，平计男女亦不过千人。其二十五岁以上之男子，全国六百万，则每侯国仅百五十人耳。破碎微小，仅如中国一小地主，而贵族与公侯之号，尊骄忕侈，在此幺麽境内，皆有专制君权，设家宰，张警吏，税官、捕役，法吏、书记皆备。牢狱绞台，生杀刑威自专之。恣意征税，任情徭役。以此数百之民，而供应此尊侈之君侯，繁多之官吏寺僧，及君吏之妻子奴婢，其何以堪！

故南海曰：

> 吾以法封建情状推之吾中国，无有可比者。吾国人未知法国百年前之俗，未知欧土五、六十年前之政事，游滇、黔及南洋爪哇，观巫来由诸王与土司治民之政俗，如同一缩影也。

夫欧洲中世纪以来之政理，其破碎黑暗有若是，则法国之大革命，事所应有，亦无足怪。南海继而论之曰：

> 以欧洲万里原陆之地，英、德、奥、法四大国，将二万万之人民，而有地农主只此四十余万人，其余皆无立锥。加以旧教愚民之法，压制种种，皆可为种怒之因而种民变之祸胎。中国听人民自有田地，盖自战国，乃在罗马未出现以前。孔子之道，以自然为教，绝无压制，又岂若天主教乎？故中国人早得自由之福，已二千余年矣。若使我中国而尚有十万淫暴之诸侯，占国地三分有一，又有专横之寺僧，举中国平民不得任权要之职，则鄙人必先奋笔焦唇而唱自由，攘臂荷戈而诛民贼。革命乃吾国自有之义，岂待译书之入，先卢骚、福禄特尔而力为之矣。

以此南海乃深不乐当日国人之慕效法国，轻言革命。其《法兰西游记》描述法国大革命之经过及其惨祸，尤为详备。南海曰：

法国革命，恐怖狂戮，贤革同焚，流血百二十九万，祸垂八十余年，实为法国当日革命志士始料所未及。

南海于此尤深叹而切论之，曰：

今夫弈，小数也，能弈者不预知六、七着，不能图胜。即仅知三、四着，可谓深远矣，然下棋立败。何况国政民变之深远繁奥，有预算千万着不能尽者。大革命之事，古今所鲜经，常道所少由，即诸志士当开议抗王命时，亦未尝逆计夫大革命之全局，当革命时变状若何？既革后变状若何？变若何来？若何因应？且虽有知者欲逆计之，而事变之来，如风吹火焚，实不能料。则预为因应之法亦无所施。而及伦的党在当时，实见寸行寸而为之，譬犹庸医未识病症而敢妄用砒霜毒药、大黄泻剂，其不妄杀人者幸耳。

南海之游突厥，适值其颁新政，召国会，南海顾深忧之，曰：

旧制行之数千年，实人心国命所寄，纪纲法度虽有积弊，只可去太去甚，以渐行之。如求尽去，人心国命无所寄，则荡然大乱耳。突之青年党，久游法国，日事破坏，徒口耳革命之名，而未尽从事政治理财之学，徒艳炫欧、美之俗，而未细审风俗之宜。乃举旧制之法律道揆尽弃之，一朝而易二百余条，非不快也，然而青黄不接之时，欧、美之实效，非突人所能骤受也。于是国人不知所以措手足，惟乱舞傞傞而已。

其次请略述南海之论宪政。凡论欧洲宪政必推原于古希腊。南海曰：

> 孟德斯鸠称希腊先创于海寇。亚洲大陆国，海寇无所容，而地中海万岛权枒，又无大国，故能以海寇崛起。以其起自海寇，故分赃必均。雅典公民分公帑而公议事，民权宪法之兴，亦即在是。所谓臭腐神奇，今以为普天之洪范，而其初至不足道也。凡一切政化，皆地势使然，故余常曰水流沙转，非人为也。

其论罗马则曰：

> 罗马起于部落，当我春秋之始，人口不过数千，盖以三十族开基。罗慕路之王五世，仅治罗马城一隅，同一酋长，故其为治亦同部落，诸族分权而治，无名义以相统。其有不可废而弃之，贵族本自平等，孰肯以大权归一人之手？此王权之所以永废。

其论中世纪日耳曼诸邦之议会，则曰：

> 日耳曼当吾汉、晋，尚为森林之野番。开创之始，攘辟山林，粗开部落，未成国土，未有君王。部落既多，群族相

斗,必开会谋之。凡称戈之卒皆得预议,不能荷戈者不得预会,所议公举头目、将军及编兵之事。预会者仅有赞否,无发言权。焚火射矢以集众,集于邱陵林丛或神前,可者舞蹈,不可者击器以乱之,大不愿者投戈于地。此等集会,只可谓之部落械斗会。今人以后世文明,蒙之以"国会"二字。今吾粤僻处,各乡械斗,亦必鸣锣大聚乡人而公议之。若苗、徭、黎、僮各种,分据山洞,各立酋长,至有战争,亦射矢举火为号,传集各洞,公议其事。以《宋史·土司传》考之,日耳曼史开创时,乃如一辙。至欧洲中世封建时,日耳曼帝仅以虚名拥位,其时国会皆豪族,如诸侯、大僧、有领地者列席焉。所议为和战、教宗、嗣王及国际大事。此等会议,犹我春秋时列国诸侯大会。凡非大一统之世,众国并立,必有此等会议,固吾国行之二千年矣。

其论议会制度之独延于英邦,则曰:

此有二故:一则小国寡民,其克林威尔之革命,亦不过如春秋列国之废逐其君。晋厉、宋殇之弑,鲁昭、卫辄之出,卫人立晋乃出于众,贵族柄政盖视为常。二则地僻海隅之一岛,罗马及东方之制度亦不广播,故能传其旧俗。及文明大启,则国会已坚,又有希腊、罗马议会旧事会合之。此为议会制度独延于英之二因。若在欧洲大陆,则早为罗马大国之政制所束缚,君权久定,国会奚从发达?故国会必小国寡民,王权不尊,而后始有。假令罗马而一统至今,则英伦三岛，亦中国之琼、台、滇、黔耳，为罗马之郡县，奉罗马之政法，何从而有国会？何从而渐精渐进以成今日之宪政？此为欧、亚历史之大异点，非中国人智之不及，而地势实限之，不能为中国先民责也。物无两大，有其利必有其害。中国万里数千年已享一统之乐利，欧洲列国分立，经黑暗中世千年战争惨祸，酷矣，乃得产此议院以先强，则有其害者亦有其利。然中国苟移植之，则亦让欧人先获百年耳。何伤乎！天道后起者胜也。

南海对于欧土政俗文化演变之观感，俱如上述。于是往昔以歆羡西化而主全变、速变者，至是乃讥斥之曰夷狄，曰野蛮，而笑畏外、媚外之为愚。其言曰：

> 自明成化以前，法国内则侯争城堡，人民土沙，外则与英、班日战，暴骨如莽。夷狄之政，野蛮之行，无足比数。即观其十四、五世纪以前之器物，盖亦绝不精巧。今学者无中外之学，不考其本来，徒观其外迹，震其百年之霸，而畏之媚之，何其愚哉？

即当前之欧洲，南海亦评之曰"半仁半义"，而不认其为圆足标准之文明。其言曰：

> 吾观今欧洲之人心风俗，由分争而渐趋于一，由级别而渐趋于平，由好利而渐尚于名，由好礼义而益底于文明。其

中非礼之礼、非义之义甚多。如各国战不能弭,而战时国际之条约,则不杀降,医痍伤,半仁半义之事极多,乃极可笑,其自夸以为文明而异于野蛮者即在是。此与宋襄之不重伤,不鼓不成列,不禽二毛,何异?

又曰:

吾昔者视欧、美过高以为可渐至大同,由今按之,则升平尚未至也。孔子于今日,尚为大医王,无有能易之者。

又曰:

今之学者,不通中外古今事势,但闻欧人之俗,辄欲舍弃一切而从之,谬以彼为文明而师之。岂知得失万端,盈虚相倚,观水流沙转,而预知崩决之必至。苟非虚心以察万理,原其始而要其终,推其因而审其果者,而欲以浅躁一孔之见,妄为变法,其流害何可言乎?

至是而南海观点,乃显著有激变,其于一切之论评,乃有转向内里实事求是之意,与一时之盛夸西俗以为模准者相异焉。其言曰:

万法之对于人群,无得失是非,惟其适宜。譬犹药之补泻,亦无得失是非,惟其对病;苟不对病,则服人参一斤,亦可发热而死。且药必制炼乃可用，不制之药，反可生病。民权固为公理，然不知所以制之，以不教之民，妄用民权，此则误服人参十数斤，误饮补酒百石，只自速其死。况服砒霜、饮乌头，而又无分量之限度乎？死矣死矣，不可救矣。

又曰：

苟但执验方而可以治病，不待审夫病者之老幼强弱，表里虚实，则天下执一验方新编，人人可以为名医矣。况诊一国之病，其理尤难，而谓可妄执他国之验方，以望瘳己国之痼疾，其可得哉？

南海于此，犹有言之极愤慨者，曰：

昔有贵人，有痈而割之，血流殷席。有贫子，美好无病，慕贵人之举动，乃亦引刀自割，貌为呻吟；已而剖伤难合，卒以自毙。今妄人媚外，发狂呼号，不几类此。

至是而南海不得不仍折还于自敬国本之论，而往昔之所谓速变者，今日乃自厌而自吐之。其言曰：

彼敬教愈甚，而教力之压愈甚，于是有千年之黑暗。吾敷教在宽，故不敬教，而教无压力，故变化最速。吾过英恶士佛学堂，各国游学其间者，突厥只有一人，而波斯无人焉；

吾国甫通欧西，而今已十余人矣，后日益多。虽然，速变则速变矣，吾患其无自立之性也。各国于其本国言语文字读史风俗宗教，皆最宝爱之，敬重之，保存之，而后人性能自立，一国乃自立。故各国学堂狱医，必有其敬礼国教之室，不如是则殆比于野蛮人。

读者继此再披寻其以后《不忍杂志》之思想与理论，则宛如天衣之无缝矣。

此稿刊载于一九四七年一月
《思想与时代》月刊四十一期

余杭章氏学别记

　　余杭章炳麟太炎，为学博涉多方，不名一家。音韵小学尤称度越前人。然此特经生之专业，殊不足以尽太炎。或艳称其文章。太炎论学颇轻文士，于唐、宋文人多所讥弹，谓："学贵朴不贵华，枝叶盛而根荄废。"自称为文特履绳蹈墨，"说义既了，不为壮论浮词，以自芜秽。"谓："百年以前，学者惟患琐碎，今正患曼衍也。"又谓："非为慕古，欲使雅言故训，复用于常文。"其自述文章能事靡此。或又以经学称之。太炎论经学，仅谓："六经皆史，说经所以存古，非所以适今。过崇前圣，推为万能，则适为桎梏。"亦值并世今文家言方张，激而主古文，时若不免蹈门户之嫌，然后世当谅其意也。今论太炎学之精神，其在史学乎！

　　太炎论史大义，约而述之，可归三途：一曰民族主义之史学也。尝谓："惟人能群，群之大者，在建国家，辨种姓。其条例所系，曰言语、风俗、历史。三者衰一，其萌不植。"又谓："凡在心在物之学，体自周圆，无间方国；独于言文、历史，其体则方，自以己国为典型，不能取之域外。"又曰："历史断无可以与人相通之理。故史者,上以存国性,下以记成败。人不习史,爱国之念必薄,出而行事,犹冥行索途也。"又曰:"民族意识之凭借,端在经、史。史即经之别子。承平之世,有赖儒家,一至乱世,史家更为有用。国亡再起,非归功史家不可。民族主义如稼穑,以史籍所载人物、制度、地理、风俗之类为之灌溉,则蔚然以兴。不然徒知主义之可贵,而不知民族之可爱,吾恐其渐就萎黄也。"辽变猝起,继之以淞沪之战,举国震动,或问有可永久宝贵之国粹否?太炎答曰:"有之,即其国已往之历史也。"嗟乎!廑斯一言,足以百世矣。二曰平民主义之史学也。尝论伯夷与盗跖,同为上世之无政府主义者,以春秋贵族之世无侠名,而盗跖以为盗。又深推《儒行》,谓:"世有大儒,固举侠士而包之。""击刺者,当乱世则辅民,当平世则辅法。"又盛称五朝法律,为之索隐,曰:"五朝律重生命,恤无告,平吏民,抑豪人,损上益下,抑强辅微。"此可以窥其旨矣。三曰文化主义之史学也。曰:"仲尼贤于尧、舜,惟在作《春秋》,修六艺,布群籍,废世卿。"又曰:"孔子贤于尧、舜,由其出身编户。孔子以前为帝王立言者多,为平民立言者少。孔子于中国,为保民开化之宗,不为教主。"然则太炎论史,三途同趣,曰归一于民族文化是已。晚近世称大师,而真能有民族文化之爱好者,其惟在太炎乎!

太炎早岁即奔走革命,故论史亦每与世事相发,而论政俗尤深切。尝谓:"政治之于生民,犹干矢鸟粪之孳殖百谷,百谷无干矢鸟粪不得孳殖,然其秽恶固自若。求无政府而至治,犹去干矢鸟粪而望百谷之自长。以生民之待政府而颂美之,犹见百谷之孳殖,而并以干矢鸟粪为馨香也。"又曰:"以法令化民,是闻櫽括足以揉曲木,而责其生梗楠聆风,民未及化,而夭枉者已多矣。"当时主变法者,力尊黄梨洲"有治法无治人"之论,太炎深非之,为《非黄篇》以见意。谓:"有时弊非关法弊者。以法救世,正如以《孝经》治黄巾。吾侪志在光复而已,光复者,义所任、情所迫也。光复以后,复设立共和政府,则不得已而为之,非义所任、情所迫也。"太炎颇疑代议制之实效,为《代议然否论》,曰:"中国欲图强,不可苟效宪政,当除胡房而自植吾夏人。"是则太炎之从事于革命,亦一本其民族之观点而然也。

故太炎虽从事革命,而所希冀于政治者至觳。曰:

> 英雄之言,与鬼神等,世有其名,本无其实也。今日言治,以循常守法为先,用人亦当叙次资劳,不以骤进。法虽有疵,自有渐进改良之日;若有法不守,精粗又何足言?资劳固非至善,骤欲破格,适长奔竞之门。为政于今日,两言蔽之,以资劳用人,以刀笔吏守法而已。中国民智之弱、民德之衰久矣,欲令富强如汉、唐,文明如欧、美,正如夸父逐日之见。吾辈处之,正能如北宋,次如东晋耳。

然太炎之望于政者虽觳,而期于俗者则深。常屡为分异政俗之辨,曰:

> 法家者,辅万物之自然而不敢为,与行己者绝异。行己欲陵,而长民欲恕也。言欲不可绝,欲贵即为理,乃隶政之言,非饬身之典。以道莅天下者,贵乎微妙玄深,不排异己。

不知其说而提倡一类之学，鼓舞泰甚，虽善道亦以滋败。盖所失不在道术，鼓舞甚而伪托者多也。学校为朝廷所设，利禄之途，使人苟偷。中国学术，自下唱之则益善，自上建之则日衰矣。

昔顾亭林有言："目击世趋，方知治乱之关，必在风俗人心，而所以转移人心，整顿风俗，则教化纪纲为不可缺。"太炎早岁即慕亭林，其严种姓，重风俗，皆与亭林论学之旨相近。而其评论历代风俗、人物进退得失之故，则颇有不与亭林同者，亦各据其世而为言也。谓东汉可慕在《独行》、《逸民》诸传，其《党锢》不足矜；独有范滂、李膺，已近标榜，张俭辈无可道矣。而盛推五朝，谓：

> 驰说者不务综终始，苟以玄言为诟，玄学固不与艺术文行牾，且扶翼之。经莫穷乎礼乐，政莫要乎律令，技莫微乎算术，形莫急乎药石，五朝诸名士皆综之。其言循虚，其艺控实，故可贵也。
>
> 学术当辨诚伪。《世说》虽玄虚，犹近形名，其言间杂调戏，要之中诚之所发舒。《中说》时有善言，其长夸诈则甚矣。魏、晋老、庄形名之学，覃思自得，政事堕于上，民德厚于下。进士之科，日崇其伪，敢为大言，居之不疑，一自以为俊杰，一自以为圣贤。浮泽盛故虑宪衰，矜夸行故廉让废。其败俗与科目相依，而加劲轶焉。

又为《思乡愿》，所言益沉痛。曰：

> 古之狂狷者，自才性感慨。唐以降之狂狷者，自辞章夸
> 诈。辞章于人，教之矜伐，予之严饰，授之诋諆，致之朋党。
> 乡愿多持常训之士，高者即师雒、闽。大抵成气类则伪，独
> 行则贞，虽有矫情，未如饰狂狷者甚也。故辅存程、朱，将以
> 孳乳乡愿，上晞庸德，令邑有教诲之贤，野有不二之老，则人
> 道不夷于鹳鹊，利泽及乎百世。非欲苟得狂狷，为史书增
> 华也。

凡太炎论政俗，大意率具是，其评骘诸家学术，亦可准此推。
谓："学以求是，不以致用；用以亲民，不以干禄。孔氏之学，本
以历史为宗，宗孔氏者，当沙汰其干禄、致用之术，惟以前王成迹
可以感怀者，流连弗替。"又曰："执礼者质而有科条，行亦匡饬。
礼过故矜，平之以玄；玄过故荡。礼与玄若循环，更起迭用。兼
之，老聃也。偏得之，孙卿、庄周也。"深赏庄周《齐物》，谓："论
有互负，无异门之衅；人无愚智，尽一曲之用。所谓衣养万物而
不为主者。"其论宋、明诸儒，曰："《定性书》顺众而无诚，《格物
论》博观而无统，至德惟匹夫可以行之，持是长国家，适乱其步
伍。故程伯子南面之任，朱元晦侍从卿僕之器，王文成匹夫游侠
之材。"四民分业，不必兼务，亦不可相非。自学术观之，诸科平
等，但于一科中有高下耳。近人专守一术，诋他人为无用，此未
知舟车之异宜也。其自道则曰："庄生之玄，荀卿之名，刘歆之
史，仲长统之政，诸葛亮之治、陆逊之谏，管宁之节，张机、范汪之

医,终身以为师资。"

少年著《訄书》,自拟仲长统。孙诒让见之,曰:"《淮南鸿烈》之嗣也,何有于仲长氏!"逮民国以还,所造益深闳,自述为学经过,谓:

> 少时治经,谨守朴学,遭世衰微,不忘经国。寻求政术,历览前史,独于荀卿、韩非所说,谓不可易。囚系上海,专修慈氏、世亲之书,以分析名相始,以排遣名相终,从入之途,与平生朴学相似。居东释《庄子》,癸甲之际,厄于龙泉,始玩爻象,重说《论语》。又以庄证孔,知其阶位卓绝。古近政俗之消息,社会都野之情状,华梵圣哲之义谛,东西学人之所说,操齐物以解纷,明天倪以为量,割制大理,莫不逊顺。

此其所自负也。

当其时,与为论敌相抗衡者,有南海康氏。康极恢奇,而太炎则守平实。故康欲上攀孔子为教主,称长素;而太炎所慕则在晚明遗老,有意乎亭林之为人,而号太炎。然康主保王,太炎则力呼革命。康唱为变法,太炎又谆谆期循俗焉。太炎之于政治,其论常夷常退;其于民族文化,师教身修,则其论常峻常激。然亦不偏尊一家,轻立门户,盖平实而能博大,不为放言高论,而能真为民族文化爱好者,诚近世一人而已矣。

此稿草于一九三六年,刊载于一九三七年
六月十日天津《大公报·图书副刊》一八五期

太炎论学述

　　太炎之学,可分四支柱:一为其西湖诂经精舍俞樾荫甫所授之小学;一为其在上海狱中所诵之佛经;一为其革命排满从事政治活动,而连带牵及之历代治乱、人物贤奸等史学理论;一为其反对康有为之保皇变法,而同时主张古文经学以与康氏之今文经学相对抗。而其崇信印度佛学,则尤为其四支柱中擎天一大柱。然太炎既非一佛徒,又非一居士。其佛学,仅如西方人抱一哲学观点,乃依之以进退上下中国之全部学术史,立论怪诞,而影响不大。一因其文字诘屈,读其书者不多。一因其纵观博览,所涉既广,而民初以来读书风气已衰,读其书者,如泛大海,仅求其船之靠岸而止。大海渺茫,固非意存。故幸而其思想在当时及身后,亦未有何力量,否则其为祸之烈,恐当尤驾乎其所深恶的后起"新文化运动"之上。而主持新文化运动者,亦仅以"死老虎"目之,置之不论不议之列。近世则群敬以为大师,或目以为怪人。然固无知其立论之怪。余为《近三百年学术史》,止于南海康氏,太炎尚在世,因未及。太炎逝世,余在燕京大学曾作演讲,介绍其学术大概。然于其怪诞之论,则未有及。此已四十年前事矣。顷读《章氏丛书》以外络续发行之各书,乃知太炎此等理论,毕生持守,终始不变,是终不可以不述,以为考论民初学术思想,及有意知人论世者作参考,固非好指摘前贤也。下之所引,仅其梗概,备读者之自究之。

太炎最先著作有《齐物论释》,又有重定本,乌目山僧为之序,有曰:

> 近人或言,自《世说》出,人心为一变。自《华严》出,人心又为一变。今太炎之书现世,将为二千年来儒、墨九流破封执之局,引未来之的,新震旦众生知见,必有一变以至道者。

此序,实可发挥太炎此书之宗旨。否则太炎傲视伦侪,决不许他人之序其书也。然则太炎意,中土惟庄生道家陈义同于印度之佛教,其他如儒、墨九流,则皆等而下之。此书出,乃可使国人开其知见以变而至道也。

《齐物论释》重定本成于辛亥,继是乃有《国故论衡》,其及门弟子黄侃季刚为之赞,有曰:

> 方今华夏凋瘁,国闻沦失。西来殊学,荡灭旧贯。怀古君子,徒用尽伤。寻其痏残,岂诚无故?老聃有言,物壮则老,是谓不道。不道早已。然则持老不衰者,必复丁乎壮矣。于穆不已者,必自除其道矣。

黄侃乃太炎得意弟子，其赞《论衡》，犹乌目之序《释义》，皆可谓得太炎著书宗旨者。太炎深不喜西学，然亦不满于中学，故其时有《国粹学报》，而太炎此书特称《国故》，此"国故"两字，乃为此下提倡新文化运动者所激赏。季刚之赞，亦仅曰"国闻"，则其于中国文化传统之评价可知。"论衡"者，乃慕效王充之书。太炎对中国已往二千年学术思想文化传统，一以批评为务。所谓"国故论衡"，犹云批评这些老东西而已。故太炎此书，实即是一种新文化运动，惟与此下新文化运动之一意西化有不同而已。

太炎既主批评中国二千年来一些老东西，自不免首及于孔子与儒家。太炎最先有《訄书》，其批评孔子，殆有甚于后起"新文化运动"及更后大陆之所谓"批孔运动"。盖后二者，皆不学，徒恣空论，而太炎则具甚深之学术立场。惟不久即自悔其书，不再刊布。继《国故论衡》而成书者有《检论》，其中亦仍有《订孔》上下篇，较之《訄书》，远为平实。其言曰：

> 仲尼，良史也。谈、迁嗣之。孔子殁，名实足以抗者，汉之刘歆也。

康有为主今文经学，尊孔子为圣人，斥刘歆为作伪之人。太炎主古文经学，力反康氏，乃谓孔子乃一史家，司马父子嗣其业，刘歆则名实皆足与孔子抗。孔子仅与刘歆为伍，可谓千古创论。然太炎意，孔子究不失为一良史，亦非一笔抹摋。康氏尊孔亦尊佛，奉《公羊春秋》为其变法张本，自创《大同书》，欲使人奉为治国平天下之终极规模。其书虽多钞袭佛书，然必归之《小戴》之

《礼运》。然孔子实未纵言及此，故康氏自认己所造诣已逾孔子，自号曰"长素"，乃以素王长兄自居。太炎则以《左传》言《春秋》，孔子仅一良史，而己则通印度佛学，所造远逾孔子之上。民初大儒意态如是，则此下学风演变自可知。

《检论》又有《学变篇》，盛赞王充之《论衡》，其言曰：

> 有所发摘，不避上圣，汉得一人焉，足以振耻。至于今亦鲜有能逮者也。

孔子仅似刘歆，而国人两千年来皆不能有所发摘，此诚国人之耻。惟王充能振之。太炎自为书曰《国故论衡》，即承充意。然幸中国全部学术，尔非专尊孔子。《检论》又有《通程篇》，其言曰：

> 善作述者，其惟二程邪？言道之情，非邹、鲁所能尽也。顾未能方物释、老耳，虽杂释、老何害？

程氏尊孔，却能杂释、老，此所以为善，独惜其所得于释、老者犹浅，未能仿佛耳。

太炎于宋、明理学中，独推阳明。《检论》有《议王篇》，其言曰：

> 文成所谓致良知，不下带而道存。

凡晚明诸遗老，如顾亭林、王船山攻王学者，太炎皆为之解释。又曰：

> 尝试论之，古者王官散而为九流，晚世诸子，本材性以效王官，前民用。程伯子，南面之任也；朱元晦，侍从乡僎之器也；王文成，匹士游侠之材也。

此承章实斋"六经皆史"之论，而谓儒统即王官之学。大程能杂老、释，故可当南面。朱子辨老、释以卫儒，故得为卿佐。惟阳明假老、释以饰儒，又明白主张三教合一，其言于老、释时有甚深契会，故如匹士游侠，于儒统带有革命精神，故为太炎所深赏。

继《检论》后有《菿汉微言》。《论衡》、《检论》，检讨国故，属太炎学之旁面。《菿汉微言》明倡佛学，乃太炎学之正面。《微言》起乙卯，迄丙辰初春，当民初四、五年之间。其言曰：

> 《论语》所说胜义，大抵不过十许条耳，其余修己治人之术，乃在随根普益，不主故常。因情利导，补救无尽。谓本无微言妙义者非也。谓悉是微言妙义者亦非。

其言较之专以刘歆相拟，似尤较平实。又曰：

> 阳明之学，展转传变，逮及台山、尺木，遂不讳佛法矣。

是不啻谓阳明本佛法，特讳言之耳。

太炎又分别中土师儒之差等,其言曰:

> 明道、白沙,见理亦未究竟,故谓纯亦不已,胜于前后际断。此乃分别法,执所见,然其受用已足,当是二乘不趣寂者。陆子静、杨慈湖、王阳明,知见高于明道、白沙,而受用不如,当是大乘十信将发心者。晦庵之说,杂有二乘人乘外道,是为不定种姓,信分微劣者。濂溪、康节,纯是天磨,而受用尚多,是为外道已成就者。横渠亦纯是天磨,而受用不如,是为外道未成就者。陶靖节则近部行独觉矣。阳道州则近麟角独觉矣。焦先则近苦行头陀矣。

太炎于中国历代人物,一一凭佛义,判其高下,定其差别。后起新文化运动,一尊西法,亦如太炎之一尊印度。惟诸人懒治故籍,故于中国固有,汗漫挥斥,一丘之貉,曾不再加以剖辨,则于太炎为逊耳。

以上诸书外,尚有《文录》、《别录》。《别录》卷二有《答铁铮书》,其言曰:

> 足下不言孔学则已,若言孔学,愿亟亟以提倡历史为职。

又曰:

> 孔氏旧章,其当考者,惟在历史。

又曰：

> 孔氏之教，本以历史为宗。

又曰：

> 仆所奉持，以"依自不依他"为臬极。佛学、王学，虽有
> 殊形，若以《楞伽》"五乘分教"之说约之，自可铸镕为一。

又曰：

> 足下主张孔学，则禅宗与姚江一派，亦非不可融会。

以上，皆收入民国六年浙江图书馆所刻《章氏丛书》内。太炎论学宗旨，约略可见。

越后民国二十一年，其弟子钱玄同、吴承仕等又为《丛书续编》，刻于北平。至民国三十二年又由成都刻行，中有《菿汉昌言》六卷，其一条云：

> 问曰：王学末流，昌狂亦甚，如李贽之徒，盖与近时为新
> 说者无异。
> 答曰：贽之昌狂，卒以法逮捕，不食而死，是当时朝野未
> 尝容此。岂若今之举止自便者邪？然阳明论学，盖专为高
> 明者言，未及提倡礼教也。禅宗狂者，至于呵佛骂祖，而行

止未尝逾轨，则以戒律持之也。上蔡、象山、慈湖、白沙之伦，其弟子亦未有昌狂者。盖宋世儒者多崇礼教，明代崇礼不如宋人，白沙则有"名节为藩篱"之说。故四家之学，行之或百余岁，或几二百岁，卒未闻其徒有破检者。所惜阳明未虑及此耳。

此处因新文化运动骤起，遂悟阳明讲学有偏。又曰：

> 阳明之说，所以有效，由其服习礼义已成乎心也。若施于婆罗洲杀人之域，其效少矣。施于今之太学，其效更少矣。

是谓当时之大学，尚不如婆罗洲杀人之域也。其深恶于新文化运动者有如此。

又曰：

> 戴东原之学，根柢不过二端，曰："理丽于气，性无理、气之殊；理以絜情，心无理、欲之界。"如是而已。老子云："圣人无常心，以百姓心为心。常善救人，故无弃人；常善救物，故无弃物。"东原盖深知此者。使其宰世御物，则百姓得职，人材不遗矣。阳明、东原，其术相背，以用世则还相成也。

阳明、东原，皆能辟朱子，易言之，皆能反儒统，故皆为太炎所取。

惟东原言"求理于事物"，不专主"心即理"，故谓其与阳明相背。

又曰：

> 罗整庵于气见理，罗近溪得力于恕。东原辨理似整庵，归趣似近溪。

太炎于阳明后亦取近溪。整庵论理、气反朱子，故太炎亦称之。观是知太炎论学大旨，实与前无大殊。

又有《太炎文录续编》，不详始于何时，卷二有《王文成公全书题辞》及《后序》两篇，皆成于民国十三年，则在《丛书》编印后又七年。《题辞》之言曰：

> 宋世道学诸子，刻意欲上希孔、颜，及明王文成出，言心即理，由是徽国格物之论瓦解无余。文成之徒，以罗达夫、王子植、万思默、邹汝海为过其师。达夫言："当极静时，觉此心中虚无物，旁通无穷，如长空云气，流行无所止极；如大海鱼龙，变化无有间隔。无内外可指，无动静可分，所谓无在而无不在，吾之一身乃其发窍，固非形质所能限也。"子植言："澄然无念，是谓一念，非无念也，乃念之至微至微者。此所谓生生之真机，所谓动之微，吉之先见者也。"二公所见，则释氏所谓藏识恒转如瀑流者。宋、明诸儒，独二公洞然烛察焉。然不知藏识当舍，而反以为当知我在，以为生生非幻妄。思默言："《易》之'坤'者意也。'乾'贵无首，而'坤'恶坚冰。资生之后，不能顺'乾'为用，而以'坤'

之意凝之,是为坚冰,是为有首,所谓先迷失道者也。"此更知藏识非我,由意根执之以为我。然又言:"天寿不贰,修身以俟,命自我立,自为主宰。"是固未能断意根者。所谓儒、释疆界邈若山河者,亦惟此三家为较然,顾适以见儒之不如释尔。

又言:

> 汝海谓:"天理不容思想。颜渊称'如有所立卓尔',言'如有',非真有一物在前。本无方体,何可以方体求得?今不读书人止有欲障,而读书更增理障,一心念天理,便受缠缚。尔只静坐,放下念头,如青天然。无点云作障,方有会悟。"又言:"仁者人也。识仁者,识吾本有之仁,不假想像而自见。毋求其有相,惟求其无相。此与孔子'无知',文王'望道而未之见',老子'上德不德是以有德,下德不失德是以无德',及释氏所谓'智无所得为住唯识'者,义皆相应。"然汝海本由自悟,不尽依文成师法,今谓文成优入圣域,则亦过矣。

观此,知太炎言学,儒不如释之定见,始终执持,迄未有改。儒家中阳明所言最近释,故太炎最所心折。及读书益多,乃知罗念庵、王塘南、万思默、邹聚所诸人,所言更近释,乃更谓诸人过于阳明,而阳明亦未得谓"优入圣域"。所异者,更不闻太炎平生亦曾为此等静坐禅定之功。游其门者,治小学、文章、经史,更不

闻有治理学、治释典逃佛学者。言教不如身教,固宜及门之多不
厝情于斯也。

《题辞》又曰:

> 当今之士,所谓捐廉耻、负然诺以求苟得者也。辨儒、
> 释之同异。与夫优入圣域以否,于今为不亟。亟者,乃使人
> 远于禽兽。必求孔、颜以为之师固不得,或欲拯以佛法,则
> 又多义解,少行证,与清谈无异。且佛法不与儒附,以为百
> 姓、居士于野则安,以从政处都市、涉患难则志节堕。径行
> 而易入,使人勇改过促为善者,远莫如子路,近莫如文成之
> 言。起贱儒为志士,屏唇舌之论以归躬行,斯于今日为当
> 务矣。

此亦太炎感慨于当时之士风而发。又曰:

> 宋儒视礼教重,明儒视礼教轻。是文成之阙。

又曰:

> 子路可以责人阴谋,文成犹不任是。

太炎之意,遂若教人学阳明,不若教人学子路。因又特举《儒
行》篇,曰:

汉世奇材卓行，若卢子干、王彦方、管幼安者，未尝谈道，而岸然与十五儒方，盖子路之风犹有存者。

然则太炎之意，殆如教人诵《儒行》、学子路，即可以移颓风而易末俗也。此因长素高抬《礼运》，故太炎特提《儒行》，在其为《訄书》时已言之。太炎往往固执一见，历数十年不变有如此。

又《王文成公全书后序》有曰：

今学者浸重物理，置身心不问，本末例挚，以身为形役。徽公穷至物理之说导其端也。清末言新法，未几有云新道德、新文化者，专己自是，以拂民之旧贯，如削趾适屦。新道德、新文化者，有使人淫纵败常而已。是则徽公新民之说导其端也。诚所谓洪水猛兽，文成力为之闲，不验于明，而验于今之世。

太炎谓清末言新法以及当时新文化运动皆由朱子导其端，真不知何从说起。抑若王学复盛，新法、新文化两运动随即消散。且太炎明言教人学阳明，不如学子路，奈何又言阳明之闲洪水猛兽，其言将验于今？抑亦未闻太炎生平有宏扬王学之意，岂其所为《齐物论释》、《菿汉微言》，为功尤在宏扬王学之上乎？此见太炎不切事实，凭空立论，不惜高下古人以就己意，岂此即是阳明所主"心即理"之具体表现乎？

《文录续编》卷一又有《伯夷叔齐种族考》，定夷、齐为鲜卑人，而曰：

种类不同、礼俗素异之人，有能化及中原，永为世范者，自释迦以前，未有过于伯夷者也。

此亦太炎感于当时新文化运动盛倡西化而发。夷、齐是否鲜卑人，不深论，要之太炎之崇重释迦至老不衰。其意亦谓当时提倡新文化运动者，不能如伯夷、释迦，故亦无以达其所期望也。

卷一又有《格物致知正义》，其言曰：

郑君注："格，来也；物，犹事也。其知于善深，则来善物；其知于恶深，则来恶物。言事缘人所好来。"孔子曰："我欲仁，斯仁至矣。"郑君之说，上契孔子，而下与新建"知行合一"之意适相会。

又曰：

郑、王二说，皆深达心要，又不违于孔、孟。佛家说五识，身外与境触，以逮善恶成就，前后相引，略有五心。初"率尔堕心"，无间引生"寻求心"、"决定心"，此"物格而知至"也。决定心后，于怨住怨，于亲住善，于中住舍，命之曰"染净心"。于此持续，有善不善转，命之曰"等流心"。此皆"诚意"也。

太炎主古文经学，乃以反康有为。今以郑、王同说，而又以佛说为衡，则所学益条贯矣。

又有《康成、子雍为宋、明心学导师说》，其言曰：

> 王子雍伪作《古文尚书》及《孔丛子》，《古文尚书》所云
> "人心"、"道心"，宋儒悉奉以为准，然尚非其至者。《孔丛
> 子》言"心之精神是谓圣"，微特于儒言为超迈，虽西海圣人
> 何以加是！故杨敬仲终身诵之，以为不刊之论。前有谢显
> 道，后有王伯安，皆云"心即理"，亦于此相会焉。

此又推尊及于《伪古文尚书》与《孔丛子》。要之一言同于释氏，
即皆千古不刊之论。太炎与康氏所遭时变同，惟康氏读书不如
太炎之多，而论学则前后多变。太炎可谓终身蠹书丛中，而持论
则少所变。曰古文经，曰阳明心学，曰佛学，几皆终身焉。此见
康、章两人性格之异，不得以变为非、不变为是，亦不得以不变为
非、以变为是也。然两人皆用世心亟，亦同于崇佛，亦皆不修居
士行，而亦同是近代士风之楷模。欲知近代学风之所起，诚于此
两人不得不有知也。

太炎又有《国学略说》一书，由其门人孙世扬校录，乃在苏
州讲学时，最值太炎之晚年，然其论学要旨则仍无变。兹续貂数
条作例。其一云：

> 孔门弟子，独颜子闻"克己"之说。克己者，破我执之
> 谓。颜子之事不甚著，独庄子所称心斋、坐忘，能传其意。
> 然《论语》记颜子之语曰：仰之弥高，钻之弥坚。瞻之在前，
> 忽焉在后。盖颜子始犹以为如有物焉，卓然而立。经孔子

之教,乃谓:如有所立卓尔,虽欲从之,末由也已。"如"当作假设之辞,不训"似"。此即"本来无物,无修无得"之意。"绝四"之说,人我、法我俱尽。"虽欲从之,末由也已。"亦除法我执矣。此等自得之语,孔、颜之后无第三人能道,佛、庄不论。

此谓儒统虽逊于佛、庄,然除孔、颜外亦无第三人。又曰:

《德充符》言:以其知得其心,以其心得其常心。知者,佛法所谓意识。心者,佛法所谓阿赖耶。阿赖耶恒转如瀑流,而真如心则无变动。常心者,真如心之谓。以止观求阿赖耶,所得犹假;直接以阿赖耶求真如心,所得乃真。此等语,与佛法无丝毫之异。世间最高之语,尽于此矣。

又曰:

内篇七篇,佛家精义俱在。

此则较《齐物论释》益为推广。

又曰:

老子云:天下万物生于有,有生于无。后之言佛法者,往往以此斥老子为外道,然非外道也。佛法有"缘起"之说,唯识宗以阿赖耶识为缘起,《起信论》以如来藏为缘起,二者均有始。华严则称"无尽缘起",是无始也。其实缘起本求之不尽,本无始,无可奈何称之曰"始",无可奈何又称之曰"无始",故曰无通于元。儒家无极、太极之说,意亦类是。故老子曰:天下万物生于有,有生于无。语本了然,非外道也。

又曰:

> 太史公《孔子世家》,老子送孔子曰:为人臣者毋以有己,为人子者毋以有己。空谈无我,不如指切事状以为言。所以举臣与子者,就事说理。华严所谓"事理无碍"矣。唯圣人为能知圣,孔子耳顺心通,闻一即能知十,其后发为"毋意、毋必、毋固、毋我"之论。颜回得之而克己,此如禅宗之传授心法,不待繁词。然非孔子之聪明睿知,老子亦何从语之哉?

太炎长于小学,而不精训诂。"如有所立卓尔",解"如"为假说辞,将实作虚,乃不知古人无此语法。太炎博极群书,而不擅考据。如认《史记》老子告孔子,而不知与作为五千言之老子不相类。要之以佛书为准绳。通于释,即皆名论、定论也。其好庄尤甚于老,而喜颜亦若尤甚于孔,以其尤为出世,与佛书近也。

其论阳明,曰:

> 格物致知之说,王心斋最优。盖阳明读书多,不免拖

沓。心斋读书少，故能直截了当，斩断葛藤。心斋解"在止于至善"，谓："身名俱泰，乃为至善。杀身成仁，便非至善。"其语有似老子。

传统论学，必为儒、道分疆，而太炎绝不存此意。似老则境界尤高，语非贬辞。

又曰：

> 罗念庵辞官后，入山习静，日以晏坐为事，谓理学家辟佛乃门面语，周濂溪何尝辟佛哉？阳明再传弟子万思默，语不甚奇，日以晏坐为乐。王塘南初曾学佛，亦事晏坐。然所见皆高于阳明。塘南以为一念不动，而念念相续，此即生生之机不可断之意。思默自云："静坐之功，若思若无思。"则与佛法中"非想非非想"契合。邓定宇语王龙溪曰："天也不做他，地也不做他，圣人也不做他。"张阳和谓此言骇听，定宇曰："毕竟天地也多动了一下。"此是"不向如来行处行"手段。胡正甫谓："天地万物皆由心造。"独契释氏旨趣。前此理学家谓："天地万物与我同体。"语涉含混。孟子"万物皆备于我"之说亦然。皆不及正甫之明白了当。

此谓王学后起优于王，亦太炎旧见。惟又谓阳明读书多，不如心斋读书少，而太炎读书之多，则明末除顾亭林等极少数外，殆无伦匹。为学固当多读书，抑少读书，此问题未见太炎有所明言。又阳明主即知即行，事上磨练，而罗念庵以下，万、王、胡、邓，皆

务默坐，又不闻太炎好为默坐功。太炎惟因此诸人一语近佛，遂
不问向来学术界传统意见，即认为其所见皆高于阳明。岂不如
当时新文化运动，只求一语近于西方，亦尽排传统，刻意尊之！
而太炎又极恶此病，则诚不知何以为善也。

太炎又曰：

> 印度地处热带，衣食之忧非其所急。不重财产，故室庐
> 亦无多用处。自非男女之欲，社会无甚争端。政治一事，可
> 有可无，故得走入清谈一路而无害。中土不然，衣食居处，
> 必赖勤力以得之，于是有生存竞争之事。团体不得不结，社
> 会不得不立，政治不得不讲。目前之急，不在乎有我、无我，
> 乃在衣食之足不足耳。故儒家、道家，但务目前之急，超出
> 世间之理，不欲过于讲论。非智识已到、修养已足者，不轻
> 为之语也。此儒、道与释家根本虽同，而方法各异之故也。

此论似嫌浮薄。人生主要重在心，不在衣食。若谓中土人生所
重应在衣食，则同时新文化运动所主西化，岂不远胜印度之佛法
乎？太炎谓："《庄子》七篇，佛家精义俱在。"其实内篇所阐，岂
尽超出世间之理乎？至论政治，太炎则曰：

> 政治之论，《老子》已足。

又曰：

　　《老子》譬之大医，医方众品并列，指事施用，都可疗病。五千言所包亦广矣，得其一术，即可以君人南面矣。

又曰：

　　若以政治规模立论，荀子较孟子为高。

是太炎果得志于政治，亦追随老聃、荀况而止耳。如儒统所争王霸、义利之辨，恐非所厝意。亦未见其于当时，能有大兴起、大作为也。要之"儒不如释"之一见，自足限太炎之所至矣。当清末民初之际，学者菲薄传统，竞求一变以为快，太炎与南海康氏，其表率也。皆无师承可言，然亦可微窥朱九江、俞曲园之未尝无其影响矣。深识之士，亦将有会于斯篇。

此稿刊载于一九七八年六月
《中央研究院成立五十周年纪念论文集》

《清儒学案》序

　　国于天地,必有与立。吾国家民族文化绵历,迄五千年不弊,厥有一中心力量焉为之潜持而默运者,则儒家思想是也。儒家思想渊源于上古,成熟于先秦。在两汉以迄隋、唐则曰经学,在宋、明以迄清季则曰理学。理学之兴,浅言之,若为蔑弃汉、唐而别创。深言之,则实包孕汉、唐而再生。苟非汉、唐诸儒补缉注疏勤恳于前,则宋、明理学何所凭借而产苗?当唐之季世,下逮五代十国,天下坏乱已极,而佛学之来东土,汉末以来,亦垂八、九百年矣。为宋人谋之,苟非有以大振作,将无以起衰而救弊,开物而成务。故宋学者,实依然沿续汉、唐经学精神,特因时代之激刺而一变焉者也。宋、明理学之盛,人所俱晓,迄于清代,若又为蔑弃宋、明重返汉、唐。故说者莫不谓清代乃理学之衰世。夷考其实,亦复不然。宋、元诸儒,固未尝有蔑弃汉、唐经学之意。观《通志堂经解》所收,衡量宋、元诸儒研经绩业,可谓蔚乎其盛矣。清代经学,亦依然沿续宋、元以来,而不过切磋琢磨之益精益纯而已。理学本包孕经学为再生,则清代乾、嘉经学考据之盛,亦理学进展中应有之一节目,岂得据是而谓清代乃理学之衰世哉？

大较而言,清代理学,当分四阶段论之:一曰晚明诸遗老。当明之末叶,王学发展已臻顶点,东林继起,骎骎有由王返朱之势。晚明诸老,无南无朔,莫不有闻于东林之传响而起者。故其为学,或向朱,或向王,或调和折衷于斯二者,要皆先之以兼听而并观,博学而明辨。故其运思广而取精宏,固已胜夫南宋以来之仅知有朱,与晚明以来之仅知有王矣。抑且孤臣孽子,操心危而虑患深,其所躬修之践履,有异夫宋、明平世之践履;其所想望之治平,亦非宋、明平世之治平。故其所讲所学,有辨之益精,可以为理学旧公案作最后之论定者;有探之益深,可以自超于理学旧习套而别辟一崭新之蹊径者。不治晚明诸遗老之书,将无以知宋、明理学之归趋。观水而未观其澜,终无以尽水势之变也。

其次曰顺、康、雍。遗民不世袭,中国士大夫既不能长守晚明诸遗老之志节,而建州诸酋乃亦唱导正学以牢笼当世之人心。于是理学道统,遂与朝廷之刀锯鼎镬更施迭使,以为压束社会之利器。于斯时而自负为正学道统者,在野如陆陇其,居乡里为一善人,当官职为一循吏,如是而止;在朝如李光地,则论学不免为乡愿,论人不免为回邪。此亦一述朱,彼亦一述朱。往者杨园、语水诸人谨守程、朱矱矱者,宁有此乎？充其极,尚不足追步许衡、吴澄,而谓程、朱复生,将许之为护法之门徒,其谁信之！其转而崇陆、王者,感激乎意气,磨荡乎俗伪,亦异于昔之为陆、王矣。

又其次曰乾、嘉。理学道统之说,既不足餍真儒而服豪杰,于是聪明才智旁进横轶，群凑于经籍考订之途。而宋、明以来相传八百年理学道统，其精光浩气，仍自不可掩，一时学人终亦不忍舍置而不道。故当乾、嘉考据极盛之际，而理学旧公案之讨究亦复起。徽、歙之间，以朱子故里，又承明末东林传绪，学者守先待后，尚宋尊朱之风，数世不辍。通经而笃古，博学而知服，其素所蕴蓄则然也。及戴东原起而此风始变。东原排击宋儒，刻深有过于颜、李，章实斋讥之，谓其饮水忘源，洵为确论。然实斋思想议论，亦从东原转手而来。虫生于木，还食其木，此亦事态之常，无足多怪。理学本包孕经学为再生，今徽、歙间学者，久寝馈于经籍之训诂考据间，还以视夫宋、明而有所献替，亦岂遽得自逃于宋、明哉？故以乾、嘉上拟晚明诸遗老，则明遗之所得在时势之激荡，乾、嘉之所得在经籍之沉浸。斯二者皆足以上补宋、明之未逮，弥缝其缺失而增益其光耀者也。

又其次则曰道、咸、同、光。此际也，建州治权已腐败不可收拾，而西力东渐，海氛日恶，学者怵于内忧外患，经籍考据不足安定其心神，而经世致用之志复切，乃相率竞及于理学家言，几几乎若将为有清一代理学之复兴。而考其所得，则较之明遗与乾、嘉皆见逊色。何者？其心意迫促，涵养浮露，既不能如晚明诸遗老之潜精抑彩，敛之有以极其深；又不能如乾、嘉诸儒之优游浸渍，涉之有以穷其广。徒欲悬短绠而汲深井，倚弱篙而渡急湍，则宜乎其无济也。量斯时之所至，其意气发舒，若稍稍愈乎顺、康、雍之惨沮郁纡则已耳。要之有清三百年学术大流，论其精神，仍自沿续宋、明理学一派，不当与汉、唐经学等量并拟，则昭昭无可疑者。

抑学术之事，每转而益进，途穷而必变。两汉经学，亦非能蔑弃先秦百家而别创其所谓经学也，彼乃包孕先秦百家而始为经学之新生。宋、明理学，又岂仅包孕两汉、隋、唐之经学而已！彼盖并魏、晋以来流布盛大之佛学而并包之，乃始有理学之新生焉。此每转益进之说也。两汉博士之章句家法，自有郑玄之括囊大典而途已穷。魏、晋、南北朝之义疏，自有唐初诸儒之《五经正义》而途亦穷。至于理学，自有考亭、阳明义蕴之阐发，亦几乎登峰造极无余地矣。又得晚明诸遗老之尽其变，乾、嘉诸儒之纠其失，此亦途穷当变之候也。而西学东渐，其力之深广博大，较之晚汉以来之佛学，何啻千百过之！然则继今而变者，势当一切包孕，尽罗众有，始可以益进而再得其新生。明遗之所以胜乾、嘉，正为晚明诸遗老能推衍宋、明而尽其变，乾、嘉则意在蔑弃宋、明而反之古。故乾、嘉之所得，转不过为宋、明拾遗补阙。至于道、咸以下，乃方拘拘焉又欲蔑弃乾、嘉以复宋、明，更将蔑弃阳明以复考亭，所弃愈多，斯所复愈狭，是岂足以应变而迎新哉？

今世运之变，又亟于道、咸，一世方激荡旋转而开生人未有之新局，吾国家民族文化所以绵历五千年迄今未弊者，又将重回洪炉，再经煅炼，以重成其为卫国家、福种姓之所赖。夫岂抱残守缺，蹈常习故者之所能胜其任？且学统犹治统也。譬如诸方分峙，蜀不能并魏、吴，岂足以为魏、吴之统？宋不能并金、夏，岂足以为金、夏之统？夫亦各成其为偏方之暂局而已。今既世界逮通，五洋如同堂，六洲如合宇。他日人类大同，安知治统、学统不有日趋于一之势？然而刘禅之奉表，赵构之屈膝，则终为天地所耻鄙，不足以语此。吾国家民族独擅五千年文化优秀传统，回念诸圣先哲，光明灿烂，岂得不憬然动，惕然励，而知所自负荷也乎？吾中央正值抗战艰险之际，有意合刊宋、元、明、清四朝《学案》简编，颁之中外，其意可深长思矣。惟《清儒学案》，虽有唐、徐两家成书，而唐书陋狭，缺于闳通；徐书泛滥，短于裁别，皆不足追踪黄、全之旧业。穆奉命承乏为《清儒》之役，因重加编订成若干卷，而敬述其大义于卷首。

例　言

昔江藩子屏著《汉学师承记》、《宋学渊源记》，为记载清代理学之开始。或讥其汉、宋分编之不当，然就实论之，亦复未可厚非。义理、考据，境界固属互通，分编叙述，转可各尽其胜。惟江书仅迄乾、嘉，又详汉略宋，殊嫌不备。嗣起者为唐鉴镜海之《学案小识》，其书专重宋学义理，而篇末亦附《经学》。"经学"之名复与"汉学"有别，即宋、明诸儒，岂得谓其非经学乎？唐书于黄梨洲、颜习斋诸人，均入《经学》，则何以如顾亭林、王船山诸人又独为《道学》？分类之牵强，一望可知。其编《道学》，又分传道、翼道、守道诸门，更属偏陋无当，鲁一同氏评之已详。唐书尽于道光季年，亦未穷有清一代之原委。最后有徐世昌菊人之《清儒学案》，全书二百八卷，一千一百六十九人，迄于清末，最为详备。然旨在搜罗，未见别择，义理、考据，一篇之中，错见杂出。清儒考据之学，轶出前代远甚，举凡天文、历算、地理、水道、音韵、文字、礼数、名物，凡清儒考订之所及，徐书均加甄采而均不能穷其阃奥，如是则几成集锦之类书，于精、于博两无取矣。昔秦蕙田氏有言："著书所患，在既不能详又不能略。"窃谓唐书患在不能详，徐书患在不能略也。本编所录一以讲究心性义理，沿续宋、明以来理学公案者为主，其他经籍考据，概不旁及，庶以附诸黄、全两家之后，备晚近一千年理学升降之全。此乃著书体例所关，非由抑汉扬宋，别具门户私见也。

梨洲《明儒学案》六十二卷，大略分之，仅得崇仁、白沙、河东、三原、姚江、止修、泰州、甘泉、东林九宗；而于姚江复分浙中、江右、南中、北方、粤闽五宗。其崇仁、白沙，为姚江之源；止修、泰州、甘泉、东林，为姚江之流；不相入者，河东、三原而已。若授受在九宗之外者，别为《诸儒学案》统之。（此采恽子居说。）此乃梨洲一书大纲领，亦即其书宗主所在，论列明儒而专主性理，又于抉发性理中专宗阳明。其实阳明亦自为明儒之眉目，明儒学诣亦自当以研究性理为宗极，固非梨洲专为自尊其一己传统之私而然也。至《宋元学案》，梨洲原本仅以三十五人标案，案中小传，兼取各派，故免疏隘之病。（此采郑东甫说。）全谢山修补而成百卷，每卷各为一《序录》，亦复备见全书宗主，故能约而不陋，详而不芜。至论清儒，其情势又与宋、明不同，宋、明学术易寻其脉络筋节，而清学之脉络筋节则难寻。清学脉络筋节之易寻者在汉学考据，而不在宋学义理。唐书传道、翼道、守道之分，既不可从；徐书仍效黄、全两家旧例，于每学案必标举其师承传授，以家学、弟子、交游、从游、私淑五类附案；又别出《诸儒学案》于其后，谓其师传莫考，或绍述无人，以别于其他之各案；其实亦大可不必也。姑举一例论之。如费密，徐书入《诸儒》，然费氏之学，先得其父经虞之家教，亦复问学于孙夏峰，则非无师传；有子锡璜，近代《贯道堂集》虽不传，然章实斋《文史通义》固曾论列，其议论大体，亦能传其父绪，亦非无绍述，奈何列为《诸儒》？又如刘献廷，其学真不见师传所自，亦不见绍述之人，断当自成一家，依徐氏例，归之《诸儒》允矣，而顾附之万斯同之下。继庄之与季野，信为交游，然交游未必可以相统，附刘于万，于义何取？如此之类，不胜遍摘。故编次《清儒学案》最难者在无统宗纲纪可标，在无派别源流可指。然因其聚则聚之，因其散则散之，正不妨人各一案，转自肖其真象。虽异黄、全两家之面目，实符黄、全两家之用心。何必亦蹝亦趋，乃为师法？本编窃取斯旨，每人作案，不标家派，不分主属；至其确有家派、主属者，则固不在此限也。

清儒理学既无主峰可指，如明儒之有姚江；亦无大脉络大条理可寻，如宋儒之有程、朱与朱、陆；然亦并非谓如散沙乱草，各不相系，无可统宗之谓也。窃谓寻前有清三百年理学大纲，莫如分为晚明遗老，与顺、康、雍诸儒，以及乾、嘉与道、咸、同、光之四部分。其大别已详于篇首之总序，其各家异同，则分志于各卷之小序。读者由此认入，庶易得有清一代理学之派别与流变耳。

梨洲《明儒学案·发凡》有言："每见钞先儒语录者，荟撮数条，不知去取之意谓何，其人一生之精神未尝透露，如何见其学术？是编皆从全集纂要钩玄，未尝袭前人之旧本也。"本编窃慕斯义，凡所纂录，亦皆从各家全集钩贯成之，务求可以透露其精神，发明其宗旨，然此特就大家巨儒言之。人之为学，深浅广狭不同，一言一节，时有可取，此编亦加采列。此如一丘一壑，各有风光，可以欣赏，不必名山大川，始足言游。或以见一时之风尚，或以备多方之启悟，义各有当，不妨兼罗并存也。读者诚以此意求之，则本编所列诸家，一、二万言不为多，三、四百字不为少；要之在读者之自具慧眼，自有会心也。

昔章实斋有言："为学不可有门户，而不可无宗主。"本编取舍权衡，绝不敢存门户之见，或汉或宋，或朱或陆，一体采撷，异同互见。见仁见智，俟之读者。惟汉学而专为考据者不录，朱、陆而各务谩骂者亦不录。斯道之在斯世，本如日月光明，人所共睹。亦有语自圆正，而落格套近空洞者亦不录。又如全谢山所讥，"其书虽纯乎经，而其人则纯乎纬"者亦不录。亦有其人确乎醇儒，言行无疵累，堪为后世矜式，而本编亦多弃置；此则限于篇幅，与其人人备列，而人人省略，不如详其一、二，使可为亲。此如人之亲师取友，岂得遍天下之名师益友而遍师遍友之？凡欲遍谒天下名师，遍交天下益友者，此必不名一师、不择一友之人也。若读者以争论从祀圣庙之意见责备本编，则疏漏之罪，所不敢辞。

亦有其人本非理学名家，其立言陈义，亦若有偏驳，而本编颇加采录者。诚以斯道之在天地，虽曰终古而如常，亦当与时而俱新，自非圣人复生，谁能语大道之恒常，而得免于蹈袭之嫌？《中庸》曰："其次致曲，曲能有诚。"语有切己切时，从身世感触，真心流露者，此皆一曲之诚。能推其一曲，即通乎大方矣。梨洲所谓"有一偏之见，有相反之论，学者于其不同处正宜着眼"是也。

孟子曰："物之不齐，物之情也。"夫斯道广矣大矣。学之有深浅,体之有纯驳,然苟内能切己,外能切时,致曲有诚,出言自衷,斯亦已矣。守门户者往往以道统门户之空论,高自位置,睥睨一切;亦有纯借一己之体会而评骘古今之学术。此亦一是非,彼亦一是非。夫日月有明,容光必照,由一隙为私窥,孰若与各方为共睹?本编于所录各家,概不再加批注按语,庶免以指点而限视听。在己可避专辄之嫌,在人可广聪明之用,梨洲"风光狼藉"之憾,此编转可或免也。

谢山《宋元学案》,有《附录》一项。李莼客极称之,谓其"翦裁尤具苦心,或参互以见其人,或节取以存其概,使纯疵不掩,本末咸赅"。徐氏《清儒学案》,亦有《附录》。此编依之。昔亭林淹雅,而二曲诚其骛外;梨洲闳通,而杨园讥其近名。若二先生之艰苦笃实,庸德庸行,尤足师表末世,采摭较详,亦寓风世之微意焉。

本编纂录,正值国难,觅书匪易,又期日迫促,疏误必多,斟酌尽善,俟诸异日。

拙著《近三百年学术史》,与本编取材各别,不相踵沓,而义旨互足,读者幸赐兼观。

序　录

夏峰、梨洲、二曲学脉同出阳明,清初称三大儒;而夏峰之学,流衍尤远。弟子著者有王余佑介祺、魏一鳌莲陆、耿极诚斋、薛凤祚仪甫、申涵光凫盟、赵御众宽夫、汤斌潜庵诸人。其一时交游,刁包、魏裔介、魏象枢、张沐、杜越、许三礼之徒,亦如众星之拱北斗，群山之仰乔岳也。稍后颜习斋崛起博野，得交苏门弟子王五修、王介祺，盖有闻于夏峰之规模而兴者。其为学门径亦略相似。夏峰诚不愧当时北学之冠冕。《明儒学案》已收之《诸儒》下卷。徐氏谓苏门讲学时入清初，取靖节晋、宋两传之例，以弁清儒。兹本其义。述《夏峰学案》第一。

梨洲师事刘蕺山，平生以捍卫姚江自任，而于王学末流亦痛斥至严，盖屹然王学之干城也。然梨洲之学已从性理一转手，博综经史，务为广大。南雷弟子最著者，莫如万氏兄弟，皆浸浸乎专攻经史，毕精著述，盖与晚明讲堂语录之为学迥以别矣。梨洲正其继往开来之人也。述《梨洲学案》第二。

杨园践履，笃实明粹，亦清初之吴康斋也，而身当易世，痛切明夷，其贞晦之操，深潜之节，尤为过之。交游有海盐何商隐、乌程凌渝安、归安沈石长，嘉、湖之间称"四先生"。而杨园深远矣。平生惩讲学标榜之风，务自谦抑，请业奉教者虽不绝，而受贽著籍者寥寥，惟吴江张嘉玲佩蒽、姚瑚蛰庵、桐乡颜鼎受孝嘉、石门姚夏大也数人。晚年与石门吕晚村交好。平湖陆陇其，因晚村而知杨园，读其遗书而推之。清廷既以陇其从祀孔庙，遂及杨园。后人乃每以清献、杨园并举，目为一代儒学正宗，实非杨园之所愿也。述《杨园学案》第三。

清初学者，多主调和朱、王，折衷宋、明。其著者，北方有夏峰，南方有桴亭。桴亭之论明儒，尤为后人所称。至其究心六艺，实辟学术之新向。颜习斋闻声想慕，引为同调；而其弟子李恕谷南游，得读桴亭书，返告其师，欲以心性存养补师门事物经济之不逮。此可以见桴亭学术之恢张与平称焉。同时有陈瑚确庵、盛敬圣传、江士韶药园，与桴亭为切劘之友，皆籍太仓，所谓"娄东之学"是也。桴亭弟子著籍，亦多太仓人，西及江阴、武进，而其传不著。六艺之学，终不光昌，南北一例，是可慨也。述《桴亭学案》第四。

亭林推为清代开国儒宗。其学实事求是，务为经世致用，《日知录》一书规模尤闳阔。后之学者，各因其一端而申之，皆成专业。惟亭林犹得晚明讲学遗绪，故其书亦尚兢兢以世道人心为主，论学论治皆推本焉，不似后人专务博雅考订，此亭林之所为卓绝也。平生深恶明季招门徒立名誉之习，故其门墙甚峻，著籍者罕，传学著者仅潘次耕一人。而交游特广，崑山归庄玄恭、吴江吴炎赤溟、潘柽章力田、朱鹤龄长孺，皆少日乡里之游。及其渡江而北，足迹遍天下，遂尽识其贤豪长者，若李颙二曲、张尔岐蒿庵、傅山青主、吴任臣志伊、张弨力臣、王宏撰山史、李因笃天生、马骕宛斯、路泽农安卿、汪琬苕文、王锡阐晓庵，以及朱彝尊竹垞、杨瑀雪臣、阎若璩潜邱之徒。凡当世知名士，亭林无不奉手纳交，通闻论业，曲证旁推，兼集众长，宜乎其学之益臻于大也。述《亭林学案》第五。

船山、梨洲、亭林，于晚清号"明末三大儒"，而船山之学尤为治新学读西方哲家书者所喜称，以其探求宇宙本末，分析心理精微，路径略相似也。船山父修侯，少从游伍学父之门，又问道于邹泗山，盖远承东廓之传。故船山之学，长于抉剔心隐，洞人肺腑，其精神血脉，略近江右王门，而于东廓、念庵尤似。再复于此转手，得北宋横渠《正蒙》之神契，故亦善言道气阴阳宇宙之变。其论心术而会于佛，则旁治八识。其论宇宙而会于道，则兼探图纬。浸深涵广，汇为大观。惜身后湮没不彰，直至晚清始显。述《船山学案》第六。

石庄先世累代讲义理之学，及其身，以胜国遗贞，穷年诵读，于书靡所不窥，而韬晦之深，过于船山。遗书垂二百年而始传，自拟为徐干《中论》、颜之推《家训》之流，而论者谓其广大精微犹过之。清代鄂学稍微，石庄特为一大家。述《石庄学案》第七。

清初江西言理学者有程山、髻山、易堂诸子，皆明遗民也。易堂声气特盛，"宁都三魏"竞爽，叔子为之魁。气节、文章，志在经世。交游著者有南昌彭士望躬庵、林时益确斋、宁都邱维屏邦士，所谓"易堂九子"是也。而星子宋之盛未有，与其邑人同隐讲学，称"髻山七隐"。其学以识仁为要，微言奥义，颇杂老、佛。程山最醇亦最细，尚不失宋、明矩矱。晚年筑尊雒堂，其学一以程、朱为归，而所得于阳明者实深。其辨"喜怒哀乐未发之中"，可谓穷前人所未穷。江右本王学精神所在，程山实其薪传矣。程山弟子甚众，高弟皆在南丰，称"程山六君子"。述《程山学案》第八。

昔北宋横渠张子，崛起关中，开门授徒，与洛学分庭抗礼，冯少墟《关学编》遂以托始。有明一代关中大儒，若王恕石渠、吕柟泾野、冯从吾少墟，皆恪守程、朱，而渭南南大吉、瑞泉兄弟则纯主姚江，师说各有不同。二曲论学虽主陆、王，然亦兼取程、朱，遂为清初关学大师。门下执贽著籍号以千计。弟子最著者曰鄠县王心敬尔缉，号丰川，其他如李天生因笃、王山史宏撰，皆为交游，足征一时关学之盛。述《二曲学案》第九。

晚明兵燹，河朔残破特甚，一时豪杰之士，若容城孙奇逢启泰、祈州刁包蒙吉，皆习斋书中所谓"忠孝恬退之君子，豪迈英爽之俊杰，是为吾儒一线之真脉"者。此自当时河朔学风之大同，虽习斋莫能外。惟习斋制行虽近孙、刁，而立论颇多创辟，其气益厉，其辞益激，排击宋、明，别开生面。而其注重六艺、兵、农，则又与同时娄东之学，南北相呼应焉。弟子最著者曰李塨、王源。述《习斋学案》第十。

江、浙自晚明夙为人文渊薮，学术久而必变，疑辨之风，渐已萌苗。其著者如乾初之疑《大学》，为当时理学界一绝大公案。乾初亦出蕺山门下，而论学则具只眼，与同门如杨园、梨洲诸人皆不合。同时有慈溪潘平格用微，不喜《中庸》，于朱、陆皆昌言排击，梨洲与之辨难尤苦。此皆可见当时理学界转变之风向。稍后有休宁姚际恒立方，疑《古文尚书》，疑《小戴礼》，作《九经通论》，又遍疑古今伪书，而深以未见乾初《大学辨》为憾。其为《恒言录》，谓周、程、张、朱皆出于禅，则议论与北方颜、李合辙矣。述《乾初学案》第十一。

晚明考核之风，已南北俱盛，惟南士颇多疑辨，而北人则尚综整。蒿庵隐居绩学，为清初山左第一醇儒。而精挈《礼经》，墨守高密，最为亭林所推服。其时亭林方唱"经学即理学"之说，颇厌心性空谈，蒿庵贻书献难，尤见卓识。蒿庵交游有长山刘孔怀果庵，亦长考核。述《蒿庵学案》第十二。

鼎革之际，浙有隐君子一人焉，曰应潜斋，拔起于明季社事、文学之中，卓然有以自得。论学于阳明多纠绳，而于朱子亦不尽合，盖其自得者然也。交游有仁和沈昀朗思、徐介狷石，皆贞确潜德隐君子也。述《潜斋学案》第十三。

晚明兵燹，蜀中所罹尤惨酷，宜其学者谈思所及，常有余痛，而激宕所至，亦与河北颜、李如合符节。若新繁费氏其著也。燕峰曾从游苏门，并交李恕谷，序其《大学辨业》。述《燕峰学案》第十四。（以上第一编。）

潜庵，夏峰弟子，为政以清节称，清初数儒臣者必及焉，然与晚明诸遗老志节铿然者异矣。一时从游有柘城窦克勤敏修、巩县姚尔申岳生，而上蔡张沐仲诚、登封耿介逸庵，皆与夏峰、潜庵交游，亦皆出仕清廷，此清初洛学之大宗也。述《潜庵学案》第十五。

清初王学尚盛，夏峰、梨洲，坛坫门墙，南北相望。独石门吕留良晚村，纳交于杨园，辟王尊朱，不遗余力。其批选四书时文，不胫走天下，而晚村亦抗志不出，并时时寄其种姓文物之感，谓紫阳之学自吴、许以下已失传。稼书闻其说而悦之，独不能守节勿仕，尝遗书晚村曰："吾与君不同者止出处耳。"其后晚村既死，犹以湖南曾静之狱全家遇祸。而稼书之学，遂为清廷所尊，首得从祀孔庙，自是朝官讲学，必奉程、朱为准，而稼书粹然称醇儒。然稼书论学，门户之见过甚，并时学者已不满。汤潜庵贻书诤之，稼书亦不能改也。同时大兴张烈武承，著《王学质疑》，攻阳明最烈，稼书引为同志，极称其书。钱塘沈近思阄斋，出孝感熊赐履之门，熊亦朝臣尊朱者，而阄斋尤笃信稼书，辑其遗书，为之传法焉。述《稼书学案》第十六。

西河与张武承同在明史馆，愤于武承《王学质疑》之偏激，而为《折容辨学文》，既以申王，力尊古本《大学》，而排诋朱子益甚。章实斋谓其"发明良知之学，颇有所得，而门户之见，不免攻之太过，虽浙东人亦不甚以为然也"。然后之治考证者深推之，阮文达谓："西河经说，学者不可不亟读。"而凌次仲氏则谓："西河之于经，如药中大黄，以之攻去积秽固不可少，而误用之亦中其毒。"顾亦称其《四书改错》，为"有功圣学"。说者谓自西河以下，人始不敢以空言说经。其人其学虽未醇，要亦当时一大家也。述《西河学案》第十七。

习斋之学，得恕谷而大，亦至恕谷而变。恕谷邀游南北，问乐于毛西河，问礼于万季野，虽一遵习斋六艺之旨，而内慕南士博辨之风，不能如习斋之卓立。平生交游甚广，有武进恽鹤生皋闻、上元程廷祚绵庄，皆因恕谷而信习斋之学，颜学之流衍南方由是始。述《恕谷学案》第十八。

圃亭其先亦蜀人，而寓吴，与魏叔子、潘次耕、顾景范、王崑绳、梅文鼎交游。其学颇特出，亦由往来于数子者之间耳。述《圃亭学案》第十九。

继庄生平讲学之友，严事者曰梁溪顾畇滋、衡山王而农，而尤心服者曰彭躬庵。畇滋创共学山居，衍高忠宪之遗绪。躬庵则易堂讲友，治学宗阳明、念庵，而以致用为归者也。则继庄平日之所存亦可知。而复游徐乾学之门，南北宿老，争趋竞赴，又多藏书，继庄之学遂益恢张无涯畔。然全谢山推其用心是也。述《继庄学案》第二十。

南畇父一庵，初好佛，又喜道家言，年六十余，始得梁溪高、顾书而潜心焉，号为一宗程、朱。至南畇则《释毁》、《密证》两录显祖姚江矣。至其曾孙尺木，则复由儒而释矣。然彭氏门庭鼎贵，世为三吴望族，其子弟恪守庭训，不逾规矩，有万石之遗风，亦其学风之渐被为家风者则然也。述《南畇学案》第二十一。

余姚沈国模求如，明季诸生，尝与蕺山证人讲会。归而辟姚江书院，邑人史孝咸子虚、孝复子复、管宗圣霞标，实共从事。其先即钱绪山讲学之故址也。是谓"余姚四先生"。越后有韩孔当仁父、山阴王朝式金如，皆国模弟子，又合称"六先生"。又有邵曾可子唯，师事史孝咸。而刘门学者多以沈、史为禅学。姚江之与证人，亦明季浙中讲学两大结合也。念鲁，曾可孙，幼时犹及闻国模之讲会，长师孔当。毛西河亦主书院讲席，念鲁列门墙称弟子焉。念鲁于毛氏深推敬，厥后毛氏不为浙人所喜，而章实斋表章《思复堂集》甚至。述《念鲁学案》第二十二。

余山自奋陇亩之中，名立而教成，刚毅笃实君子人也。弟子钱塘桑调元弢甫、仁和卢存心玉岩。玉岩之子文弨抱经为经师。私淑有仁和沈廷芳椒园，而弢甫弟子有秀水盛世佐庸三、钱载箨石，风流所被广矣。述《余山学案》第二十三。

清初中州诸儒多奉夏峰为依归，至孝先始专宗程、朱，一遵平湖陆氏之说，遂以理学而兼名臣，纂辑宣扬，厥功甚伟。康、雍理学之有张孝先，一犹乾、嘉经学之有阮芸台也。弟子以漳浦蔡世远闻之为最著。述《孝先学案》第二十四。

凝斋之学出于安溪李光地晋卿。康熙朝盛奖儒学，孝感、安溪实左右之，皆号为恪奉程、朱，而光地旁及历算、乐律、音韵，皆为清帝所契许。又能以慎密固宠。清帝尝曰："知光地莫若朕，知朕莫若光地。"其信任如此。出其门下者有中牟冉觐祖永光、湘潭陈鹏年北溟、漳浦蔡世远闻之,而凝斋尤暗然躬修,程鱼门以之比潜庵、稼书,称为"国朝三大儒",异乎光地之经其书而纬其行者矣,又岂止能补师说所未及而已哉!述《凝斋学案》第二十五。

自朱、陆有异同之论,而阳明《朱子晚年定论》,遂为理学一大公案。辨之最力者为东莞陈建之《学蔀通辨》。其书极为清儒所称。自宛平孙承泽有《考正晚年定论》,而柏乡魏裔介、孝感熊赐履、大兴张烈承之。然皆逞意气,争门户。最后有宝应王懋竑白田,为《朱子年谱》,始确然学人之言。较之陈建以下,超出远矣。止泉与白田同邑交游,而论学不相合。颇与顾畇滋往还,又亲至共学山居,盖有得于高忠宪之遗旨。所契视白田为深,惟一显一晦。其《朱子圣学考略》流传未广,摘其文集。述《止泉学案》第二十六。

康熙中叶,朝野皆尊朱学,有激而树异帜者,穆堂也。穆堂同时交游有南昌万承苍孺庐、鄞县全祖望谢山,二人者颇能纠穆堂之偏,而谢山他日之成就,盖亦自穆堂启之。又有全州谢济世梅庄,为学不遵程、朱,然亦并斥陆、王,与谢山同时得罪。此又学术风气将变之征。述《穆堂学案》第二十七。(以上第二编。)

清初东林之学,高忠宪从子世泰汇旃实主之。四方学者,相率造庐问业,凡三十余年。巨儒如李二曲、陆桴亭、张清恪皆尝至会,祈州刁蒙吉尤往复论学,有"南梁北祁"之称。而休宁汪璲默庵、施璜诚斋、歙县吴曰慎徽仲,及汪学圣、陈二典、胡渊、汪佑、朱弘之徒，先后游世泰门，相次问学。时新安有紫阳、还古两书院，皆自东林上探朱子。流风不沫，其后遂有婺源江永慎修，与元和惠氏同时并起，治汉学者奉为先河。慎修之学，一传为休宁戴氏，再传为金坛段氏、高邮王氏，徽州经学遂较惠氏尤为光大。然其渊源实本紫阳，则不可诬也。双池与慎修同时同乡，而生平未尝相见。其学涵泳六经，博通礼乐，亦恪守朱子家法，与慎修同中有异，乃显晦迥殊。其弟子有婺源余元遴药斋，又洪腾蛟鳞雨称私淑。药斋孙龙光黼山，亦能传其家学。述《双池学案》第二十八。

雍、乾之际，风气已变，理学渐衰，经学渐盛。榕门起自偏陬，治学犹循旧辙，居官莅政，粹然儒者，堪与汤潜庵、张孝先后先媲美。述《榕门学案》第二十九。

闽学自安溪梁村，皆宗朱子。翠庭受业于梁村，闽峤后进，多依归焉。述《翠庭学案》第三十。

关学自李二曲同时，有朝邑王建常仲复，闭户穷经数十年，与二曲东西并峙。而恪守洛、闽，秦士或莫之知也。萝谷师康百药，又与王丰川交游，康、王皆二曲门人，而萝谷独信好复斋。所撰《开知录》，三原贺瑞麟角生亟称之，是可谓关学之中权矣。述《萝谷学案》第三十一。

鲁人之学，自蒿庵以下，久无嗣响。值三吴、徽歙经学考据之风既盛，乃仍有循旧躅，守故辙，墨守平湖陆氏作尊朱非陆之辨者，公复亦其一人。同时先后山阳有任瑗东涧，昌乐有阎循观怀庭，皆笃守洛、闽。惟胶州法坤宏镜野，亦与公复、怀庭游，而为说出入姚江云。述《公复学案》第三十二。

章实斋谓:"浙东之学虽出婺源,然自三袁之流,多宗江西陆氏。而通经服古,绝不空言德性。"盖其为学重根柢,尚志节,心性为体,经史为用,自南雷开先,二万继之,谢山又继之,风气绵延,数百年弗替。而谢山《宋元学案》一书,亦足与梨洲《明儒学案》后先争美。述《谢山学案》第三十三。

东原为慎修高弟,惟慎修不菲薄紫阳,而东原则盛肆诋呵。治程、朱者多斥陆杂禅,东原则并以杂禅讥程、朱,其立说乃颇与清初河北颜、李及浙人陈乾初、潘用微之说相符合,是亦可谓卓然成一家言者。东原学高天下,而不好为人师,故著弟子籍者不多,能传学者为金坛段玉裁懋堂、高邮王念孙石臞、曲阜孔广森巽轩。然皆传其经学考据,义理之蕴所不谈焉。惟歙县洪榜初堂,生平服膺东原,谓其《孟子字义》一书,功不在禹下也。述《东原学案》第三十四。

易畴与东原同学于江慎修,东原自谓说经逊其精密。而《论学小记》所述性命诚敬之学,亦复平实明粹,所指有超东原之上者,惟不能如东原之才气纵横耳。述《易畴学案》第三十五。

二氏之学,吴人耽之其深,惠氏经学喜涉谶纬,亦其变也。大绅落落,蹊径独辟,孤往绝众。其书调停二氏,进退百家。原本心术,而思以用世,自谓于儒、佛书有一字一句悟之十余年始通者。又谓:"读吾《二录》《三录》,当通其可通者,不可强通其不可通者。"其自负如此。此在吴中学者洵为矫矫特出矣。从之游者有常熟程在仁。述《大绅学案》第三十六。

尺木世家子,既承其家学,有志建树,不得意乃一逃于禅,又治金石碑版以自怡。同时瑞金罗有高台山，不得志于功名，亦逃于禅，与尺木、大绅、在仁诸子相往还。尺木考求文献，台山笃志训诂，在仁精熟史乘，皆非耽溺寂灭，甘心忘世。身当太平盛运，一切蹈常袭故，聪明意气无所舒，则暂而凑于此。时尚有薛起凤家三，亦逃于佛。江沅铁君从尺木游，其佛学传之仁和龚自珍定庵，清季士大夫学佛之风渐盛自是始。述《尺木学案》第三十七。

方惠、戴之学，盛行吴、皖，而嘉定钱大昕竹汀，崛起娄东，其学无所不擅，而尤邃于史，一门群从互为师友，学术之盛，照映当代。然竹汀持论大体，颇亦鄙薄宋儒，不能出东原之范围。东原尝谓人曰："当代学者，吾以晓征为第二人。"盖东原毅然以第一人自居也。余姚邵晋涵二云继之，亦以史学名家，而宗仰其乡先生阳明、念台、梨洲之遗风，故虽通汉诂而宗主仍在宋学。然明而未融，不足以开壁垒而张一军。实斋与二云交好，有通识能持论，乃始以浙东史学自负。其于东原，不啻欲为楚、汉之划鸿沟。尝谓东原学术实自朱子，其在清代则为亭林浙西之学。"梨洲出于浙东，虽与顾氏并峙，而上宗刘、王，下开二万，较之顾氏源远流长。"又谓："顾氏宗朱，黄氏宗陆，浙东贵专家，浙西贵博雅，各因其习而习也。"然实斋持论虽高，乃欲以周公下掩孔子，尊政事而薄心性，则亦稍异夫浙东之传统矣。实斋在当时，颇见阒寂，身后数十年，学者始相翕然。述《实斋学案》第三十八。

当乾、嘉汉学极盛之际，理学既衰歇，而始有以古文为程、朱干城者，曰桐城派。其学托始于方苞望溪，至姚鼐姬传，标义理、考据、辞章三者并重为宗旨。一时徒众称盛。其弟子方东树植之,著《汉学商兑》,汉、宋门户之争乃益显。桐城古文之学又流衍而至阳湖。阳湖治古文者,推张惠言皋文、恽敬子居,然皆不囿于桐城。皋文长于经,子居精于子。时同郡多秀,如孙星衍渊如、洪亮吉稚存,皆以词章杰才进臻朴学。而治经骛古,相尚不涉宋以后书。盖其趋向近乎惠、钱。皋文经尚专家,亦近惠氏;惟子居锋铓,颇能于汉学致讥刺焉。述《子居学案》第三十九。

三吴学人多出世家,而徽、歙之间则颇业行贾,吴徽仲、汪默庵、汪双池皆是也。故其学翔实,旁通于艺,而近礼家。次仲拔起市贩之间,礼学专门,亦精乐律,不失其乡先辈之遗风。能持论,一本东原而推之愈远,则不免于偏陷。述《次仲学案》第四十。

汉学之称始于三吴惠氏,然其楹帖曰"六经尊服、郑,百行师程、朱",是尊汉尚不诋宋。甘泉江藩郑堂,受学于惠氏弟子元和江声艮庭、长洲余萧客仲林,而为《汉学师承记》、《宋学渊源记》,亦不于汉、宋分轩轾。东原乃始一义理于经训,虽本顾亭林氏"经学即理学"之说,然其排诋宋儒,则虽其后学不敢效也。故东原既卒,其弟子段、王传其小学,巽轩传其测算,兴化任大椿幼植传其典章制度,而义理之学无传者。独凌次仲以私淑而推极东原之意,往往偏至。里堂与郑堂同邑,一时有"二堂"之目。说经精粹,而言义理亦本东原,然较次仲为深笃矣。后世以"戴、焦"并称,非无由也。述《里堂学案》第四十一。

芸台、里堂同里同学,然芸台早跻通显,扬历中外,所至提倡经学,为万流所倾仰。而其所自得者亦精卓,其持论则与次仲伯仲之间,未逮里堂之醇正。其教泽传衍浙、粤,诂经精舍、学海堂诸生,皆亲受栽成,人才蔚起。而如高邮王引之伯申、归安姚文田秋农、阳湖张惠言皋文、闽县陈寿祺恭甫、德清许宗彦积卿,虽系科举受知,然多相从讲学,可以征一时学术风会之大趋焉。述《芸台学案》第四十二。（以上第三编。）

经学考据莫盛于乾隆,嘉、道以下,则义理心性之说复张。镜塘以澹定之姿,生平未尝著书,燕处京邑,而诸名士帖然出其下。仁和龚自珍定庵,于时少所许可,独心折先生,至不敢道其字,称曰姚归安,可以见矣。述《镜塘学案》第四十三。

诲叔姿性卓荦,遨游数万里,顾独与镜塘讲为寡过之学而终身焉。或曰：诲叔自交镜塘,变化气质,由狂返狷,而平实未逮。或曰：诲叔规模宏远,足济镜塘所不及。其游京师,上自公卿,下至妇孺,莫不知有潘先生也。述《诲叔学案》第四十四。

湖、湘之间,船山而后,士多潜修。康熙间有善化李文炤恒斋,一时同游,皆恪守程、朱,而名行未显。镜海继起,适当吴、皖经学盛极转衰,京朝学者翕然归之。述《镜海学案》第四十五。

清代之盛,萃于扬州,而其衰象亦至扬州见之。盐漕之病,吏胥之蠹,莫不于是乎而著。乃有经世之学,起于淮、扬、江、皖之交,泾县包世臣慎伯、荆溪周济保绪其著也。四农独以为"近世一二魁儒,负匡济大略,非杂纵横,即陷功利"。乃暗然为惩忿窒欲之学,立身教世,清明醇粹,盖能主经世而复返之宋儒之轨辙者。其弟子有清河吴昆田稼轩、孔继镁宥函、汉阳叶名澧润臣。述《四农学案》第四十六。

嘉、道以来,学者自汉返宋,遂有郑君、朱子并尊之论,儆居实导成之。其申戴氏性理诸义,分析透辟,初堂、次仲所未逮也。

子以周,从子以恭,孙家岱,俱能传业,东南称经师者必首举黄氏焉。述《儆居学案》第四十七。

心伯父銮朗斋,官徽州训导,居朱子之乡,已以诵法程、朱为唱。心伯承家学,又自为婺源教谕十八年,当经学考据之盛,兼采汉、宋,而以发明紫阳为帜志,其所获有足正清澜、白田之缺失者。一门兄弟,自相师友,心伯长于经,季燮谦甫长于史,仲炯卯生能言政事,而抨击乾、嘉有过甚者。述《心伯学案》第四十八。

乾、嘉之际,平湖有蒋大始,慕其乡先辈陆清献之学,谨守程、朱。著《人范》一书,未行于世。生斋继起,亦一依正学旧矩,于当时江、浙经生博雅考订之业,悠然若无足动其意。其子寅甫,及冠而卒,亦有志向,并附见焉。述《生斋学案》第四十九。

咸、同以来,理学之风日盛。竹如官京朝,与蒙古倭仁艮峰、河南李棠阶强斋,称清代中兴儒臣;而竹如笃信恪守,剖辨儒、释,所得为细。即薛文清、陆桴亭之书,有毫厘必析者。述《竹如学案》第五十。

强斋与竹如同朝,而所学成于坚苦,兼采众说,自求心得,不分门户,有足美焉。清代中州巨儒辈起,强斋为之后劲。述《强斋学案》第五十一。

当乾隆期,武进庄存与方耕,于六经皆有撰述,而不汉不宋,自为一派。其犹子述祖葆琛,乃外孙同邑刘逢禄申受、长洲宋翔凤于庭,推衍穿凿,益广益深,所谓"常州之学"是也。龚、魏说经皆本常州,定庵言古史源自实斋,默深言时务经世则发自善化贺长龄耦庚。述《默深学案》第五十二。

通甫文字交游,尽一时知名士,而清修笃学,独重山阳潘四农,谊在师友之间,相契莫逆。曾文正至淮安,数屏驺从,就问天下事。述《通甫学案》第五十三。

湘中自唐镜海讲学,学者无不宗紫阳而黜姚江。罗山饥穷刻厉,意气益奋,以醇儒为名将,一时部曲多出讲学生徒,虽事功未竟,亦足彰儒生之实效矣。述《罗山学案》第五十四。

粤东自阮文达建学海堂,学者竞起,然多从事汉学考订,九江独超然门户之外,有志宋人遗绪,崇气节,尚躬行,经史并业,志在经世,规模闳阔,足以开一方之风气焉。弟子著者有顺德简朝亮竹居、南海康有为长素。述《九江学案》第五十五。

东塾之学兼宗郑君、朱子,意在通汉、宋之邮,而于清代尤尊亭林,尝谓:"政治由于人才,人才由于学术,吾当专明学术而待效于数十年之后。"故其书醇正笃实,为求速化、期急效者所畏。弟子著者南海桂文灿子白、廖廷相泽群,则皆经学旧辙也。交游有象州郑献甫小谷,东塾拟之王符、仲长统之流。述《东塾学案》第五十六。

涤生之学,文章宗桐城姚氏,训诂尊高邮王氏,经学考据师崑山顾氏、金匮秦氏,穷赜撷精,海涵地负。其在京朝,常从唐镜海、倭艮峰、吴竹如诸人游。然不拘拘为讲学家言。尝自谓:"欲以禹、墨为体,老、庄为用。"虽非从容中道,亦庶几矣。诚近世间出一伟儒也。述《涤生学案》第五十七。

筠仙始宗朱子,治宋学,既乃转而致力于考据训诂,于晚清经师中,卓然成一家。而于宋以来士大夫议论虚矫夸张,不求实用,尤慨乎言之。其为学涂辙,戛戛独造,如其为人。述《筠仙学案》第五十八。

霞仙与涤生、仲岳交游最密，平昔相与讲贯磨砺者甚勤且至。独于晚年得养晦家居，抽身世外。读其《思辨录疑义》，知所得者邃矣。述《霞仙学案》第五十九。

融斋性静情逸，与倭艮峰以操尚相友，而论学兼取朱、陆，不尚门户。主讲上海龙门书院十四年，论者谓其有胡安定之风。述《融斋学案》第六十。

儆季少承家学，并尊郑君、朱子，欲以礼学代理学，即以礼学代经学，以泯汉、宋之争。《礼书通故》体大思精，盖远承浙东经制遗意，而近绍之于徽、歙之学者。述《儆季学案》第六十一。

清季欧风东渐，政治、学术，皆有新旧交争之象。香涛以封疆大吏所至兴学，教泽之宏，或以上拟阮芸台，而时会之艰千百过之。其人之功罪是非，虽在身后，未有定评，然"中学为体，西学为用"之说，亦为晚近学界争论一公案，几于亭林之"经学即理学"焉，是亦未可存而勿论。述《香涛学案》第六十二。

清季士大夫恫于内忧外患，群知非考据、词章之学所能挽，乃相率思以经世历天下。古愚承数百年关学传统，闻风奋发，本阳明良知之教，通之经术，见之时务，欲使官吏兵农工商，各明其学以捍国。讲学数十年，门弟子千数百人，是亦不当仅以关学限者。述《古愚学案》第六十三。

鲁人尚朴学者，嘉、道间有栖霞郝懿行兰皋、安邱王筠贯山，其后继起则鲜。东甫精研诸经，尤笃于《春秋》三传，所论犹循乾、嘉遗辙而独有意于前哲微意大义，使儒术凿然可施效。惜享年不永，所欲著书多未就。同时交游如荣城孙葆田佩南、胶州柯劭忞凤孙，皆博究群籍，学有本原，实山左诸儒之后劲也。述《东甫学案》第六十四。（以上第四编。）

此稿刊载于一九四二年十一月
《四川省立图书馆图书集刊》第三期

出 版 说 明

《中国学术思想史论丛》三编八册，共 119 篇，汇集了作者从学六十余年来讨论中国历代学术思想而未收入各专著的单篇散论，为作者 1976—1979 年时自编。上编（一—二册）自上古至先秦，中编（三—四册）自两汉至隋唐五代，下编（五—八册）自两宋迄晚清民国。全书探源溯流，阐幽发微，颇多学术创辟，系统而真切地勾勒了中国几千年学术思想之脉络全景。

本书由台湾东大图书公司于 1976—1980 年陆续印行。三联简体字版以东大初版本为底本，基本保留作者行文原貌，只对书中所引文献名加书名号，并改正了少量误植之错讹。

三联书店编辑部
二零零九年三月

钱穆作品系列
（二十四种）

《孔子传》

本书综合司马迁以下各家考订所得，重为孔子作传。其最大宗旨，乃在孔子之为人，即其自述所谓"学不厌、教不倦"者，而以寻求孔子毕生为学之日进无疆、与其教育事业之博大深微为主要中心，而政治事业次之。故本书所采材料亦以《论语》为主。

《论语新解》

钱穆先生为文史大家，尤对孔子与儒家思想精研甚深甚切。本书乃汇集前人对《论语》的注疏、集解，力求融会贯通、"一以贯之"，再加上自己的理解予以重新阐释，实为阅读和研究《论语》之入门书和必读书。

《庄老通辨》

《老子》书之作者及成书年代，为历来中国思想学术界一大"悬案"。本书作者本着孟子所谓"求知其人，而追论其世"之意旨，梳理了道家思想乃至先秦思想史中各家各派之相互影响、传承与辩驳关系，言之成理、证据凿凿地推论出《老子》书应尚在《庄子》后。

《庄子纂笺》

本书为作者对古今上百家《庄子》注释的编辑汇要，"斟酌选择调和决夺，得一妥适之正解"，因此，非传统意义上的"集注"或"集释"，而是通过对历代注释的取舍体现了作者对《庄子》在"义理、考据、辞章"方面的理解。

《朱子学提纲》

钱穆先生于1969年撰成百万言巨著《朱子新学案》，"因念牵涉太广，篇幅过巨，于70年初夏特撰《提纲》一篇，撮述书中要旨，并推广及于全部中国学术史。上自孔子，下迄清末，二千五百年中之儒学流变，旁及百家众说之杂出，以见朱子学术承先启后之意义价值所在。"本书条理清晰、深入浅出，实为研究和阅读朱子学之入门。

《宋代理学三书随劄》

本书为作者对宋代理学三书——元代刘因所编《朱子四书集义精要》、周濂溪《通书》及朱熹、吕东莱编《近思录》——所做的读书劄记，以发挥理学家之共同要义为主，简明扼要地辨析了宋代理学对传统孔孟儒家思想的阐释、继承和发展。

《中国思想通俗讲话》

本书意在指出目前中国社会人人习用普遍流行的几许概念与名词——如道理、性命、德行、气运等的内在涵义、流变沿革，及其相互会通之点，并由此上溯全部中国思想史，描述出中国传统思想一大轮廓。

《现代中国学术论衡》

本书对近现代中国学术的新门类如宗教、哲学、科学、心理学、史学、考古学、教育学、政治学、社会学、文学、艺术、音乐等作了简要的概评，既从中西比照的角度，指出了"中国重和合会通，西方重分别独立"这一中西学术乃至思想文化之根本区别；又将各现代学术还诸旧传统，指出其本属相通及互有得失处，使见出"中西新旧有其异，亦有其同，仍可会通求之"。

《中国学术思想史论丛》

共三编八册，汇集了作者六十年来讨论中国历代学术思想而未收入各专著的单篇散论，为作者1976—79年时自编。上编（1—2册）自上古至先秦，中编（3—4册）自两汉至隋唐五代，下编（5—8册）自两宋迄晚清民国。全书探源溯流，阐幽发微，颇多学术创辟，系统而真切地勾勒了中国几千年学术思想之脉络全景。

《黄帝》

华夏文明的创始人：黄帝、尧舜禹汤、文武周公，他们的事迹虽茫昧不明，有关他们的传说却并非神话，其中充满着古人的基本精神。本书即是讲述他们的故事，虽非信史，然中国上古史真相，庶可于此诸故事中一窥究竟。

《秦汉史》

本书为作者于1931年所撰写之讲义，上自秦人一统之局，下至王莽之新政，为一尚未完编之断代史。作者秉其一贯高屋建瓴、融会贯通的史学要旨，深入浅出地梳理了秦汉两代的政治、经济、学术和文化，指呈了中国历史上这一辉煌时期的精要所在。

《国史新论》

本书作者"旨求通俗，义取综合"，从中国的社会文化演变、传统的政治教育制度等多个侧面，融古今、贯诸端，对中国几千年历史之特质、症结、演变及对当今社会现实的巨大影响，作了高屋建瓴、深入浅出的精彩剖析。

《古史地理论丛》

本书汇集考论古代历史地理的二十余篇文章。作者以通儒精神将地名学、史学、政治经济、人文及民族学融为一体，辨析异地同名的历史现象，探究古代部族迁徙之迹，进而说明中国历史上各地经济、政治、人文演进的古今变迁。

《中国历代政治得失》

本书分别就中国汉、唐、宋、明、清五代的政府组织、百官职权、考试监察、财政赋税、兵役义务等种种政治制度作了提要钩玄的概观与比较，叙述因革演变，指陈利害得失，实不失为一部简明的"中国政治制度史"。

《中国历史研究法》

本书从通史和文化史的总题及政治史、社会史、经济史、学术史、历史人物、历史地理等6个分题言简意赅地论述了中国历史研究的大意与方法。实为作者此后30年史学见解之本源所在，亦可视为作者对中国史学大纲要义的简要叙述。

《中国史学名著》

本书为一本简明的史学史著作，扼要介绍了从《尚书》到《文史通义》的数部中国史学名著。作者从学科史的角度，提纲挈领地勾勒了中国史学的发生、发展、特征和存在的问题，并从中西史学的比照中见出中国史学乃至中国思想和学术的精神与大义。

《中国史学发微》

本书汇集作者有关中国历史、史学和中国文化精神等方面的演讲与杂论，既对中国史学之本体、中国历史之精神，乃至中国文化要义、中国教育思想史等均做了高屋建瓴、体大思精的概论；又融会贯通地对中国史学中的"文与质"、中国历史人物、历史与人生等具体而微的方面做了细致而体贴的发疏。

《湖上闲思录》

充满闲思与玄想的哲学小品，分别就人类精神和文化领域诸多或具体或抽象的相对命题，如情与欲、理与气、善与恶等作了灵动、细腻而深刻的分析与阐发，从二元对立的视角思索了人类存在的基本问题。

《文化与教育》

本书乃汇集作者关于中国文化与教育诸问题的专论和演讲词而成，作者以其对中国文化精深闳大之体悟，揭示中西传统与路线之差异，指明中国文化现代转向之途径，并以教育实施之弊端及其改革为特别关心所在，寻求民族健康发育之正途。

《人生十论》

本书汇集了作者讨论人生问题的三次讲演，一为"人生十论"，一为"人生三步骤"，一为"中国人生哲学"。作者从中国传统文化入手，征诸当今潮流风气，探讨"心"、"我"、"自由"、"命"、"道"等终极问题，而不离人生日常态度，启发读者追溯本民族文化传统的根源，思考中国人在现代社会安身立命的根本。

《中国文学论丛》

作者为文史大家，其谈文学，多从文化思想入手，注重高屋建瓴、融会贯通。本书上起诗三百，下及近代新文学，有考订，有批评。会通读之，则见出中国一部文学演进史；而中国文学之特性,及各时代各体各家之高下得失之描述,亦见出作者之会心及评判标准。

《新亚遗铎》

1949 年钱穆南下香港创立新亚书院。本书汇集其主政新亚书院之十五年中对学生之讲演及文稿,鼓励青年立志,提倡为学、做人并重,讲述传统文化之精要,阐述大学教育之宗旨,体现其矢志不渝且终身实践的教育思想。

《晚学盲言》

本书是作者晚年"目盲不能视人"的情况下,由口诵耳听一字一句修改订定。终迄时已 92 岁高龄。全书分上、中、下三部,一为宇宙天地自然之部,次为政治社会人文之部,三为德性行为修养之部。虽篇各一义,而相贯相承,主旨为讨论中西方文化传统之异同。

《八十忆双亲 师友杂忆》

作者八十高龄后对双亲及师友等的回忆文字,情致款款,令人慨叹。读者不仅由此得见钱穆一生的求学、著述与为人,亦能略窥现代学术概貌之一斑。有心的读者更能从此书感受到 20 世纪"国家社会家庭风气人物思想学术一切之变"。